생각과 행동

그리고 투자

생각과 행동

심리적 사각지대 없애는
투자 행동의 길라잡이

그리고 투자

곽승욱 지음

THINKING, BEHAVIOR, AND INVESTMENTS

교문사

생각과 행동 그리고 투자

초판 발행 2022년 12월 19일

지은이 곽승욱
펴낸이 류원식
펴낸곳 교문사

편집팀장 김경수 | **책임진행** 김성남 | **디자인** 신나리 | **본문편집** 우은영

주소 10881, 경기도 파주시 문발로 116
대표전화 031-955-6111 | **팩스** 031-955-0955
홈페이지 www.gyomoon.com | **이메일** genie@gyomoon.com
등록번호 1968.10.28. 제406-2006-000035호

ISBN 978-89-363-2448-3 (93320)
정가 25,000원

저자 소개

곽승욱

심리학, 정치학, 경영통계학, 경제학, 재무관리 등 다양한
학문을 탐구했지만 세상이 존재하고 돌아가는 원리를
깨닫기엔 역부족이었다. 세상의 문제를 해결하는 실마리를
찾는 건 더욱 막연했다. 재무관리 박사 학위 논문을 준비하며
우연히 접한 행동경제학이 돌파구가 되었다. 인문학, 사회과학,
자연과학, 공학을 융합한 행동경제학의 열린 관점을 배우며
편협하고 배타적인 생각과 행동을 직시하는 용기를 얻었다.
행동경제학이 주는 영감과 통찰력을 이정표 삼아 작지만
확실한 유레카(소확유)의 순간들을 연구, 강의, 저술, 일상
활동에 담기 위해 정성을 다하고 있다. 이러한 정성이 저술의

형태로 나타난 소중한 결실이 '생각과 행동 그리고 투자'다. 널리 인간과 세상을 이롭게 할 또 다른
결실을 기대해 본다.

저자는 연세대를 졸업하고, 미국 플로리다주립대와 텍사스공과대에서 정치학 석사와 경영통계학
석사, 테네시대에서 재무관리 전공으로 경영학 박사 학위를 받았다. 미국 유타주립대 재무관리
교수로 11년간 근무한 후 현재 숙명여대 경영학부 교수로 재직 중이다. 국내외 학술지에 40여 편의
논문을 게재했고 주요 연구 및 관심 분야는 행동경제학, 기업가치평가, 투자, 금융시장과 규제
등이다.

**"열 길 물속은 알아도 한 길 사람 속은 모른다."라는 속담처럼
사람의 생각은 복잡 미묘하고 헤아리기가 참 어렵다.
독자들은 저자와 함께 그런 생각 속으로의 여행을 떠나는 것이다.**

내 자식은 착하고 정직하다는 무한 믿음을 가진 부모가 자식이 실제로 행한 비행을 인정하기란 생각보다 쉽지 않다. 오히려 여러 이유를 들어 자식의 비행을 부정하고, 더 나아가 자식의 비행을 목격하고 신고한 사람들을 의심하고 비난하곤 한다. 누가 봐도 분명한 사실임에도 좀처럼 인정하려 들지 않는다. 이는 내 자식은 남다르게 착하고 정직해서 비행을 저지르지 않는다는 잘못된 전제에서 출발한다. 잘못된 전제는 비단 일상에서만 일어나는 현상이 아니다. 경제학의 기본 전제들이 잘못되었다는 것이 공론화되고, 반증들이 쌓이고 잘못된 가정들을 수정한 새로운 이론들이 발전하고 자리를 잡기까지 애덤 스미스 이후 약 250여 년이 걸렸다.

경제학은 다양한 경제 문제에 해결책을 제시함과 동시에 수많은 경제 현상을 설명하고 예측해 왔다. 그 저변에는 경제 문제와 경제 현상의 중심에 있는 인간의 의사결정과 행위는 합리와 이성에 기반한다는 의식이 깔려 있다. 인간은 문제에 직면하면 명확한 선호를 가지고 편향되지 않은 합리적 예측과 판단으로 자신의 이익이 극대화되는 방향으로 최적의 선

택을 한다. 경제학에서 인간은 그야말로 완벽한 이성의 소유자로서 편향(biases)이나 감정에 휘둘리지 않고 항상 최상의 선택을 하는 초능력자다.

하지만 행동 속에 비추어진 우리의 실제 모습은 충동적, 편향적, 그리고 주먹구구식이다. 우리의 이러한 허접함을 민낯으로 보여 준 학문이 바로 행동경제학이다. 행동경제학은 신고전학파 경제학(neoclassical economics)으로 대표되는 경제학의 접근법이 그 시작부터 잘못되었다는 것을 여실히 보여 주었고, 경제학이 나아갈 올바른 방향을 제시했다. 행동경제학의 태동과 발전은 경제학의 쇠퇴와 소멸을 의미하는 것이 아니다. 경제학이 그 본연의 모습으로 돌아가는 여정이다.

"자신의 능력에 대한 지나친 자만은 성공확률에 대한 과대평가로 이어진다." "대부분의 경우 고통의 강도는 즐거움보다 세다." "우리가 10년 후에 즐길 수 있는 기쁨은 현재의 기쁨에 비하면 새 발의 피다." 이 인용문들은 모두 경제학의 아버지라고 불리는 애덤 스미스가 18세기 중후반에 한 말이다. 공교롭게도 이 세 가지 주장은 자기과신(overconfidence), 손실회피(loss aversion), 자기통제편향(self-control bias)으로 불리는 행동경제학의 대표적인 개념과 일맥상통한다. 애덤 스미스 이후에도 피고, 피셔, 케인스 등의 영향력 있는 경제학자들이 경제주체인 인간의 인지적 한계와 시장의 비합리성을 이해하는 게 왜 중요한지 역설했다.

파레토와 클라크 같은 경제학자들은 경제적 의사결정과 분석에 심리학적 요소를 포함하는 것은 선택이 아니라 필수라고 했다. 경제학의 기초를 세운 경제학자들의 이러한 합리적이고 현실적인 관점은 제2차 세계대전 이후 경제학이 수학적·계량적 측면을 강조하는 풍조를 보이면서 외면 받기 시작해 경제학의 분석 도구에서 사라졌다.

물리학에서 물질의 운동을 연구할 때는 주로 진공상태에서 시작한다. 공기의 존재나 중요성을 간과해서가 아니라 물질의 운동을 더 잘 설명하기 위해 취하는 접근방법이다. 나중에 진공상태를 공기가 있는 상태로 변화시키며 운동의 변화도 관찰한다. 그래야 좀 더 정확한 인과관계나 상관관계를 밝혀낼 수 있기 때문이다. 경제학도 비슷한 접근법을 이용한다. 진공상태와 같은 아주 간단한 모형으로부터 시작해서 점차 복잡한 모형을 만들어 가며 복잡한 경제 현상을 설명하려 한다. 물리학에서 대기를 포함한 복잡한 모형을 만들어 현실적인 물리적 현상을 분석하듯 경제학에서도 기본모형에 추가적인 현실 속 요소들을 더해서 그럴듯한 모형을 만든다. 문제는 모형의 신뢰도, 타당도, 적용 가능성에 결정적인 영향을 미치는 요소, 즉 공기와 같은 요소를 근본적으로 배제한다는 것이다. 초기 경제학자들도 경제학 연구에 필수라고 강조했던 심리적 요소 말이다.

경제학은 인간이 항상 냉철한 이성과 완벽한 정보 처리 능력을 바탕으로 자신의 이익 극대화에 부합하는 최고의 선택을 한다는 가정으로 심리적 요소의 개입을 차단한다. 이는 물리학에서 공기의 존재와 중요성을 무시하거나 연구 결과에 영향을 미치지 않는다고 단정하는 것과 마찬가지다. 물리학은 이러한 가정을 하지 않음으로써 과학으로 남아 있고, 경제학은 이러한 가정으로 인해 사회과학이라는 타이틀을 지키기도 버겁다.

경제이론이 가정하는 복잡한 계산을 실제로 하는 경제주체는 거의 없다. 예를 들어, 한계비용과 한계수익이 일치하는 시점에서 생산량을 결정하는 사업가는 찾아보기 힘들다. 오히려 경험과 직관을 이용한 전략적 판단이 주를 이룬다. 신고전주의 경제학의 정신적 지주 격인 경제학자 프리드먼은 경제학 이론은 가정의 현실성이 아니라 그 예측력으로 평가받아야 한다고 주장한다. 프로 당구선수(전문가)가 마치 물리법칙과 고차원 수학을 이용하여 계산한 것처럼(실제로는 그리하지 않지만) 당구공을 맞추는 것이 여기에 해당한다. 두 가지 문제점이 간과된 주장이다. 첫째, 경제주체의 대부분은 전문가가 아니다. 둘째, 전문가들조차도 풀기 어려운 문제가 많다.

전망이론의 창시자인 노벨경제학상 수상자 대니얼 카너먼과 그의 동료 아모스 티버스키는 이에 대한 반증으로 인간의 판단 오류가 경제학자들이 주장하는 것처럼 무작위로 발생하는 것이 아니라 매우 체계적으로 편향되어 나타난다는 것을 보여 주었다. 그 원인으로 다양한 주먹구구식 의사결정 메커니즘인 휴리스틱과 편향의 존재를 밝혔다. 인간은 빈번히, 어려운 문제를 시간을 가지고 풀려는 이성적 노력보다는 쉬운 문제로 바꾸어 빨리 풀려 하고, 머리에 선명히 그리고 쉽게 떠오르는 기억에 의존하여 판단하고 선택한다. 똑같은 문제라도 프레임을 달리하면 인간은 완전히 다른 답을 내놓는다. 인간은 프리드먼의 주장과 같이 마치 합리적인 경제적 인간처럼 신중하게 생각하고 행동하는 것이 아니라 성급하고 편향된 사고로 잦은 오류를 범하는 존재다. 그리고 그 오류는 일정한 패턴으로 지속적으로 나타나는 경향이 있다.

경제학에서 시장의 역할을 설명할 때 자주 쓰는 용어가 '보이지 않는 손'이다. 비록 시장참여자들에 의한 오류나 실수가 있어도 시장의 자정능력이 이를 바로잡는다는 것이다. 간단히 시장이 효율적이라는 말이다. 노벨경제학상 수상자인 시카고대 탈러 교수는 이를 '보이지 않는 눈속임'이라고 부른다. 시장의 효율성은 인간의 편향된 마음과 이를 부추기는 시장으로 말미암아 근본적으로 성취되기 어렵다. 시장참여자들의 궁극적 목표는 이윤추구인데 이윤은 편향과 비효율성을 활용할 때 오히려 커지기 때문이다. 이 경우 시장은 편향되고 근시안적인 인간을 합리적 인간으로 바꾸어 주는 효율적 시스템이라기보다는 반대로 편향성과 비합리성을 조장하는 장(場)이라고 보는 것이 더 적절하다. 시장이 보이지 않게 그 속의 불균형, 오류, 실수를 자정하는 능력은 부정할 수 없는 시장의 긍정적 기능 중 하나다. 하지만 자정능력이 매우 불완전하다는 것도 잊어서는 안 된다. 그래야 보다 효율적이고 공정한 시장을 조성할 가능성이 열린다.

부동산이나 주식으로 벼락부자가 된 사람들의 이야기를 심심치 않게 듣는다. 이들을 탄생시킨 원동력은 과학적이고 이성적인 투자기술이나 효율적 시장이 아니라 비이성적으로 과열된 거품 시장과 운이다. 다시 말해 이성이나 합리성으로는 설명이 안 되는 매우 비정상적인 과열시장에 우연히 고평가된 부동산이나 주식을 소유하고 있다가 다행히도 팔아서 몇 배의 이익을 본 운 좋은 사람들이다. 이들의 반대편엔 운 나쁘게 과열된 시장의 끝자락에 부동산이나 주식을 사서 패가망신한 사람들이 있다. 속된 표현으로 대박이 나려면 역설적으로 비이성적·비효율적 시장을 조장해야 한다. 이는 시장이 왜 효율적이기 어려운지를 설명하는 또 다른 현실적 이유요 불편한 진실이다.

직관적 사고가 존재하는 한 이성의 완전한 발현은 불가능하다. 이는 시장과 경제 현상에 그대로 반영되고 그들의 필수 불가결한 특성이 된다.

반면에 이성이 있기에 직관의 완전한 지배도 불가능하다. 그래서 열심히 그리고 시간을 가지고 노력하면 직관의 오류는 수정이 가능하다. 따라서 시장과 경제 현상을 분석하고 설명하고 그 방향을 예측하는 경제학 모형은 이성적 요인과 직관적 요인을 모두 고려해야 한다. 어느 하나라도 빠지면 반쪽짜리 모형밖에 되지 않는다. 노벨경제학상 수상자인 조지 스티글러는 애덤 스미스가 경제학의 토대를 만든 이후에 새롭게 더해진 것은 없다고 단언했다. 팥이 없는 찐빵을 찐빵이라고 부르지 않듯, 행동경제학이 빠진 경제학은 경제학이 아니다. 따라서 경제학과 행동경제학을 구분하는 것은 무의미하다. 이제 진짜 경제학 공부에 전념할 때다.

자본주의와 시장경제가 주축인 현대 사회에서 재산의 축적은 당연하고도 고귀한 목표다. 열심히 일하고 노력한 대가를 받아 저축도 하고, 땅과 집도 사고, 주식에 투자도 해서 재산을 불리는 것이 자신의 행복뿐만 아니라 가족과 이웃의 행복, 더 나아가 사회, 경제, 문화, 그리고 복지의 수준을 높여 정신적으로나 물질적으로 풍요로운 삶을 누리는 길이라는 데 이의를 제기하는 사람은 드물다. 서점에서는 부동산, 주식, 채권, 파생상품과 관련해서 대박에 이르는 비법을 소개하는 서적들이 넘쳐나고, 신문이나 방송에서는 투자의 기술을 전수하려는 칼럼이나 프로그램이 인기리에 연재되고 방영된다. 이들은 부자가 되는 데 공식이 있는 것처럼, 확신에 찬 지식을 전파한다. 묻지도 따지지도 말고 소위 보이지 않는 이론, 전해 내려오는 규범에 맞춰 사고팔란 얘기와 별반 다르지 않다. 인터넷에서는 갖가지 재테크로 돈을 벌었다는 블로거들이 공짜로 기술을 전수한다고 난리다.

그러나 세상엔 공짜가 없다는 걸 깨닫는 데는 그리 오랜 시간이 걸리지 않는다. 미래가 불확실하다는 사실은 우리를 각종 방송매체와 인터넷에 떠도는 방대한 공짜 정보에 의존하게 한다. 이런 정보는 반딧불 같아서 많이 모을수록 더 밝아질 것이라는 희망을 낳는다. 이런 희망은 수시로 엄습해 오는 불확실한 미래에 대한 막연한 불안과 두려움을 잠시나마 떨치게 해 주는 위로가 되어 우리는 더욱 열심히 흩어진 공짜 정보를 수집한다. 이정표 없는 길을 정처 없이 걷는 것보다는 맞든 안 맞든 방향을 알려 주는 표지판이 있는 것이 나을지도 모른다. 우리는 오늘도 떠도는 정보의 조각들로 누벼진 표지판을 만들고 있다. 하지만 이런 표지판이 바른길로 인도할 확률은 매우 낮다.

　　이 책은 저자가 《동아비즈니스리뷰(DBR)》에 기고한 글을 모아 엮고 다듬은 것이다. 《DBR》에 소개된 저자의 글은 정치, 경제, 문화, 사회 문제를 광범위하게 다루지만, 행동경제학이라는 동일한 뿌리를 가졌다. 그리고 "인간은 어떻게 생각하고 행동하는가?", "그렇게 생각하고 행동하는 이유는 무엇인가?", "그런 생각과 행동이 주는 교훈은 무엇인가?"라는 물음에 대한 행동경제학적 견해, 영감, 그리고 통찰을 제시한다. 따라서 대학 학부의 경영학이나 경제학 교과목의 주 교재 혹은 부교재로 활용할 수 있고, 경영·경제 대학원의 세미나 교재로도 유용할 것이다. 대학원 수업에서는 참고문헌으로 제시된 원서를 직접 사용하는 것도 고려해 볼 만하다. 더불어 일반 독자들에겐 다채로운 행동경제학 관점으로 정치·경제·사회·문화 현상을 바라보는 안목과 합리적 투자·재무 의사결정에 필요한 덕목을 배우는 지침서가 될 것이다.

"열 길 물속은 알아도 한 길 사람 속은 모른다."라는 속담처럼 사람의 생각은 복잡 미묘하고 헤아리기가 참 어렵다. 독자들은 저자와 함께 그런 생각 속으로의 여행을 떠나는 것이다. 자신의 벌거벗은 생각과 마주하고, 그것을 자세히 살피고, 그것이 만드는 여러 행동과 그 안의 오류를 있는 그대로, 다양한 시선으로 바라보는 시간이 될 것이다. 즉 닫힌 생각을 허물고 열린 생각으로 나아가는 여정이다. 이 여정 속에 닫힌 생각만으로 바라보는 세상과 열린 생각과 더불어 보는 세상의 차이가 주는 유레카(eureka)를 경험하길 바란다. 또한 열린 생각이 어떤 판단이나 선택의 갈림길에서 올바른 나침반, 표지판의 역할을 하기를 고대한다.

고마운 분들

이방실 박사: 저자가 DBR에 기고를 시작한 때부터 오랜 기간 저자의 글을 훌륭히 다듬고 포장해 주신 분

유효상 유니콘경영경제연구원장: DBR과의 인연에 가교 역할을 해 주신 분

이규열 기자: 멋진 편집으로 저자의 DBR 원고를 더욱 윤기 나게 해 주시는 분

DBR 편집장과 편집진: 항상 최고의 구성과 내용으로 DBR을 엮어 주시는 유능한 언론인분들

박현수 & 정용섭 부장: 집필의 전 과정을 함께하며 세심한 배려와 협조로 저자를 지원해 주신 교문사 관계자분들

교문사 대표와 편집진: 배움과 통찰의 여정에 흔쾌히 동참해 출간을 위한 편의와 협력을 아끼지 않으신 교문사 출판 전문가분들

이분들이 보내 주신 격려와 성원이 모여 어둠 속에 있던 저자의 졸필이 빛을 보게 되었다. 이 자리를 빌려 진심 어린 감사의 인사를 드린다.

Dedicated to my mother and late father,

my parents in law,

my much better half, 영미,

my proud, beloved, and beautiful children, 다은, 도영, 도훈.

Without their support and love, I could have never completed this work.

고로 이 책은 내 사랑하는 가족의 선물이다.

차례

감정, 센티먼트, 무드

위험과 불확실성

부가가치 의사결정과 넛지

불편한 진실

6부 공정과 혁신

7부 돈과 행복

———— "손실회피성향은 투자자를 무력감에 빠지게 하고 소유
욕구를 필요 이상으로 자극한다."

리처드 탈러(Richard Thaler)

———— "휴리스틱을 제대로 이해하면 사용자의 동기를 부양하고
그들의 능력을 향상할 수 있는 반직관적이고도 놀라운 방법을 많이
터득하게 된다."

니르 이알(Nir Eyal)

———— "투자의 성공을 측정하는 가장 좋은 방법은 시장을 이겼
는지 여부가 아니라 목표 달성을 위한 재무 계획과 행동 원칙이 마
련되어 있는지 여부다."

벤저민 그레이엄(Benjamin Graham)

편향과 휴리스틱

BIASES AND HEURISTICS

1.
바로 회신하지
않아도 괜찮아요

- 이메일 수신자가 느끼는 신속히 읽고 답해야 한다는 과도한 강박감, 스트레스, 극도의 피로감
- 일과 사생활의 경계를 무너뜨려 워라밸을 훼손하고 삶에 대한 만족감 저하
- 넛지(nudge) 활용으로 제거 가능

미국 직장인들은 하루 평균 100통 이상의 이메일을 읽고 답하는 데 업무 시간의 약 28%를 쓴다. 또한 직장인 1,515명이 참여한 설문조사에서는 정규 업무 시간 외(예: 주말이나 저녁)에 주고받는 이메일이 전체 이메일의 51.1%라는 응답이 돌아왔다. 업무 시간 외 메일이라 즉시 회신할 필요가 없음에도 불구하고 76%의 직장인이 1시간 내, 32%가 15분 내 회신했다는 사실은 더욱 놀랍다.

쉴 새 없이 도착하는 이메일을 모니터링하고 분류하고 회신하는 일은 꽤 번거로운 추가 업무다. 특히 비업무 시간에 이루어지는 이메일 소통은 과중한 업무로 인한 극도의 피로감(burnout)을 일으켜 직장인의 워라밸(work-life balance, 일과 삶의 균형)을 무너뜨린다. 생리적·감정적·정신적 소진

상태(depletion)에 이르는 경우도 다반사다. 궁극적으로 주관적 웰빙, 삶의 만족도, 또는 행복에도 부정적 영향을 끼친다.

경계이론(boundary theory)[1]과 자아중심주의(egocentrism)[2]에 따르면, 이메일 수신자는 발신자가 기대하는 회신 속도를 과대평가하는 편향(email urgency bias, EUB)으로 인해 이메일을 신속히 읽고 답해야 한다는 과도한 강박감에 시달린다. 요즘 사람들에게 이메일이 주요 소통 수단인 동시에 스트레스의 원인과 상징이 된 이유다. 영국 런던경영대 연구진은 EUB가 직장인의 '항시대기상태(always on mode)'를 조장하고 행복 지수를 낮추는 원인임을 밝혀내고 그에 대한 넛지식 해결책을 제시했다.

연구진은 온라인 학술연구 크라우드소싱 플랫폼인 프롤리픽아카데믹(Prolific Academic, 아마존의 미케니컬 터크와 유사)을 통해 모집한 스페인과 미국의 직장인 3,308명을 대상으로 설문조사를 실시했다. 참여자들은 수신자와 발신자로 나뉘어 이메일을 주고받는

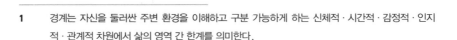

---

1 경계는 자신을 둘러싼 주변 환경을 이해하고 구분 가능하게 하는 신체적 · 시간적 · 감정적 · 인지적 · 관계적 차원에서 삶의 영역 간 한계를 의미한다.

2 자신의 관점에 닻내림(anchoring)되어 타인이 똑같은 상황을 매우 다르게 바라볼 수 있다는 가능성을 인식하지 못하는 편향.

직장 동료의 역할을 수행했다. 이메일은 긴급한 회신을 요구하는 메일과 긴급하지 않은 메일로 분류되었고, 참여자들은 긴급 여부를 알고 실험에 임했다.

주관적 웰빙은 (1) 전반적인 삶에 대한 만족도(0~10, 0=만족도 제로, 10=만족도 최고), (2) 지난 4주를 돌이켜 볼 때 느끼는 감정(긍정적 또는 부정적), (3) 업무로 인한 극도의 피로감을 겪은 빈도수(1~5, 1=극히 적음, 5=매우 자주 또는 항상), (4) 워라밸 만족도(1~7, 1=강한 부정, 7=강한 긍정) 등 네 가지 방식으로 측정됐다. 매개변인으로 쓰인 스트레스는 "얼마나 자주 과중한 업무에 시달리고 있다고 느끼는가?"를 1~5의 척도(1=거의 안 느낌, 5=매우 자주 또는 항상 느낌)로 측정했다.

수신자 관점에서 바라본 이메일에 대한 예상 회신 속도는 "발신자가 당신이 즉시 회신하는 것을 어느 정도로 바라는가?", "발신자가 당신으로부터 즉각적인 회신을 받는 것이 얼마나 중요한가?"라는 두 가지 질문으로 측정했다. 참여자들은 1~7의 척도(1=전혀 아님, 7=매우 그러함)로 질문에 답했다.

분석 결과, 긴급한 회신이 필요하지 않은 이메일을 받았을 때 수신자는 발신자가 기대하는 회신 속도보다 평균 1.4배 더 빠르게 회신해야 한다고 믿었다. 이는 비(非)긴급 이메일의 발신자가 실제로 기대하는 회신 속도가 1시간일 때 수신자가 예측하는 발신자의 회신 속도 기대치(예상 회신 속도)는 약 43분(60÷1.4)이라는 뜻이다. EUB의 엄연한 존재를 잘 보여 준다.

긴급한 회신을 요구하는 이메일을 받은 경우에는 더 심각한 EUB가 관찰됐다. 수신자의 예상 회신 속도는 비긴급 이메일 수신자와 비교해 약

1.5배가 더 빨랐다. 즉 긴급 이메일 발신자의 기대 회신 속도가 1시간일 때 수신자의 예상 회신 속도는 29분(43÷1.5)이라는 의미다. 이는 앞선 비긴급 이메일 수신자의 예상 회신 속도(43분)의 67%에 불과하다.

또한 수신자의 예상 회신 속도가 빠르면 빠를수록 스트레스와 극도의 피로감은 점점 더 상승했다. 역으로 워라밸과 전반적인 삶에 대한 만족도는 하향곡선을 그렸다. 긴급하든, 긴급하지 않든, 이메일을 받았을 때 수신자가 느끼는 강박감은 상당한 듯하다.

업무 시간과 비업무 시간 간 EUB의 차이도 분명했다. 업무 시간에 주고받은 이메일에 대한 수신자 예상 회신 속도는 비업무 시간의 예상 회신 속도보다 약 1.4배가 빨랐다. 역시 업무 시간 내에 받은 이메일의 긴급성이 더 커 보이는가 보다.

추가적으로 연구팀은 발신자가 자신이 기대하는 회신 속도를 분명히 언급하는 작은 조정(adjustment)을 통해 EUB를 효과적으로 통제할 수 있음을 보여 주었다. 예를 들어, "긴급한 회신이 필요한 이메일이 아니니 시간 날 때 회신 부탁합니다."라는 짧지만 명확한 넛지 문구를 추가하자 수신자와 발신자 간 회신 속도 기대치의 격차가 사라졌다. 스트레스는 줄고 행복도가 증가하는 긍정적 효과도 뒤따랐다.

이메일 커뮤니케이션에서 수신자와 발신자의 기대와 관점은 사뭇 다르다. 이는 발신자가 수신자의 심리적 영역(경계)을 의도치 않게 침범해 수신자가 EUB를 일으키는 원인이 되고 스트레스로 인한 극도의 피로감도 불러온다. 더 나아가 일과 사생활의 경계를 무너뜨려 워라밸을 깨트리고 삶에 대한 만족감을 떨어뜨린다.

이메일 커뮤니케이션은 사용자에게 더 많은 통제력과 자율성을 부여하는 문명의 이기가 돼야 한다. '항시대기상태'로 수신자를 강박감에 시달리게 하는 구속의 수단이 되어서는 안 된다. 다행히 '항시대기상태' 강박감의 근본적 원인인 EUB는 발신자의 간단한 넛지 메모로 쉽게 제거될 수 있다. 또한 수신자 자신이 예상 회신 속도에 대한 강박감을 줄이려는 훈련도 필요하다. "바로 회신하지 않아도 괜찮아요."라는 넛지 이메일을 하루 한 통 자신에게 보내는 건 어떨까?

곰곰이 되짚어 생각해 보기

1. 경계이론에서 경계의 의미와 자아중심주의를 설명해 보자.
2. EUB란 무엇인가?
3. EUB를 효과적으로 통제할 수 있는 구체적 방법은 무엇인가? 이러한 방법을 무엇이라 부르고 다른 예로는 어떤 것이 있을까?
4. 항시대기상태를 경험하거나 극복한 사례를 공유해 보자.

1부 편향과 휴리스틱

2.
성장편향에 매몰되면 주식투자가
마약 거래처럼 변할 수도

- 성장성 과대평가로 거품 주식 생산
- 주식가치평가가 지속 불가능한 성장이나 거품 조절 능력 상실하면 주식과 마약 대동소이

　　투자자가 주식 한 주를 구매하기 위해 1만 원을 지불했다는 건 그 주식이 최소한 1만 원의 값어치를 할 것이란 기대 때문이다. 투자자의 기대는 손실(예: 매도 시 5,000원으로 하락)의 실망으로 끝나기도 하고, 기대 이상의 수익(예: 매도 시 2만 원으로 상승)으로 기쁨을 맛보기도 한다. 투자자가 지불한 1만 원을 주식의 시장가격 또는 줄여서 주가(stock price)라고 한다. 주식투자에서 주가는 그 자체로는 별 의미가 없다. 미래 어느 시점 주식을 매도할 때 받을 것으로 예상되는 값어치(예측 가치)를 적절한 할인율(기대수익률)을 이용하여 현재 시점의 값어치로 환산한 수치, 즉 주식의 현재가치(present value of stock 또는 stock value)가 결정되는 순간에야 비로소 의미 있는 숫자가 된다.

주식의 현재가치는 주식평가자가 지불할 의향이 있는 최대 주식가격(주가가 현재가치를 초과하면 매입 포기)으로 정의하면 이해가 쉽다. 따라서 주식의 현재가치가 주가보다 높으면 기대 이상의 수익이 예측되므로 주식 매입을 서두른다. 반대로 현재가치가 주가보다 낮으면 매도로 돌아선다. "싼(가치보다 낮은) 가격에 사고, 비싼(가치보다 높은) 가격에 판다(buy low and sell high, BL-SH)"는 투자 격언은 바로 이를 두고 하는 말이다.

누구나 쉽게 던질 수 있는 말이지만, BL-SH 전략이 성공하려면 싼 주식은 진정으로 싸야 하고 비싼 주식은 진짜 비싸야 한다. 주식이 저평가되었는지 고평가되었는지 정확히 판단하기 위해 주식의 진짜 값어치(주식의 현재가치)를 완벽히 계산해 내야 한다는, 즉 주식가치평가(stock valuation)가 완벽해야 한다는 의미다. 그러나 현실에서는 주식가치평가 전문가인 재무분석가조차도 완벽과는 거리가 멀다. 미국 샌타바버라대의 셰프린 교수는 그 이유를 성장편향(growth opportunities bias, GOB)으로 설명한다.

주식가치평가는 주식이 창출하는 미래의 현금흐름을 기반으로 한다. 예를 들어, 주식에 투자하고 매도하기 전까지 받게 되는 배당금이라는 현금흐름과 매도할 때 받을 것으로 예상되는 주식의 예측 가치(예상 매도가격)를 모두 현재가치로 변환하여 더한 값이 주식의 현재가치다. 여기서 매도 시 예측 가치는 매도 시점에서 예상되는 그 이후의 모든 현금흐름(영구현금흐름)을 매도 시점의 가치로 변환하여 더한 값이다. 가치평가 논문이나 교과서에서는 보통 잔존가치(terminal value)라고 한다.

잔존가치를 계산하려면 영구현금흐름을 하나의 수치로 손쉽게 병합하는 장치가 필요하다. 먼 미래의 현금흐름을 개별적으로 계속 추정하여 현재가치화하는 것은 현실성, 정확성, 신뢰성 측면에서 별 의미가 없기 때문이다. 잔존가치는 보통 현금흐름이 일정한 비율로 무한(항상) 성장한다는 항상성장모형(constant growth model)을 사용해 결정한다. 따라서 항상성장모형으로 평가한 잔존가치는 미래 현금흐름이 항상 일정하다(제로 성장성 가치)는 '항상연금(perpetuity)' 가정하에 추정된 가치를 상회하게 되는데 이 차액이 플러스 성장성 가치를 나타낸다.

먼 미래의 현금흐름이 변화 없이 일정하게 유지(제로 성장성 가치)된다는 항상연금 가정은 보수적이긴 하지만 합리적인 기준이다. 반면에 현금흐름이 무한한 기간, 일정 성장률로 커진다는 항상성장 가정(플러스 성장성 가치)은 예외적인 상황을 일반화하는 것과 같은 비합리적 판단이다. 문제는 대부분의 가치평가 전문가들(재무분석가)이 성장성의 가치를 '0'으로 평가하지 않는다는 것이다. 즉 잔존가치는 '항상연금 가치+알파'라는 공식에 익숙해져 있다. 셰프린 교수는 이를 GOB라 부른다.

GOB가 커질수록 재무분석가가 예측한 잔존가치와 잔존가치 평가 시점 실제 주식의 매도가격과의 격차 또한 커진다. 셰프린 교수는 FANG이라 칭하는 페이스북(Facebook), 아마존(Amazon), 넷플릭스(Netflix), 알파벳(Alphabet, 구글의 모회사로 FANG에서 'G' 상징) 등 네 회사의 목표가(target price)를 분석하여 GOB의 실체를 보여 준다. 목표가는 앞서 소개한 현금흐름 기반 가치평가법을 활용하여 재무분석가가 예측한 주식의 미래가격(보통 1년 이상)으로, 먼 미래(무한 미래 포함)의 예상 현금흐름들을 항상성장모형으로 평가해 얻은 잔존가치와 가까운 미래의 예상 현금흐름들을 목표가 시점의 가치로 변환한 값이다.

분석 결과, FANG 주식의 잔존가치가 목표가에서 차지하는 비중은 평균 70%로 매우 높게 나타났다. 이때 40여 명에 달하는 재무분석가들은 잔존가치를 계산할 때 예외 없이 성장성의 가치를 플러스로 예측했다. 즉 재무분석가 모두 합리적인 항상연금 가정이 아니라 비합리적인 항상성장 가정을 활용하는 편향성(GOB)을 드러냈다. 셰프린 교수는 또한 과도한 항상성장률을 낮추는 넛지(부드러운 개입)를 통해 목표가를 재추정(넛지목표가)하는 방법으로 GOB를 증명했다. 분석 결과, 넛지 목표가는 넛지 없이 추정한 원래 목표가의 73%에 불과했다. 이는 GOB가 목표가의 27%를 차지한다는 해석을 가능하게 한다.

물론 매우 긴 기간 동안 경쟁적 우위를 유지할 수 있는 극히 예외적인 기업의 경우, 성장성 가치를 제로 이상으로 추정할 수 있다. 그러나 '항상연금 가치+알파' 공식을 모든 기업에 일반화하는 것은 무리한 접근법이다. FANG 기업들의 목표가 분석 결과(잔존가치 비중이 부풀려져 있고 항상성장률을 낮춰 적용하면 그 비중이 함께 낮아지는)는 예외(항상성장 가정)는 일반화되어 있고 일반적인 현상(항상연금 가정)은 예외가 되어 있는 현실을 단적으로 보여 준다. 과연 FANG 기업들은 무한한 기간 경쟁적 우위를 유지할 수 있을까? 이러한 가정을 뒷받침하는 충분한 선행연구나 역사적 사례가 있는가? 가치평가 전문가뿐만 아니라 투자자들 사이에 팽배한 GOB의 단면이라고 하면 과장된 표현일까?

주식시장에는 거품 가격의 형성이 용이한 주식이 존재한다. 이러한 주식을 거래하는 투자자들이 존재하는 한 재무분석가들은 GOB가 포함된 거품 가치를 제공할 인센티브의 유혹에서 자유롭지 못하다. 마약을 끊기 어려운 것처럼 투자자들은 거품 주식이 주는 가공할 쾌락을 거부하기 힘들고 재무분석가는 성장성의 과대평가를 통해 거품 주식의 공급자 역할을 하게 된다. 마약 같은 주식의 거래가 왕성하면 주식시장과 마약시장의 경계도 희미해진다.

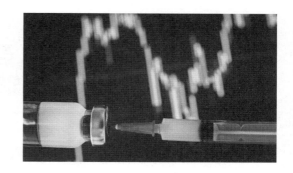

투자자나 재무분석가가 주식을 평가할 때 GOB를 고려하지 않는 것은 마약중독자가 재활을 거부하는 것과 유사하다. 주식에 대한 가치평가는 주식이 주는 진정한 물질적·심리적 효용을 수량화하는 과정이다. 주식가치평가가 지속 불가능한 성장이나 거품을 조절할 능력을 상실하면 주식은 마약과 크게 다를 바 없다. 사람, 기업, 산업, 경제는 모두 예외 없이 성장을 멈추는 시기가 온다. GOB는 성장이 멈추지 않는다는 삐뚤어진 시선이다. 균형감을 자극하자. 그래야 성장한다.

곰곰이 되짚어 생각해 보기

1. 셰프린 교수가 말하는 성장편향이란?
2. 항상성장모형의 기본 구조를 설명해 보자.
3. 주식가격(주가)과 주식 현재가치의 차이는 무엇인가?
4. 잔존가치를 정의해 보자.
5. 거품 가격의 형성을 방지하기 위한 구체적인 가치평가 접근법은 무엇인가?

3.
얇은 귀 편향과 감정 투자의 종말: 머지포인트 사례

- 투자의 세계에서 공짜는 No!
- 투자의 식탁에서 무전취식은 탐욕이요 범죄

2021년 8월에 시작된 머지포인트(mergepoint) 사태로 수십만 명의 소비자가 혼란과 불안에 빠졌다. 소비자는 1만 원의 가치를 지닌 머지포인트 상품권을 20% 할인된 금액인 8,000원에 구매했다. 소비자들 사이에서 머지포인트는 알뜰한 소비자라면 누구나 이용하고 '안 사면 바보'가 되는 신종 투자 수단으로 자리 잡았다. 머지포인트를 구매한 소비자는 휴대폰에 머지포인트 애플리케이션(앱)을 깔고 바코드를 전송받아 200여 개 브랜드의 6만여 개 가맹점에서 선불현금카드처럼 사용했다. 머지포인트 사태 발발 직전까지 머지포인트 누적 발행액은 1,000억 원, 누적 서비스 가입자 수는 100만 명, 월 거래액은 300억에서 400억 원에 이를 정도로 성장 가도를 달리고 있었다.

그러나 2021년 8월, 금융감독원은 머지포인트 발행사인 머지플러스의 서비스가 선불식 전자 지급 수단을 발행하고 관리하는 전자금융업에 해당한다고 판단해 머지플러스에 시정 권고를 내렸다. 「전자금융거래법」에 따르면 두 개 이상 업종에서 결제 수단을 제공하려면 전자금융업자 등록이 필요하다. 머지플러스는 8월 11일 급작스러운 공지를 통해 머지포인트 사용처를 음식점업 한 개 업종으로 축소했고, 200여 개의 브랜드와 6만여 개의 가맹점이 갑자기 10분의 1로 줄어들 것이라고 통보했다. 머지포인트 판매도 전격 중단했다. 소비자들이 패닉에 빠진 것은 물론이고 남아 있던 가맹점도 사실상 머지포인트 운영이 불가능한 상태가 됐다. 해결될 기미가 없자 환불 사태가 잇따랐다. 서울시 영등포구에 있는 본사 앞에는 환불을 요구하기 위한 피해자들의 줄이 늦은 밤까지 수백 미터 이어졌고, 머지포인트 사태의 엄정한 수사를 요구하는 국민청원에는 3만 명 이상이 동의했다. 피해 소비자들은 집단 분쟁을 신청했으며 수사기관까지 나서 조사를 진행 중이다. 2021년 12월 3일에는 머지포인트 피해자들이 남은 할부금을 내지 않아도 된다는 금융당국의 발표가 있었다.

머지포인트와 같은 무위험 고수익 투자를 빙자한 소비자 피해 사례와 금융 사기는 20세기 초부터 '폰지 사기'[3]라는 이름으로 계속돼 왔다. 폰지 사기의 시초인 찰스 폰지는 1920년 투자금을 45일 안에 1.5배, 90일 안

---

3 투자 수익으로 기존 대출을 상환하지 않고 신규 대출을 받아 상환하는 비정상적인 행위를 말한다. 일반적으로는 고율 배당을 미끼로 초기 자금을 조달하고 상환 만기가 도래하면 제3자에게서 신규로 자금을 빌려 되갚는 투자 사기 행위.

에 2배로 늘려 주겠다는 투자 계획을 발표해 8개월 동안 1만 여 명으로부터 당시 화폐가치 1,000만 달러(약 120억 원)에 육박하는 투자 유치에 성공했다. 흥미로운 사실은 투자자 그룹에 보스턴 지역 경찰의 4분의 3이 포함됐다는 것이다. 공권력도 폰지 사업의 마수에서 벗어날 수 없었다. 투자 계획의 핵심은 해외에서 국제우편연합(International Postal Union)이 발행한 쿠폰을 구매한 후 이를 미국으로 보내 4배 비싼 값으로 상환한다는 차익 거래(arbitrage, 위험 없이 이익을 얻는 거래)였다. 이는 순전히 교과서의 가상 사례로 나올 법한 가설적·이론적 상황에 불과한 것이며 실제로 쿠폰의 거래는 이루어지지 않았다. 찰스 폰지가 유치한 투자금액으로 구매할 수 있는 쿠폰의 수는 약 1억 6,000만 개였는데 당시 전 세계에 유통되는 쿠폰을 모두 합쳐도 이보다 적었다. 결국 폰지의 사기 계획은 무산됐고 폰지는 자신의 집에서 고작 61달러 상당의 우표와 쿠폰을 소지한 채 체포됐다.

폰지 사기의 정석이 무엇이고 그 경제적·사회적 파장이 얼마나 심각할 수 있는지를 적나라하게 보여 준 동시에 역사상 가장 규모가 큰 폰지 사기의 주인공은 미국의 버나드 메이도프다. 130개국 이상에서 피해자 수는 3만 7,000명에 이르렀으며 사기 관련 투자액은 우리 돈으로 약 78조 원, 투자자가 돌려받지 못한 원금 손실액은 21조 원에 달했다. 2008년 12월에

1부 편향과 휴리스틱

사기의 전말이 드러나 메이도프가 증권사기 혐의로 체포되기 전까지 그의 거대한 거짓말 위에 세워진 폰지 사업은 승승장구했다. 사기의 전말이 발각되기 전 13년 동안 투자자에게 수익을 돌려주기 위한 실제 투자의 증거는 찾을 수 없었다는 법원 선임 자산관리인 어빙 피카드의 증언은 실로 신비롭기까지 하다.

전 세계를 떠들썩하게 하는 금융 사기가 빈번히 일어나는데 왜 사람들은 'too good to be true(너무 좋아서 믿어지지 않는)' 유혹에 매번, 그리고 맥없이 넘어갈까? 공짜로 돈을 벌게 해 준다는 사업의 특성은 무엇일까? 폰지 사업(Ponzi business)은 폰지 사기와 유사한 구조와 특징을 가지고 있지만 사기라고 판명되지는 않은 사업으로 규정할 수 있다. 폰지 사업 중 일부는 수익 창출을 계획대로 운영하면서 정상적인 사업으로 거듭날 수 있고, 또 다른 일부는 손실을 감당하지 못해 폰지 사기로 전락할 수 있다. 하지만 그 구조와 특성상 다수의 폰지 사업은 후자로 귀결될 가능성이 농후하다. 폰지 사업과 폰지 사기를 동의어처럼 사용하는 경우가 다반사인 이유도 여기에 있다. 폰지 사업은 신뢰를 기반으로 성장하고 신뢰의 상실로 그 종말을 고한다. 그 신뢰는 폰지 사업자의 영특한 설계와 투자자의 공짜 심리를 먹고 자란다. 투자자의 탐욕과 만나 빠르게 성장한 폰지 사업은 대박 사업, 혁신 사업, 미래 사업으로 거듭나는 것처럼 보인다. 그러나 결국에는 비참한 최후를 맞는다. 투자의 세계에 공짜는 없다.

2021년 8월의 사태가 터지지 않았다면 머지포인트는 과연 쭉 승승장구했을까? 머지포인트의 사업 모델을 뜯어 보면 머지플러스의 미래는 그리 낙관적이지 않았을 것으로 추측된다. 머지플러스가 고객에게 20% 할인을 약속하며 10억 원 상당의 머지포인트를 판매했다고 가정하면 8억 원이 회사로 들어온다. 10억 원은 궁극적으로 구매자에게 지불해야 하는 선수금(구매자 입장에서는 선불금)이므로 부채에 해당하고 8억 원 현금은 회사의 자산이 된다. 여기서 2억 원의 차액은 결손금(회사의 이익잉여금과 반대 개념)이 돼 자기자본을 감소시킨다. 회사가 현금 2억 원을 초기 자본(자기자본)으로 투자했다고 가정하면 머지플러스는 자산 10억 원, 부채 10억 원에 (초기 자본 2억 원은 모두 부채를 감당하는 데 사용돼) 자기자본은 '0원'이 돼 완전 자본잠식 상태로 사업을 시작한 것과 같다. 실제로 머지플러스의 전신인 머지홀딩스가 사업을 시작한 2017년도부터 2020년까지 사실상 모두 자본잠식 상태였다.[4]

1,000억 원 누적 판매액 기준으로는 200억 원에 달하는 누적 손실을 감당하려면 이에 상응하는 수익 창출 프로젝트가 필요하다. 머지플러스에는 어떤 수익 창출 프로젝트가 있었나? 적어도 각종 매체에서 보도된 내용이나 회사가 공개한 정보에서는 20% 할인 손실을 감당하고 이익을 낼 수 있는 사업 아이템은 찾아볼 수 없었다. 오히려 2017년 사업 초기부터 지금까지 매년 당기순손실이 발생했고, 그 액수가 2019년에는 55억 8,000만 원, 2020년에는 135억 9,000만 원을 기록해 2020년 말까지 누적 결손금이 약 200억 원에 달했다. 우연인지, 필연인지 이는 위에서 어림짐작으로 계산한 누적 손실 액수와 일치한다. 이처럼 폰지 사업은 비참한 최

---

4   "'자본잠식' 머지포인트, 고객 돈 300억 '빚잔치'…지난해 적자 136억", 2021. 08. 18., 머니투데이.

후가 정해진 운명이다.

남의 말을 너무 잘 믿고 따르는 '얇은 귀 편향(gullibility bias)'이 폰지 사업에 빠지는 이유로 자주 지목된다. 미국에서는 확정급여연금의 단계적 폐지와 확정기여연금 및 개인퇴직연금의 확대 때문에 얇은 귀 편향으로 인한 폰지 사기의 피해 가능성이 더욱 커졌다. 확정기여연금과 개인퇴직연금은 퇴직자들에게 더 큰 이동성, 유연성 및 선택권을 제공한다. 그러나 동시에 직접 연금을 운용해야 하는 연금 가입자 개개인의 의사결정 부담이 늘어났다. 이에 각종 편향과 인지적 한계에 영향을 받아 연금 관련 폰지 사기가 늘어나기도 했다. 이처럼 사람들은 투자 선택의 폭과 정도가 확대될수록 얇은 귀 편향을 비롯한 각종 편향에 취약해진다. 2021년 모든 세대를 아울러 주식, 코인 등 투자 열풍이 일었던 한국에서 머지포인트는 현명하고 검증된 대체투자 수단으로 여겨지면서 귀가 얇아진 투자자들 사이에서 빠른 속도로 입소문을 타게 됐다고 해석할 수도 있다.

또 다른 요인은 감정의 개입이다. 선택을 내릴 때는 감정과 이성이 모두 개입되지만, 감정의 역할은 우리가 예상하는 것보다 더 강하다. 이렇게 감정이 이성을 압도함으로써 감정적 신뢰로 쉽게 발전하기도 한다. 많은 폰지 사업에서 잘못된 선택을 하게 하는 감정 요인은 돈을 쉽고 빨리 벌 수 있다는 기대에서 오는 흥분이다. 이런 감정에 의존하는 탐욕스러운 투자자들은 찰스 폰지와 같은 사기꾼이 제공하는 막대한 수익에 쉽게 매료당한다. 시중에 유통되는 상품권의 할인율이 10%를 넘는 경우가 드문 와중에 20%의 무제한 할인율을 들고 나온 머지포인트 사업에 흥분하지 않을 투자자도 드물었을 것이다. 안전하고 안정적인 수익이 주는 평안한 만족감을 좇는 투자자들도 있다. 은퇴 후 삶에서 경제적 위험과 불안을 제거할 기회가 이들에겐 벅찬 희망과 감동이 될 수 있다. 어떤 경우든 폰지 사업자들이 투자자들의 감정을 조련하는 탁월한 기술을 보유하고 있음을 잊지 말아야 한다.

수고 없이 결실을 얻으려고 하는 것은 공짜 심리이자 탐욕이다. 공짜 심리는 폰지 사업과 같은 버블(bubble) 사업이 자랑하는 공짜 수익을 좇게 하고, 탐욕은 영혼의 눈을 멀게 한다. 투자에서 위험을 감수하는 것은 필연이고 고수익이 고위험을 동반하는 것은 자연법칙이다. 폰지 사기의 핵심은 인간 본성이 가진 약점을 공격해 목표 대상의 사고능력과 판단능력을 무력화한 후 그들이 가진 것을 속여 뺏는 것이다. 주위에서 돈을 많이 벌고 부자가 되는 듯한 모습을 보면 누구나 따라 하고 싶은 마음이 생긴다.

폰지 사업에 빠지지 않으려면 지나치게 좋아 보이는 투자에 항상 의심을 품어야 하며, 투자 지식을 지속적으로 향상하고 자신과 경제 현실에 대한 이해를 높여야 한다. "객관적, 통계적 근거는 무엇인지?", "수익 사업은 실제로 운영되고 있는지?", "구체적 증빙서류는 어디에 있는지?", "왜 이토록 이타적인 사업을 하려고 안달인지?" 등 집요하게 질문해야 한다. 자신의 믿음과 선입견을 반증하는 정보를 수집하고 분석할 필요가 있다. 자신이 이미 선택한 포트폴리오나 투자종목이 있다면 이들이 확증편향(confirmation bias)의 비호를 받았다고 가정해야 한다. 대안 포트폴리오와 벤치마크 투자종목을 찾아 자신이 선택한 투자종목과의 차이점을 적시하고 그 이유를 철저히 파악하라. 확증편향으로 인해 이전에 인지하지 못했던 오류가 발견되면 주저 말고 투자를 재구성하라. 이 과정을 투자가 끝날 때까지 반복해야 한다. 그렇지 않으면 제2, 제3의 폰지와 메이도프는 망령처럼 투자의 세계를 공포와 불안의 도가니로 전락시킬 것이다. 머지포인트와 유사한 사업 모형은 끊임없이 투자자의 인지적·감정적 빈틈을 파고들어 언제든지 상도(商道)를 파괴하고 경제 질서를 교란하는 원흉이 될 수 있다.

용감한 무지와 공짜 심리로 가득 찬 어리석고 맹목적인 사람보다는 차라리 의심으로 가득 찬 현자(賢者)가 낫다. 투자의 식탁에서 무전취식은 탐욕이요, 범죄다. 손을 꼭 쥐려고 하면 할수록 수중에 남는 게 없다. 손을 펴야 비로소 세상이 내 수중에 들어온다. 재물도 마찬가지다.

곰곰이 되짚어 생각해 보기

1. 폰지 사기란 무엇인가?
2. 머지포인트 사태와 폰지 사기의 유사점을 간략히 논의해 보자.
3. 폰지 사기와 폰지 사업의 차이점은 무엇인가?
4. 폰지 사업의 유혹에 빠지게 하는 원인으로 자주 지목되는 편향은 무엇이고, 그것이 의미하는 바는 무엇인가?
5. 폰지 사업에 빠지지 않으려면 어떻게 해야 할까?

4.
주식시장에서의 낙관과 자기과신

- 투자자 낙관주의와 자기과신이 조급하고 성급한 의사결정 부추겨 오류와 실수 유발하고 주식 수익률 심각하게 저해
- 소비자심리지수나 확신지수의 변화 예의주시해야!

　자신이 평균 이하의 남편, 아내, 아빠, 엄마, 직장인, 최고경영자, 또는 학생이라고 생각하는 사람이 얼마나 될까? 둘 중 하나는 그렇다고 답할까? 아마도 열에 한둘 정도일 듯싶다. 나는 평균 이상이라는 지나친 자신감을 행동경제학에서는 자기과신(overconfidence)이라고 부른다. 네이버나 다음의 금융 사이트에서 주식 종목의 투자의견을 보면 매수의견이 매도의견보다 압도적으로 많은 것을 쉽게 발견할 수 있다. 이 같은 현상은 미국이나 유럽과 같은 선진국 시장에서도 쉽게 볼 수 있다. 투자의견을 발표하는 재무분석가들의 광범위한 낙관주의(optimism)가 그 주요 이유로 꼽힌다. 낙관적 견해는 재무분석가와 같은 증권전문가에게만 존재하는 것이 아니다. 미국 평균 가정의 경우 부엌을 리모델링할 때 예상한 지출액이

　　　　　　　　　　　　　　　　　　　　　1부 편향과 휴리스틱

실제 지출액의 절반도 되지 않는다. 미국 개인 사업자의 80%는 사업 성공률을 70% 이상이라고 판단한다. 심지어 이 중에 약 30%는 실패확률이 제로라고 믿는다. 그렇다면 피할 수 없는 인지적 특성인 자기과신과 낙관이 주식시장에도 체계적으로 존재할까? 수십 년간 자기과신과 낙관의 역할이 조명돼 왔다면 이제 시장에서 사라질 때도 되지 않았을까? 규슈대의 키나리 교수가 일본의 대학교 네 곳의 학생들을 대상으로 실시한 연구가 그 실마리를 제공한다.

키나리 교수의 설문조사에 참여한 대학생 1,513명은 니케이 225 인덱스의 하루, 일주일, 한 달 후 값을 예측하는 과제를 수행했다. 예측치와 실제 인덱스값을 비교해서 전자가 크면 낙관적 예측, 후자가 크면 비관적 예측으로 구분했다. 더불어 참여 학생들은 95%의 확신을 갖고 실제 인덱스값을 포함하는 신뢰구간을 예상해 설정해야 했다. 95% 확신으로 신뢰구간을 예측한다는 뜻은 100번의 경우 중 95번은 실제 니케이 225 인덱스값이 설정한 신뢰구간에 포함되어 있어야 한다는 것이다. 실제 인덱스값이 95번 미만으로 신뢰구간에 포함된다면 과도한 자신감의 결과로 해석할 수 있다.

하루 뒤의 니케이 225를 예측하는 과업에서의 평균 예측오류(예측치에서 실젯값을 뺀 수치)는 음의 값(-13.45)으로 비관적 예측을 나타냈다. 반면 일주일 후와 한 달 후의 니케이 225를 예측한 조사 결과는 모두 양의 값(10.9와 129.54)을 나타내 만연한 낙관주의를 드러냈다. 특히 한 달 후 예측오류(129.54)는 하루 예측(-13.45)의 비관주의와 일주일 예측(10.9)의 낙관주의를 큰 폭으로 상회했다. 이는 예측 기간이 길수록 투자자의 낙관적 견해도 커진다는 뜻이다.

한 가지 흥미로운 점은 남성이 여성보다 훨씬 낙관적으로 미래를 바라본다는 것이다. 남성의 비관주의(pessimism)는 여성의 반도 채 되지 않았고 낙관주의는 거의 3배에 가까웠다. 그러나 낙관주의와 비관주의는 측정 연도와 대상학교에 따라 변화가 심했다. 예를 들어, 2009년도 봄학기에 설문조사에 참여한 고베대 학생들은 예측 기간에 상관없이 모두 낙관적 예측을 했지만, 2010년도 가을학기에 조사에 참여한 규슈대와 오사카대 학생들은 전 예측 기간에 걸쳐 비관적 예측을 내놓았다. 사람들이 평균적으로는 낙관적일지 몰라도 비관주의의 정도는 경기의 흐름이나 예측 기간의 길이에 따라 매우 역동적으로 변하는 것 같다.

하지만 주식수익률과 낙관주의는 뚜렷한 역의 관계를 갖는 것으로 나타났다. 가장 낙관적인 그룹의 일일 평균수익률은 -0.53%인 반면 가장 비관적인 그룹의 일일 평균수익률은 0.32%였다. 이를 샘플 기간(대학의 한 학기)의 평균수익률로 환산하면 낙관적 그룹은 -30.34%이고 비관적 그룹은 24.73%로 수익률 격차가 50%p 이상이나 된다. 낙관주의가 정신건강에는 좋을지 모르지만 투자에서는 독이 될 수도 있음을 보여 준다.

투자자들의 미래 주식시장에 관한 견해는 낙관과 비관을 오가며 변화무쌍한 행태를 보였지만 그들의 자기과신은 예측 기간, 경제 사이클, 학교나 성별에 상관없이 매우 안정적으로 유지되었다. 하루 뒤의 인덱스 값을 예측하는 경우는 100번 중 93번, 일주일 후 인덱스값을 예측하는 경우는 86번, 한 달 후 값을 예측하는 경우는 70번만이 95% 확신 예측 구간에 니케이 225 인덱스의 실젯값이 포함되어 모두 정상값인 95번에 미치지는 못했다. 이는 또한 더 먼 미래를 예측할 때 투자자의 자기과신도 강해진다는 의미다. 낙관주의 연구와 마찬가지로 남성의 자기과신 정도는 여성보다 높았지만, 그 차이는 남녀의 낙관주의 차이에 비하면 미미했다.

주식시장에 투자자의 과도한 낙관주의와 자기과신이 만연돼 있다는 것은 오랫동안 관찰돼 온 현상이다. 문제는 이러한 편향이 투자수익률과 어떤 관계가 있느냐는 것이다. 편향이 아무리 시장에 많이 존재한다 해도 수익률과 아무런 관계도 갖지 않는다면 그리 걱정할 필요가 없다. 그러나 편향이 수익률에 체계적 영향을 미친다면 얘기는 달라진다. 그 영향을 분석하고 투자결정에 반영해야 옳다. 따라서 투자자의 낙관적 견해가 주식수익률을 심각하게 저해한다는 키나리 교수의 연구는 의미하는 바가 크다. 낙관과 자기과신이 표출되는 전형적 모습은 인간을 너무 서두르고 성급하게 만든다는 점이다. 팔 때든 살 때든 너무 빨리 의사결정을 하게 부추긴다. 우리 속담에 "솥에 넣은 팥은 익어야 먹는다."라는 말이 있다. 주식투자 시 꼭 돼새겨 보아야 할 말이다. 서두르면 일을 그르치는 법이다. 투자자들의 낙관주의와 자기과신의 정도를 알려주는 소비자심리지수나 확신지수의 변화에 더 주의를 기울이는 것도 필요하다.

곰곰이 되짚어 생각해 보기

1. 자기과신과 낙관주의를 간략히 정의해 보자.
2. 95%의 확신을 갖고 실제 인덱스값을 포함하는 신뢰구간을 예측한다는 것은 무슨 의미인가?
3. 주식수익률과 낙관주의는 어떤 상관관계를 갖는가? 그 증거는 무엇인가?
4. 예측 기간이 길어지면 투자자 낙관주의와 자기과신은 커지는가 작아지는가? 그 증거는 무엇인가?
5. 낙관주의와 자기과신에 노출된 투자자의 전형적인 모습은 어떠한가?
6. 투자자 낙관주의와 자기과신을 알려 주는 지표에는 어떤 것이 있는가?

5.
투자 편향으로
예측오류를 줄인다?

- 기업수익률 예측은 모든 투자자의 숙원
- 수익률 예측에 자기과신이나 지나친 외삽추정 등 편향 간섭
- B/M 비율이나 현재 수익률 같은 단순한 지표 활용, 초과수익 달성 가능
- 하지만 타이밍은 완전히 별개의 문제, 시장은 만만한 상대 아니야!

투자자가 기업의 미래 수익률을 예측하기 위해 다양한 정보를 분석하고 정리하는 과정에서 자기과신이나 지나친 외삽추정(overextrapolation)과 같은 편향의 간섭은 필연적이다. 자기과신이 심한 투자자는 정보의 정확도를 과대 해석하고 지나친 외삽추정에 의존하는 투자자는 과거나 현재의 성과가 미래에도 지속될 것이라는 과장된 믿음을 갖는다. 이로 인한 반복적이고 체계적인 예측오류가 기업수익률에 반영되면 수익률 패턴의 예측이 오히려 쉬워진다. 이는 시장의 효율성을 저해하는 행태적 오류가 역설적으로 기업수익률 예측을 개선해 줄 수 있다는 뜻이다. 절대적 의미에서 투자자의 행태적 오류는 제거해야 할 시장 요소(market factor)이지만, 기업수익률 예측이 최우선 과제인 투자자에게는 오히려 기

회가 되는 셈이다. 미국 텍사스대 연구진은 시뮬레이션을 이용한 적률법(simulated method of moments)과 구조모형(structural model)을 활용해 편향으로 인한 행태적 오류가 기업수익률 예측을 어떻게 개선하는지 명확히 보여 주었다.

구조모형분석에 따르면 자기과신과 지나친 외삽추정을 포함한 모형은 그렇지 않은 모형보다 기업의 투자행위나 수익률 변동을 월등히 잘 설명하는 것으로 나타났다. 과장된 외삽추정 성향이 강한 투자자는 현재 시점에서 실현된 수익률 정보를 접하면 그 추세가 미래에도 지속될 것이라고 과대평가해 미래 수익률을 비현실적으로 높게 추정한다. 하지만 결국 미래 시점이 됐을 때 실현된 수익률은 추정된 수익률보다 훨씬 낮게 나오게 된다. 반면, 자기과신이 심한 투자자는 현재 실현된 수익률 정보가 미래 수익률 추정에 끼치는 역할이 제한적일 것이라고 보고 미래 수익률을 과소하게 추정하는 경향이 있다. 그 결과 시간이 지나 실제 미래 시점에 실현되는 수익률은 애초 추정한 수익률보다 더 높게 나타나게 된다. 이는 미래 수익률의 예측치와 미래 시점에서 실제로 실현된 수익률 간 상관관계가 자기과신 투자자와 과잉 외삽추정 투자자 간에 서로 다르게 나타난다는 것을 뜻한다. 따라서 자기과신 투자자가 많으면 그 상관관계는 긍정적(예측치가 높으면 실제 미래 수익률도 높게 실현)이지만, 외삽추정 투자자들에게서 나타나는 상관관계는 부정적(예측치가 높으면 실제 미래 수익률은 낮게 실현)일 가능성이 크다.

분석 결과, 자기과신으로 인한 긍정적 상관관계가 과장된 외삽추정으로 인한 부정적 상관관계를 압도하는 것으로 나타났다. 이는 두 가지 편향 가운데 자기과신이 투자의사결정에 끼치는 영향력이 과잉 외삽추정의 영향력보다 더 컸다는 의미다. 이로 인해 미래 수익률 예측치와 실현된 미래 수익률의 평균 상관관계는 양(+)의 값을 띠었다. 즉 수익률 예측치가 높은 기업의 미래 수익률이 실제로 높은 경향을 보였다.

한편, 현재 수익률의 크기에 따라 구성한 10개의 포트폴리오 분석 결과, 수익률이 큰 자산을 묶어 놓은 포트폴리오일수록 알파(α, 초과수익률)가 지속적으로 상승하는 것으로 나타났다. 또한 10개 포트폴리오에서 기업의 시장가격(market value)을 본질가치(intrinsic value)로 나눈 MV/IV 비율을 단순 평균한 결괏값은 1.104로 나타났다. MV/IV 비율이 1이면 시장이 기업의 진짜 가치를 제대로 평가하고 있다는 의미다. 1보다 작은 경우는 기업의 가치가 평균적으로 과소평가됐다는 뜻이다. 이 경우, MV/IV 비율이 1보다 크므로 기업의 가치는 과대평가됐다는 결론이 가능하다. 이는 시장이 효율적이지 않다는 방증임과 동시에, 자기과신 투자자들이 기업의 성장 가능성과 미래 생산성을 과대 추정하고 자신들의 예측을 과신한다는 암시이기도 하다. 이 밖에 기업의 장부가격(book value) 대비 시장가격(market value) 비율(B/M)에 따라서도 10개 포트폴리오를 구성해 각각의 수익률을 측정한 결과, 최대 B/M 포트폴리오의 알파는 4.36%로 최소 B/M 포트폴리오의 -0.02%를 크게 앞섰다. 이는 B/M이 큰 저평가 기업에 투자하면 평균 이상의 수익률을 달성할 수 있다는 가치투자(value investing) 현상이 확인된 것이다.

기업수익률 예측은 모든 투자자의 숙원이다. 수많은 투자전문가와 학자들이 수익률 예측을 위해 노력해 왔지만, 투자전문가의 투자전략은 대부분 시장의 평균수익률을 밑돌았고, 수익률의 예측 가능성에 대한 학문적 논쟁은 아직도 진행형이다. 금융시장의 움직임 또는 기업가치를 예측하기란 술 취한 사람의 한 걸음 한 걸음을 추측하기만큼이나 어렵다. 하지만 단순히 B/M 비율이나 현재 수익률만 가지고 예측을 해도 초과수익률을 달성할 수 있다는 사실이 드러났다. 굳이 할인율과 현금흐름을 예측하고 본질가치를 복잡하게 계산해 내는 가치평가 과정을 거치지 않더라도 저평가나 고평가 주식을 골라낼 수 있다. 이런 단순한 지표들만으로도 평균수익률을 웃도는 투자 수익을 챙길 수 있는 이유가 자기과신이나 외삽추정과 같은 투자 편향이라는 것이 역설적이지만 투자자의 시선을 끌기에는 충분하다.

그러나 잊지 말아야 할 투자의 격언이 있다. 투자의 세상에 공짜는 없다는 것이다. 투자자의 체계적이고 지속적인 행태적 오류 덕분에 초과수익률을 달성할 기회가 있는 것은 사실이지만, 그 기회를 적시에 잡을 수 있느냐, 없느냐는 완전히 별개의 문제다. 시장은 우리가 만만히 볼 상대가 아니다.

곰곰이 되짚어 생각해 보기

1. 투자자가 기업수익률을 예측할 때 필연적으로 간섭하는 편향에는 어떤 것이 있는가?

2. 이러한 편향이 투자자와 수익률 예측의 정확도에 미치는 영향은 무엇인가?

3. 자기과신 투자자가 많을 때 수익률 예측치와 실제 수익률 간 상관관계의 방향은 어떠한가? 그 이유는?

4. 외삽추정 투자자가 많으면 수익률 예측치와 실제 수익률 간 상관관계는 플러스인가 마이너스인가? 그 이유는?

5. 1보다 큰 MV/IV 비율의 두 가지 의미는 무엇인가?

6. 투자 편향으로 인해 단순한 지표들만으로도 시장수익률을 초과하는 수익을 챙길 기회가 존재함을 관찰했다. 그렇다면 시장을 상대할 효과적 무기를 갖춘 셈인가?

6.
원숭이도 갖고 있는 긍정적 보상 기대, 뜨거운 손 편향

- 패턴을 찾아 헤매는 뜨거운 손 편향'
- 긍정적 보상에 대한 강한 기대감
- 아무런 상관관계가 없는 일련의 사건들조차도 긍정적 관계가 있는 것처럼 착각
- 오류는 DNA에 내재한 유전적 행동 원칙의 부산물

농구 경기를 시청하다 보면 유난히 슛을 잘 넣는 선수가 눈에 띈다. 관중과 시청자들은 모두 그 선수에게 다음 볼이 건네지기를 바란다. 그날의 볼 운이 그 선수에게 집중된 양 말이다. 과학적 관점에서 보면 운좋은 선수가 다음 슛을 성공시킬 확률은 그가 넣은 그 전의 골과 무관하다. 무질서한 상황에서 패턴을 발견하려는 습관은 대체 어디서 온 것일까? 단순하고 일시적인 인지적 오류인가 아니면 인지 시스템 안에 내재한 진화의 산물인가? 일련의 무작위 사건(random events)이나 상황 속에서 명확한 패턴을 찾는 인간의 의사결정 성향을 '뜨거운 손 현상(hot-hand phenomenon)' 또는 '뜨거운 손 편향(hot-hand bias)'이라고 부른다.

미국 로체스터대 연구진은 뜨거운 손 편향이 영장류에 공통으로 나타

나는 현상이라고 보고, 인간과
유전학적으로 가까운 북인도 원
숭이를 대상으로 뜨거운 손 편
향의 진화적 기원을 탐구했다.
우리는 무질서한 상황을 다루는
데 매우 서툴다. 더 나아가 무질
서한 상황과 질서정연한 상황을
구분하는 능력도 기대 이하다.

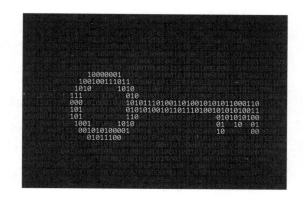

그럼에도 불구하고 모든 상황에서 정형화된 패턴을 끄집어내고자 부단히
애쓴다.

　대부분 선행연구가 뜨거운 손 현상을 스포츠나 금융시장에서 나타나
는 단순한 인지적 오류나 환상으로 보려는 반면, 최근 한 연구는 뜨거운
손 편향이 원시 인간들이 군집된 형태의 식량(식량이 무작위로 퍼져 있는 것
이 아니라 식량이 처음 발견된 곳 주변에서 계속 발견됨)을 찾아 헤매는 과정에서
습득한 진화의 산물이라고 주장한다. 채집으로 살아가는 인간에게 생존
과 번식을 위한 필요조건 중 하나가 군집형 식량을 찾는 것이었다. 식량
이 일정 지역에서 계속 공급되는 긍정적 자극에 대한 욕구와 기대는 오랜
시간에 걸쳐 긍정적 패턴을 발견하려는 유전적 습관으로 변형되었다. 연
구진은 인간과 유사한 유전형질을 가진 북인도산 수컷 원숭이 세 마리에
게 자극과 보상을 주는 실험을 통해, 이러한 유전적 습관이 우리와 동일
한 조상을 둔 원숭이에게도 존재한다는 것을 보여 주었다.

　피실험체 B, H, C라는 이름이 붙여진 세 원숭이에게는 크게 세 가지 실험 조건(세부적으로는 9개)이 주어진다: 부정적 상관관계 조건, 제로 상관관계 조건, 긍정적 상관관계 조건. 각 조건은 자극과 보상의 과정을 가진다. 원숭이는 설치된 렌즈를 통해 좌우에 있는 두 개의 직사각형 물체(하나는 빨간색, 다른 하나는 파란색)를 보고, 둘 중 하나를 선택하게 된다. 긍정적 상관관계 조건에서는 처음 빨간색을 선택하고 두 번째도 빨간색을 선택하면 주스를 보상으로 받게 된다. 세 번째나 그 이후에도 주스를 마시려면 계속 같은 빨간색을 선택해야 한다. 즉 보상을 받은 색을 바꾸지 않는 것이 합리적이다. 부정적 상관관계 조건은 이와 반대다. 처음 빨간색을 선택하고 두 번째도 빨간색을 선택하면 보상을 받지 못한다. 즉 색을 번갈아 선택해야만 보상을 받을 확률을 높아진다. 제로 상관관계 조건에서는 보상이 무작위로 주어진다. 어떤 색을 선택해도 보상을 받을 확률은 50%로 똑같다. 만약 뜨거운 손 편향이 원숭이들의 의사결정에 영향을 미친다면 원숭이들은 부정적 또는 제로 상관관계 조건하에서도 긍정적 상관관계 조건에서 예상되는 반응과 비슷한 행위를 보여야 한다.

긍정적 상관관계 조건하에서는 예상했던 대로 세 원숭이 모두 색을 바꾸어 선택하는 행위를 꺼렸다. 원숭이 B가 색을 변경한 빈도수(잘못된 선택)는 전체 실험 횟수 1,271회의 10.3%, C는 1,354회의 실험 중 13.12%, H는 1,106회의 17.9%에 불과했다. 세 원숭이가 모두 올바른 선택을 하는 경향을 보였다. 이와는 반대로, 부정적 상관관계 조건에서 원숭이 B가 같은 색을 고집한 빈도수(잘못된 선택)는 전체 실험 횟수의 28.36%, H는 29.61%, C는 67.11%에 달했다. 제로에 가까워야 할 빈도수가 말이다. 주스라는 달콤한 보상을 안겨 준 과거의 선택에 대한 대단한 집착이라고 할 수 있다.

원숭이들도 농구 경기를 관람했다면 그날의 운 좋은 선수에게 뜨거운 응원을 보내지 않았을까? 손이 뜨거워지도록 말이다.

인간과 원숭이가 유전적으로 공유한 긍정적 보상에 대한 강한 기대감은 긍정적 상관관계를 확대하여 해석하는 경향으로 발전했다. 이는 아무런 상관관계가 없는 일련의 사건들조차도 긍정적 관계가 있는 것처럼 지각하게 만드는 힘으로 작용한다. 인간을 포함한 영장류의 많은 행동이 진화의 산물이라는 유전학적·생태학적 관점을 제공한다. 우리가 일상(정치, 경제, 사회, 문화 등) 활동에서 저지르는 수많은 오류는 어쩌면 우리의 DNA에 내재해 있는 유전적 행동 원칙의 부산물일지도 모른다.

곰곰이 되짚어 생각해 보기

1. 뜨거운 손 편향이란?
2. 원시 인간이 군집된 형태의 식량을 찾아 헤맨 이유와 그 결과는 무엇인가?
3. 북인도산 원숭이 실험에서 뜨거운 손 편향이 진화의 산물이란 증거는 무엇인가? 간략히 기술해 보자.
4. 뜨거운 손 편향과 같은 유전적 행동 원칙의 부산물이라 생각할 수 있는 다른 예에는 어떤 것이 있을까?

7.
CEO의 자기과신,
혁신산업에서는 기업가치 제고

- 자기과신적 판단과 선택은 오류 필연
- 혁신이 요구되는 기업이나 산업에서는 CEO 자기과신이 성장과 성공의 열쇠 가능성

애플의 공동 창업자이자 전 CEO인 고(故) 스티브 잡스는 한 세기를 통틀어 가장 위대한 경영 혁신가의 한 사람으로 꼽힌다. 아이폰과 아이패드는 말할 것도 없고 디지털 테크놀로지의 대중화에 기여한 그의 공로는 실로 지대하다. 잡스는 또한 자기과신이 지나쳤던 CEO로 정평이 나 있다. 《포천(Fortune)》지에 따르면 잡스는 당면한 이슈의 특성이나 주변 상황과 상관없이 자신의 방식대로 문제를 해석하고 독단적으로 대응하려는 경향을 보였다. 그의 독특한 개성은 그를 위대한 혁신적 CEO로 만드는 데 기여했지만, 한편으로는 애플과 투자자들을 위험에 빠뜨리는 원인이 되기도 했다.

자기과신이 강한 CEO는 자신의 능력을 항상 과대평가하고, 미래에

대해 너무 낙관적이며, 쉬운 과제보다는 어려운 과제에 더 큰 관심을 보이는 경향이 있다. 이런 경향은 투자자산을 평가할 때 예상 수익은 과대평가하고 예상 비용과 위험은 과소평가해 부가가치가 마이너스인 자산에 투자하는 실수로 이어지기 쉽다. 이는 결국 기업의 가치를 감소시켜 피해는 고스란히 주주들의 몫이 된다. 그렇다면 자신감이 넘치는 CEO는 기피의 대상이 되어야 할까? 많은 기업이 경영 노하우가 풍부하고 과감한 혁신을 주저하지 않고 확신에 찬 전문경영인에 의해 관리되고 운영되는 현실은 매우 역설적이다. 이런 역설적 현상을 설명하기 위해 US 어바인대 연구진이 자기과신 CEO, 혁신, 그리고 기업가치와의 상관관계를 조사한 결과, 자기과신이 강한 CEO들이 위험률이 높은 혁신적 프로젝트에 대한 투자에 망설임이 없으며 궁극적으로 기업의 가치를 높이는 혁신의 선도자가 된다는 것을 밝혔다.

기업경영과 기업정책 분야의 연구자들이 가장 풀고 싶은 수수께끼 중 하나는 기업이 종종 과도한 자신감을 갖는 경영자에게 경영권을 이전하고 투자 및 자금조달과 관련된 의사결정의 전권을 부여한다는 사실이다. 실제로 성장지향형 기업의 상당수는 자기과신 성향이 강한 CEO들을 경영 전면에 내세운다. 일반적으로 사람들이 편견 없는 의사결정을 선호한다는 사실에 비춰 볼 때, 자기과신이라는 편향된 감정의 소유자에게 경영을 맡기는 현상을 이해하기가 힘들다. 이런 현상을 설명하려면, 자기과신 성향의 CEO들이 성공적인 혁신에 더 적합하다는 증거가 필요하다. 연구진은 1993년부터 2003년까지 2,577명의 미국 CEO들을 스톡옵션 행사 여부 및 주요 금융 관련 전문잡지 및 신문(예:《파이낸셜 타임스》,《포천》,《포브스》,《뉴욕 타임스》,《월스트리트 저널》 등)에서의 인용 횟수 등을 근거로 자기과신이 강한 CEO와 그렇지 않은 CEO로 구분한 후, 세 가지 가설에 따라 각 그룹별 혁신적 투자와 성과를 비교 분석했다.

논문의 첫 번째 가설은 CEO의 자기과신이 기업의 위험을 증가시킨다는 것이다. 분석 결과, 실제 자기과신 성향의 CEO를 고용한 기업의 주식 수익률 변동성은 그렇지 않은 기업보다 훨씬 높게 나타났다.

두 번째 가설은 CEO의 자기과신이 혁신적 투자를 촉진할 뿐만 아니라 혁신적 투자의 성과도 높인다는 것이다. 혁신적 투자의 크기는 연구개발비로 측정했고 혁신적 투자의 성과는 특허 수와 특허 인용 횟수로 평가했다. 연구 결과, 자기과신 성향의 CEO는 그렇지 않은 CEO보다 연구개발비를 27%p 더 지출했고, 특허 수도 28%p 더 많은 것으로 나타났다. 특허 인용 측면에서도 자기과신이 강한 CEO를 고용한 기업들이 많게는 40%p, 적게는 11%p 높은 인용 횟수를 기록했다.

세 번째 가설은 자기과신과 기업가치의 상관관계를 다루었다. 기존 연구들은 자기과신이 강한 CEO들이 무분별한 기업 인수합병을 통해 기업가치를 감소시킨다고 주장한다. US 어바인대 연구진은 이와 반대로 '긍정적 자기과신 효과'에 주목했다. 즉 자신감이 충만한 CEO는 혁신적 투자와 성과를 통해 성장 동력을 끌어내고 그 결과 기업가치를 상승시킬 것으로 봤다. 토빈(Tobin)의 Q(기업가치 측정변수)와 주가순이익비율(성장 기회 측정변수)을 이용한 회귀분석 결과에 따르면, 성장 기회를 기업가치로 승화시킨 유일한 그룹이 자기과신이 가장 강한 CEO 그룹이었다.[5]

더 나아가 혁신산업과 비혁신산업 간 자기과신의 기업가치 창출 효과를 비교하여 분석한 결과, 자기과신에 찬 CEO가 기업가치를 상승시킨 경우는 혁신적 아이디어가 성패를 좌우하는 첨단 혁신산업에 집중돼 나타났다. 여기서 혁신산업은 특허당 인용 횟수가 전체산업의 중간값(median)을 상회하는 산업을 일컫는다. 에너지, 생산 장비, 그리고 통신(IT 포함) 사업 등이 혁신산업을 대표하고, 광산, 도매, 중공업 분야는 비혁신산업으로 분류된다.

자기과신은 일반적으로 판단 오류나 비효율성을 일으키는 바람직하지 않은 인지편향(cognitive bias)으로 간주돼 왔다. 매스컴에서는 종종 고집스럽고 자신감에 사로잡힌 CEO들의 경영철학과 기업의 흥망성쇠를 재미있는 소재로 다루곤 한다. 하지만 실패와 성공은 별개의 독립된 개념이 아니다. 쓰라린 실패의 가능성을 감수하지 않으면 위대한 성공의 가능성도 존재하지 않는다. 특히 혁신산업에서는 CEO의 자기과신이 기업의 가치를 상승시키는 데 결정적 역할을 할 수 있고, 혁신이 요구되는 기업에서 CEO

---

5 토빈의 Q는 노벨경제학상 수상자인 미국 경제학자 제임스 토빈이 기업의 투자의사결정 기준으로 제시한 비율이다. 기업의 시장가치를 기업의 실물자본 대체비용으로 나눈 값으로 정의된다. 그러나 측정에 어려움이 있어 기업의 주식과 부채 시장가치의 합을 총자산 장부가액으로 나눈 값이나 주식의 시장가치를 주식의 장부가액으로 나눈 값으로 표현하곤 한다.

의 자기과신이 성장과 성공의 열쇠가 될 수 있다. 많은 기업이 왜 CEO의 자기과신을 용인해 왔고, 왜 자기과신 성향의 CEO들이 성장지향형 기업들의 러브콜을 받아 왔는지에 대한 의문 역시 어느 정도 해소되는 듯하다.

직업이나 직위를 막론하고 누구에게나 자신감(confidence)은 필요하다. 자신감이 있어야 원동력과 추진력, 그리고 인내력도 생긴다. 다만 지나치게(over) 자신감을 키우는 행위는 바람직하지 않다. 자기과신적 판단과 선택에는 오류라는 필연적 대가가 따르기 때문이다. 혁신적인 과제나 직무를 수행하는 경우는 예외가 될 수도 있겠다.

곰곰이 되짚어 생각해 보기

1. 자기과신이 강한 CEO의 일반적 경향을 한 문장으로 요약해 보자.
2. 자기과신에 빠진 CEO는 기업가치를 감소시킬 가능성이 크다고 알려져 있다. 그 이유를 간략하면서도 구체적으로 기술해 보자.
3. 자기과신 CEO의 부정적 이미지와 대비되는 긍정적 특성은 무엇인가?
4. 긍정적 자기과신 효과란?
5. 자기과신 CEO의 기업가치 증가 효과가 집중된 산업은 무엇인가? 그 의의는 무엇인가?

8.
자기과신적 리더십으로
기업가치를 높인다

- CEO 자기과신이 공급업체와의 동반자적 협력관계 강화 및 기업가치 상승효과
- 동전에도 양면 있듯 편향에도 양면성 존재

자기과신이 지나친 최고경영자의 이미지는 대체로 부정적이다. 과도한 투자, 무분별한 인수합병, 잦은 분식회계로 기업가치를 파괴하는 원인으로 곧잘 인식된다. 반증도 만만치 않다. GE의 잭 웰치나 애플의 스티브 잡스는 자기과신이 심하면서도 기업가치를 높인 CEO로 널리 알려져 있다. 자기과신 CEO가 연구개발의 생산성과 제품의 혁신성을 높인다는 연구도 있다. 최근 심리학 연구에 따르면, 자기과신은 경영진에 대한 신뢰도를 높이고 기업 안팎으로 CEO 리더십을 확대하며 기업경쟁력을 제고하는 지도자 특성 중 하나다.

진정한 의미의 리더십은 직원과 협력업체가 자발적으로 CEO의 경영철학과 경영정책에 협력하도록 한다. 이러한 상호호혜의 리더십은 통솔력,

추진력, 전문성만을 강조하는 '나를 따르라' 식의 권위주의적 리더십과 구별된다. 자기과신 CEO가 상호호혜 리더십을 겸비한다면 기업 이해관계자들로부터 보다 적극적이고 자발적인 협력과 참여를 이끌어 낼 수 있다. 자기과신과 상호호혜적 리더십의 상관관계를 검증하기 위해 난양공대의 푸 교수팀은 CEO의 자기과신적 리더십이 공급업체의 자발적 협력에 미치는 영향을 연구했다.

기업이 제품을 원활히 생산하고 판매하여 사업을 성공으로 이끌려면 원재료를 제공하는 공급업체의 적극적·자발적 협력은 필수다. 따라서 이러한 협력을 끌어내는 것이 CEO의 중요한 업무 중 하나다. 공급업체 입장에서 보면 특정 고객사와 자발적으로 밀접한 협력관계를 유지하는 것은 상당한 비용과 위험을 수반한다. 예를 들어, 고객사인 자동차 기업에 쓰이는 자동차용 특수 염색재료를 독점적, 안정적으로 제공하기 위해 대부분 예산과 인력을 투자하는 것은 비용이나 위험관리 측면에서 공급업체에게 매우 부담스러운 행위다. 이 경우 고객사와의 관계가 틀어지면 공급업체의 생존은 크게 위협받는다. 따라서 고객사 CEO에 대한 강한 신뢰가 없으면 이와 같은 협력관계를 유지하는 것은 불가능하다. 역으로 말하면, 공급업체로부터 특수한 제조원료를 안정적으로 제공받으려면 비용과 위험에 대한 부담을 불식시켜 줄 CEO 리더십이 필요하다.

초기 아이폰의 성공비결은 AT&T라는 협력업체가 아이폰 개발에 참여함은 물론, 가입자들에게 아이폰을 독점적으로 공급하는 특수한 동반자적 협력관계(relationship specificity, R-S 협력관계)를 유지했기 때문이다. 당시

AT&T의 CEO였던 랜들 스티븐슨은 자신이 경영하는 회사의 운명을 아이폰의 성패에 맡기는 결정을 하면서 "나는 아이폰이라는 기기에 베팅하는 것이 아니라 스티브 잡스라는 탁월한 경영자에게 투자하는 것"이라고 말했다. CEO의 확신 넘치는 리더십이 얼마나 중요한지를 단적으로 보여주는 사례다.

푸 연구팀은 AT&T와 아이폰 사례에서 관찰된 R-S 협력관계의 원천을 자기과신에서 찾아보고자 1,921개의 기업을 대상으로 자기과신 CEO의 리더십이 R-S 협력관계와 기업가치에 미치는 영향을 조사했다. 자기과신은 CEO가 소유한 스톡옵션의 권리를 행사했을 때 예상되는 이익(in-the-money)으로 측정했다. 예상이익이 클수록 자기과신이 큰 CEO로 구분된다. R-S 협력관계는 공급업체가 고객사에 제공하는 원재료나 서비스에 얼마나 많은 연구개발비를 투자하는가로 추정했다. R-S 협력업체를 가진 기업의 평균 규모는 그렇지 않은 기업의 규모보다 약 6배가 컸고 수익률

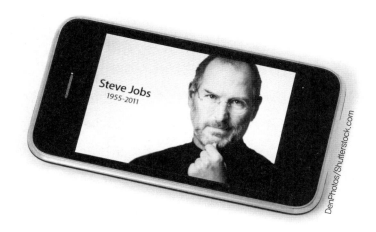

과 투자율도 월등히 높았지만, 손실위험은 낮았다. 예상대로 R-S 협력관계를 구축한 CEO들의 자기과신은 평균을 훨씬 웃돌았다.

자기과신이 상위에 속한 CEO 그룹(자기과신 CEO 그룹)과 평균적인 자기과신을 가진 CEO 그룹의 차이도 분명했다. 전자의 협력업체 수가 후자보다 약 18%p 많았으며 R-S 협력관계를 시작하고 유지할 확률도 높았다. 이러한 경향은 특히 내구소비재와 주문생산재 산업에서 더 강하게 나타났다. 높은 내구성이나 주문생산이 요구되는 제품을 안정적으로 생산 및 판매하려면 R-S 협력관계가 필수이고 자기과신 CEO의 능력은 이런 환경에 더욱 돋보일 수밖에 없다.

자기과신 CEO의 리더십은 기업가치의 제고에도 이바지했다. 자기과신 CEO 그룹의 생산비는 평균 생산비보다 2.3%p가 낮았고 제품 가격은 16.2%p가 높았다. 자기과신 CEO 그룹의 초과수익률(알파)은 0.38%인 반면 평균 CEO 그룹의 초과수익률은 제로였다. 평범한 CEO가 자기과신 CEO로 변모하거나 교체되면 R-S 협력관계가 늘어남과 동시에 강화됐다.

자기과신에서 자유로운 사람은 없다. 정도의 차이가 있을 뿐이다. 자신의 능력을 과대평가하다 보니 의사결정에 오류가 발생하고 부정적 결과를 초래하곤 한다. CEO는 자기과신 성향이 가장 강한 그룹에 속한다. 기업가치를 저하시키는 경영실패의 원인이 CEO의 자기과신과 관련이 깊다는 연구 결과가 적지 않은 이유다. 부정적 결과 또는 단점이 있으면 긍정적 결과나 장점도 있기 마련이다. 푸 교수팀은 CEO가 공급업체와의 동반자적 협력관계를 강화하는 데 자기과신적 리더십을 활용할 때 기업가치를 높일 가능성을 보여 주었다.

동전에도 양면이 있듯 편향에도 양면성이 존재한다. 양면성은 구분 지으라고 있는 것이 아니라 함께, 동시에 보라는 역설일지 모른다.

곰곰이 되짚어 생각해 보기

1. 자기과신적 리더십의 긍정적 측면과 부정적 측면을 논의해 보자.

2. 상호호혜적 리더십이란?

3. 동반자적 협력관계란 어떤 관계를 의미하는가?

4. 동반자적 협력관계가 중요한 이유를 자기과신적 리더십과 관련지어 간략히 설명해 보자.

5. 편향의 양면성이 암시하는 바는 무엇인가?

9.
외모의 경제학

- 외모의 차이에서 오는 경제적 효과가 외모 프리미엄 유발
- 외모 프리미엄은 경험적이고 감정적 선호나 편견의 산물
- 보이는 것(외모)은 빙산의 일각

우리나라의 성형 의술은 관광산업의 한 축을 담당할 정도로 그 명성이 대단하다. 1,000명 대비 성형수술 건수로는 세계 1위라는 타이틀도 가진 적이 있다. 화장품도 이에 못지않다. 중국 소비자들이 온라인을 통해 가장 많이 구매하는 한국 상품을 조사한 결과 화장품이 1위에 뽑힌 적도 있고, 우리나라 국민 1인당 화장품 소비액이 세계 평균의 3배에 이른다는 통계도 있다. 《월스트리트저널》은 한국 남성의 1인당 피부 관리 지출이 2위인 덴마크의 3배에 달한다는 기사를 쓰기도 했다. 우리나라의 대표적 화장품 회사인 아모레퍼시픽은 2014년도에 130%, 2015년도에 60%를 상회하는 놀라운 주가수익률을 기록했다. 무엇이 우리나라에 성형의 천국이라는 닉네임을 선사했고, 무엇이 한국의 화장품이 엔터테인먼트 산업

못지않은 한류를 이루게 했을까? 아마도 현대 자본주의 사회에서 외모가 차지하는 중요성이 큰 역할을 하지 않았을까 싶다.

우리나라에서는 일반화되지 않았지만, 미국의 레스토랑 산업에서는 하나의 문화요 관행인 팁(tip) 제도가 있다. 팁은 손님의 주문과 음식 서빙을 돕는 레스토랑 종업원에게 지급하는 서비스 대가로 보통 주문총액의 15% 정도로 설정돼 있지만 많은 미국인이 20% 정도의 팁을 준다. 미국 경제에서 팁이 차지하는 비중도 연간 48조 원에 이를 정도로 적지 않다. 팁의 수준을 결정하는 요인으로 고객의 성향, 주문의 크기, 서비스나 음식의 질, 종업원의 태도나 복장, 위생, 사회적 인정, 종업원에 대한 배려 등이 잘 알려져 있다. 고개가 끄덕여지는 결과인 듯싶다. 그렇다면 종업원의 단순한 외모(남성은 얼마나 잘생겼는가, 여성은 얼마나 예쁜가)도 팁의 수준에 영향을 미칠까? 발칙한 호기심이 생긴다.

미국 버지니아주 리치먼드시에 있는 5개의 레스토랑을 이용하고 음식값을 지불한 고객을 대상으로 640회에 걸친 설문조사를 시도해 총 283회의 이용 가능한 설문지 답변을 수집해 분석한 미국식품의약청(Food and Drug Administration)의 연구 사례가 있다. 설문 내용에는 주요 관심사항인 종업원의 외모 수준(잘생기거나 예쁜 정도)과 팁 수준(팁의 액수 또는 총주문액 대비 팁의 백분율)

을 포함하여 테이블당 고객 수, 서비스의 질, 인종, 성별 등의 다양한 요인이 함께 측정되었다. 분석 결과, 종업원의 외모와 팁의 수준은 명확한 양의 상관관계를 보였다. 외모가 빼어난 종업원은 평범한 종업원이 받는 팁의 1.4배를 받았다. 후자가 10만 원의 팁을 받을 때 전자는 14만 원을 받았다는 뜻이다. 총주문액 대비 팁의 백분율도 비슷한 패턴을 보였다. 잘생기거나 예쁜 종업원이 비매력적인 종업원에 비해 1.37%의 추가 팁을 챙긴 것으로 나타났다. 남녀 종업원을 구분하여 분석했을 때 외모가 빼어난 남성 종업원은 외모의 매력이 떨어지는 남성 종업원의 1.49배의 팁을 받았고, 미모가 뛰어난 여성 종업원은 평범한 여성 종업원보다 1.37배를 더 팁으로 벌었다. 남성의 외모가 더 큰 경제적 효과를 가진 것일까? 그렇다고 하기엔 차이가 별로 커 보이지 않는다.

고객은 왜 종업원의 단순한 외모에 추가적인 비용을 내는 걸까? 첫 번째 이유로 고정관념을 들 수 있다. 고객이 외모가 아름다운 종업원의 지능, 경쟁력, 리더십, 위생이 비매력적인 종업원보다 뛰어나다는 선입견이 있다는 주장이다. 두 번째 이유는 더 단순하고 감정적이다. 잘생기고 예쁘면 서비스가 좀 미숙해도, 좀 덜 친절해도, 위생 상태가 만족스럽지 못해도 용서가 된다. 이처럼 외모 프리미엄은 합리적이고 분석적 판단이 아닌 경험적이고 감정적인 선호나 편견의 산물에 가깝다.

매력적인 외모를 소유한 종업원들의 평균 팁(연간)은 비매력적인 종업원들의 평균보다 무려 150만 원 이상이 많다. 단순히 외모가 뛰어나다는 이유로 지불하는 팁의 대가치고는 적지 않은 금액이다. 성형과 화장이 남녀노소 할 것 없이 보편화된 세태를 외모지상주의라고 힐난만 하기엔 외모의 차이에서 오는 경제적 효과가 만만치 않다. 팁의 경우에 150만 원이면 취업이나 승진 등에서 받게 될 외모의 경제적 효과는 상상을 초월할 수도 있다. 외모의 경제학을 무시할 수 없는 더 근본적인 이유는 외모에 대한 프리미엄이나 할인의 근거가 과학적이거나 합리적이지 않다는 것이다. 사람들은 그저 외모가 수려하면 마음씨도 경쟁력도 머리도 좋을 것으로 생각하거나, 잘생기고 예쁜 외모를 마주하면 넋을 놓는다. 보이는 것이 전부라고 믿는다(what you see is all there is, WYSIATI: 편향의 일종). 하지만 잊지 말아야 할 사실이 있다. 보이는 것은 빙산의 일각일 뿐이다.

곰곰이 되짚어 생각해 보기

1. 외모의 경제학이 존재한다는 통계를 간략히 소개해 보자.
2. 미국 레스토랑에서 종업원 서비스 대가로 지급하는 팁의 수준을 결정하는 요인에는 어떤 것이 있는가?
3. 외모와 팁의 상관관계를 남녀 종업원을 구분하여 분석한 결과는 무엇인가?
4. 고객이 외모에 추가적인 비용을 지급하는 두 가지 이유는 무엇인가?
5. 외모의 경제학을 무시할 수 없는 이유는 무엇인가?

10.
어닝쇼크의
악순환을 끊으려면

- 기업의 실질수익과 투자자의 기대수익 차이에서 오는 어닝쇼크
- 자신감으로 똘똘 뭉친 CEO의 실적 예측치 공표확률 및 실적 예측치 매우 높아
- 자신감의 과유불급 경계해야!
- 인간의 간섭을 최소화한 예측기법 활용 필요

기업의 실적이 발표되는 어닝시즌(earnings season)만 되면 주식시장이 들썩인다. 기업의 수익 실적에 대한 투자자들의 반응이 반영되는 탓이다. 시장의 효율성에 대한 논의를 차치하고라도 기업의 실질수익과 투자자의 기대수익의 불가피한 차이에서 오는 어닝쇼크(earnings shock)는 온전히 시장과 투자자의 몫이다. 실적이 기대를 초과 달성하면 시장은 주가 상승으로 화답하고, 실적이 기대에 못 미치면 투자자들의 실망과 분노는 주가의 하향곡선을 그려 낸다. 주식시장이 존재하는 한 실적과 기대의 괴리에서 오는 긍정적 또는 부정적 쇼크로 인한 감정의 유발과 그로 인한 주식시장의 요동은 피할 수 없는 경제 현상이다. 어닝시즌에 주식시장에 만연한 여러 가지 감정의 출발점인 투자자의 기대심리는 기업의 경영진이 자발적

1부 편향과 휴리스틱

으로 발표하는 수익 실적에 대한 예측치에 의해 상당한 영향을 받는다.

누구보다도 기업의 사업전략, 매출실적, 그리고 미래 전망에 대해 가장 정확하고 믿을 만한 정보를 가지고 있는 사람들이 경영진이다. 자신들의 수익 예측치 발표가 투자자의 기대심리에 영향을 미칠 것이고 이로 인해 어닝시즌이 되면 시장의 반응이 극명하게 갈리는 것을 잘 아는 경영진이 스스로 예측치를 내놓는 이유는 무엇일까? 시장에 기업의 수익 실적에 대한 최신 정보를 제공한다는 측면에서는 이해가 될 것 같기도 하지만 투자자의 기대심리를 자극하여 궁극적으로 수익 실적 발표가 기업가치에 부정적으로 작용할 수도 있다는 관점에서는 머리가 갸우뚱해지는 것도 사실이다. 경영진은 시장의 긍정적 반응을 유도하기 위해 수익 실적에 미치지 못할 낮은 수익 예측치를 내놓을까? 아니면 높은 예측치로 시장의

기대감을 끌어올리며 어닝시즌 이전에 주가 상승을 유도하려 할까? 어느 쪽이 기업의 가치 증가에 더 도움이 될까? 미국 아이오와대 흐리바 교수 팀은 최고경영자의 자기과신이 기업의 자발적 실적 예측의 빈도, 예측치의 낙관주의, 그리고 예측오류에 어떤 영향을 미치는가를 살펴보는 것에서부터 그 실마리를 찾아보았다.

최고경영자의 자기과신이 다양한 기업의 의사결정에 적지 않은 영향을 미친다는 연구는 부지기수다. 자기과신은 기업 인수합병의 주요 동기가 되기도 하고 새로운 시장을 개척할 때 추진력과 모멘텀을 제공한다. 때로는 과도한 자신감으로 기업의 미래 현금흐름을 낙관적으로 예측하여 기업이 과소평가됐다는 착각에 빠진 나머지 풍부한 외부자금보다는 제한된 내부자금으로 운영이나 투자를 하려는 편협한 경영 스타일을 고수한다. 인수합병의 대상이 되는 것에 매우 배타적이며 부정적인 성향을 보인다. 혁신적인 사업에서는 분석적이고 신중한 최고경영자보다는 자신감에 찬 최고경영자가 더 적합하다는 연구 결과도 있다.

그렇다면 자기과신과 기업의 수익 실적 예측에는 어떤 관계가 있을까? 《포천》지 선정 500대 기업에 속했던 607개 미국 기업의 전·현직 최고경영자 907명을 조사한 결과에 따르면 자신감으로 똘똘 뭉친 최고경영자가 객관적이고 분석적인 최고경영자보다 실적 예측치를 공표할 확률(공표확률)이 45.5%p 정도 더 컸다. 실적 예측치의 크기도 확신에 찬 최고경영자의 자신감과 낙관적 견해를 잘 반영했고 낙관적 예측치를 발표할 확률(낙관확률)도 보통의 자신감을 소유한 최고경영자보다 19.2%p나 더 높았다. 2,179개의 미국 기업과 그에 속한 최고경영자 3,305명을 연구한 결과도 이와 비슷했다.

다음으로 자기과신과 수익 실적 예측치 범위와의 관계를 연구한 결과를 보면 자기과신이 심한 최고경영자가 발표하는 예측치의 범위는 다른 최고경영자들에 비해 훨씬 좁은 것으로 드러났다. 예를 들어, 보통 최고경영자들의 평균 예측치 범위가 '1~5'에 이른다면 자기과신의 최고경영자들의 평균은 '2~3'이라는 뜻이다. 과도한 자신감의 한 표현이라고 할 수 있다. 이럴 경우, 예측에 따른 오류확률도 높아지기 마련이다. 따라서 수익 실적의 예측치 공표는 낙관확률과 오류확률을 높이고 이는 실적이 예상을 밑도는 상황으로 발전해 부정적 어닝쇼크를 초래하는 악순환의 시발점이 될 수 있다.

자기과신이라는 편향의 유혹을 이겨 내기를 바라는 것은 과한 욕심이다. 편향은 노력한다고 사라지는 것이 아니기 때문이다. 인간이면 누구나 가지고 있고 그 영향 아래서 사고하고 판단하고 선택하고 행동한다. 어쩌면 근거 없는 자기과신은 우리의 몸과 마음에 새겨진 주홍글씨일지도 모른다.

과유불급이란 말이 있다. 무엇이든 너무 지나쳐도 너무 못 미쳐도 문제다. 자신감도 예외가 아니다. 최고경영자든 개미투자자든 인간이면 누구도 자신감의 과유불급에서 벗어날 수 없다. 자기과신은 자신의 능력, 판단 및 선택에 대한 맹목적 신뢰를 초래하고 현재나 미래의 상황을 지나치게 낙관하게 만든다. 이로 인해 달성하기 어려운 목표가 세워지고 허망한 기대가 조장된다. 개인, 조직, 사회, 그리고 시장은 쇼크에 이어 혼란에 빠지고 이를 자양분 삼아 새로운 자기과신이 태동하고 또 다른 쇼크와 혼란으로 이어진다. 어닝쇼크의 악순환은 편향 없는 예측이 가능할 때 비로소 끊을 수 있다. 인간의 간섭을 최소화한 예측기법을 사용하면 어떨까?

곰곰이 되짚어 생각해 보기

1. 어닝쇼크란?
2. 경영진이 왜 스스로 수익 실적 예측치를 내놓는 것일까?
3. 자신감이 지나친 최고경영자와 보통의 자신감을 소유한 최고경영자 중 누가 수익 실적 예측치를 공표할 확률이 더 높을까?
4. 어닝쇼크의 악순환이 끊이지 않는 이유는 무엇일까?
5. 어닝쇼크를 끊는 방법에 대해 고민해 보자.

11.
나쁜 것은 커 보이는 법, 긍정의 힘을 강조해 보라

- 주식투자자는 주식시장 급락이 가져올 재앙에 지나치게 민감
- 투자자 예측 주식시장 폭락확률은 객관적 데이터에 기초한 확률의 6배
- 부정편향이 투자자 패닉과 주식시장 공포 조장
- 긍정의 힘 절실

미국의 다우지수는 "검은 월요일"과 "검은 화요일"로 불리는 1929년 10월 28일과 29일 양일에 걸쳐 13%p와 12%p나 폭락했다. 이는 다가올 세계 대공황의 전조였다. 비슷한 일이 1987년 10월 19일(검은 월요일)에도 일어났다. 다우지수가 하루 만에 23%p 급락했다. 글로벌 금융위기 초기인 2008년 10월 6일부터 10월 10일까지 5일에 걸쳐 미국의 주식투자자들은 약 20%의 손실을 감수해야 했다. 이 밖에도 크고 작은 주식시장의 폭락은 헤아리기 어렵다. 이유야 어쨌든 간에 주식투자자들에겐 그야말로 생지옥과 같은 시간이다. 공교롭게도 주요 주식시장의 붕괴가 10월에 발생했다는 것도 흥미롭다. 10월만 되면 괜히 불안했던 이유가 조금은 설명된다.

주가 폭락은 어제오늘의 일만이 아니다. 내일과 미래에도 언제든 일어날 수 있다. 대비하려는 마음에 주식시장의 향방을 예측하려는 노력도 부단하다. 갑작스럽게 무방비로 폭락의 희생양이 되는 것보다 가능하다면 예측하여 예방하고 피하고 싶은 심정은 인지상정이다. 과거 수십 년간 수많은 주식시장의 폭락을 목격하고 전해 들은 투자자들이 또 다른 폭락을 예측하려는 행위는 단순한 이윤획득을 넘어서 시장에서 살아남으려는 발버둥일지도 모른다. 주식시장의 폭락과 같은 무시무시한 사태는 투자 심리를 필요 이상으로 위협하고 위축시킨다. 다가올 불황과 불확실성에 대한 적절한 긴장과 두려움은 위험을 고려한 합리적 투자를 선도할 수 있지만 막연한 집단적 패닉은 주식시장을 공황상태로 내몰기도 한다. 부정적 사건이나 정보가 긍정적 사건이나 정보보다 사람들의 감정과 판단에 더 큰 영향을 미친다는 부정편향(negativity bias)에 주목해야 하는 이유다.

부정편향은 특별한 경우에 발현되는 특이한 성향이 아니다. 우리 주변에서 쉽게 관찰할 수 있는 일반적인 현상이다. 보통 슬프고 고통스러운 경험이 즐겁고 행복한 기억보다 더 오래 남는다. 갖가지 모임에서는 선행을 칭송하고 허물을 감싸 주는 대화보다는 근거 없고 자극적인 가십성 이슈에 분노와 비난의 봇물을 터뜨린다. 만사에 감사하는 일은 아무리 애를 써도 힘들지만 만사에 불평과 불만을 늘어놓는 일은 식은 죽 먹기다. 언론은 정의, 평화, 평등, 인권을 수호하고 고양하는 방송이나 기사보다는 폭력, 부정, 쾌락 등의 감정적 소재를 전파하는 데 너무나도 익숙하다. 주식투자자들은 주식시장의 급락이 가져올 재앙에 지나치게 민감하다.

노벨경제학상 수상자인 예일대 실러 교수는 1989년부터 개인과 기관투자가를 대상으로 매달 설문조사를 실시하여 네 가지 주식시장 신뢰지수를 발표해 오고 있다. 모두 주식시장의 현 상황과 미래 방향을 제시하려는 목적으로 만들어졌다. 그중에서 주식시장 붕괴지수는 1929년과 1987년 10월에 발생한 주식시장 대폭락과 비슷한 상황이 앞으로 6개월 안에 미국에서 일어날 확률을 측정해 다가올 주식시장의 위험과 방향에 대한 투자자의 심리를 간접적으로 나타낸다.

예일대의 고츠만 교수팀은 실러 교수의 주식시장 붕괴지수를 이용하여 주식시장 붕괴위험에 대한 투자자들의 주관적 평가와 객관적 평가 간의 차이를 살펴보았다. 먼저 과거에 실제로 일어난 주식시장의 폭락 사태들을 바탕으로 비슷한 주식시장 폭락이 발생할 객관적 확률을 계산했더니 1.7%였다. 반면에 1989년부터 2015년까지 실러 교수의 설문조사에 응했던 개인과 기관투자가가 주관적으로 예상하는 주식시장 폭락확률(주식시장 붕괴지수)의 평균치는 10%였다. 이는 투자자들이 예측하는 주식시장 폭락확률은 객관적 데이터에 기초한 확률의 6배에 이른다는 뜻이다.

고츠만 교수팀은 주식투자자들의 과도하게 비합리적인 예측에 언론의 부정편향이 개입한다는 사실도 밝혀냈다. 시장이 불황일 때 언론에서 쏟아내는 부정적 정보나 비관적 기사는 주식시장의 폭락에 대한 과도한 공포심(패닉)을 유발하여 투자자들이 주식시장 폭락확률을 과대평가하도록 했다. 하지만 호황일 때 시장에 배포되는 긍정적 정보나 기사는 투자자들의 확률 예측에 아무런 영향을 끼치지 못했다. 부정의 힘은 우리가 생각하는 것보다 강하고 그 영향력은 방대한 듯하다.

고츠만 교수팀이 밝혀낸 또 하나의 흥미로운 사실은 개인투자자들이 감정 휴리스틱(affect heuristic, 객관적 사실과 이성적 판단보다는 주관적 경험과 감성적 선호에 의존해서 대충 어림짐작으로 의사결정을 하는 방식)에 빠지기 쉬운 대상이라는 것이다. 설문조사에 응하기 직전에 거주하는 곳으로부터 30마일 이내에서 발생한 지진을 경험한 개인투자자들이 예측한 주식시장 붕괴확률은 지진이 일어나지 않은 지역에 거주하는 개인투자자들이 예측한 붕괴확률보다 높았다. 어떤 재난을 몸소 경험한 사람들에게는 그와 별로 상관이 없는 다른 재난이 더 큰 위협으로 다가오는가 보다. 자라 보고 놀란 가슴 솥뚜껑 보고 놀란다고 했던가?

긍정적 기대와 관심은 격려가 되고 그 격려의 힘은 에너지가 되어 성과로 나타난다. 애정과 칭찬 속에서 성장한 아이의 학습 성과가 무관심과 비난 속에 자란 아이들보다 좋을 수밖에 없다. 심리학에서는 이를 '로젠탈 효과(Rosenthal effect)'라고 한다. 조엘 오스틴 목사의 《긍정의 힘》이란 책이 미국과 한국에서 큰 반향을 일으킨 것도 긍정의 힘에 대한 공감을 드러낸다.

그러나 현실에서는 부정의 힘이 돋보인다. 우리는 보통 긍정보다는 부정, 기쁨보다는 걱정에 더 많은 시간과 에너지를 들인다. 기쁜 뉴스나 좋은 소식은 그리 오래 기억되지 않지만, 비극적 뉴스나 나쁜 소식은 두고두고 몸과 마음을 괴롭힌다. 긍정의 힘과 달리 부정의 힘은 강조하거나 훈련하지 않아도 단단해지고 커진다. 좋은 것은 있는 그대로 보이거나 작아 보이는데 나쁜 것은 유난히 도드라지고 커 보인다. 부정의 힘은 투자자를 패닉상태로 몰아 거대한 주식시장을 공포의 도가니로 만들 만큼 강력하다. 부정의 힘은 자격 미달의 후보를 대통령으로 만들 만큼 효과적이다. 그래서 긍정의 힘이 더욱 절실하다.

곰곰이 되짚어 생각해 보기

1. 주가 폭락의 예를 몇 가지 들어 보자.
2. 부정편향이란?
3. 부정편향으로 인해 생기는 현상에는 어떤 것이 있는가?
4. 예일대 실러 교수가 주식시장 붕괴지수를 만든 이유는 무엇인가?
5. 주식시장이 폭락할 실제 확률과 예측 확률 간 차이는 어느 정도인가?
6. 감정 휴리스틱과 로젠탈 효과를 정의해 보자.
7. 부정편향 또는 부정의 힘에서 벗어날 방안에 대해 고민해 보자.

12.
휴리스틱의 오류가 두렵다면
전문성을 키워라

- 기억 쉽고 발음 편한 기업명 가진 주식에 호감 느끼게 하는 기업명 효과
- 닷컴 버블 때 기업명에 '.com'만 붙여도 주식가격 폭등
- 전문성 함양할수록 기업명 효과 약화
- 휴리스틱의 오류 막으려면 전문성 함양해야!

주식이 가진 진정한 가치(본질가치)에 기반을 둔 주식투자를 하려면 원칙적으로 수천 수백 개의 주식을 심층 분석해야 한다. 다시 말해서 현재 주식가격, 52주간 최고 및 최저가격, 배당액, 수익률, 위험 등 주식에 관한 각종 정보를 면밀히 수집·분석·평가하는 절차를 거쳐 최종 투자 결정을 내리는 것이 최선이다. 그러나 대부분 주식투자자는 이러한 과정을 수행할 경험과 전문성이 부족하다. 더불어 인간이 지닌 인지능력의 한계로 인해 방대한 주식정보를 지속적, 효율적, 효과적으로 분석한 후 저평가된 주식을 정확히 선별하는 것은 애초부터 불가능에 가깝다. 그래서 주식투자자들은 '휴리스틱(heuristic)'이라는 무의식적, 유전적, 그리고 단순화된 문제해결법에 의존한다.

주식투자에서 많이 사용되는 휴리스틱의 하나가 기업명 효과(name-based heuristic)다. 기업명 효과는 주식투자자들이 기억하기 쉽고 발음이 편한 기업명을 가진 주식에 호감을 느끼거나 선택하려는 경향을 일컫는다. 아이폰과 맥 컴퓨터로 유명한 애플은 미국의 나스닥시장에서 가장 활발히 거래되는 주식 중 하나다. 나스닥시장에서 통용되는 애플의 기업명 약자(ticker)는 APPL이다. Apple이라는 본명에서 'e'가 빠졌지만 누가 봐도 애플의 명칭임을 짐작할 수 있다. 애플의 약자가 AEFFEL이었다면 어땠을까? 기업명 효과에 의하면 애플의 약자가 AEFFEL이었다면 애플의 거래량이나 기업가치는 지금보다 훨씬 낮았을 것이다. APPL과 AEFFEL이라는 기업명 자체가 애플의 본질가치와는 전혀 상관이 없는데도 말이다. 철수가 개명해서 수철이가 된다고 본래 철수라는 개인이 사라지는 것이 아닌 것처럼.

기업명 효과는 과거 닷컴 버블이 한창일 때 기업의 이름에 닷컴(.com)만 붙여도 주식가격이 폭등하던 현상과 사촌지간이다. 그러나 기업명 효과가 모든 주식투자자에게 똑같은 영향력을 행사하는 건 아닌  듯싶다. 미국 시튼홀대의 이츠코위츠 교수팀은 2017년 주식투자자가 고등교육을 받고 전문성을 함양할수록 기업명 효과의 영향력은 약화된다는 연구 결과를 발표했다. 연구팀은 기업명 효과를 알파벳 휴리스틱, 발음 휴리스틱, 광고 휴리스틱의 세 가지 세부적인 휴리스틱으로 나누었다. 그리고 기업명 효과가 전문투자자와 일반투자자에 미치는 영향을 비교·분석하기 위해 연구에 사용된 표본기업 중 기관투자가의 투자 비중이 높은 경우를 전문투자자 그룹, 기관투자가의 비중이 낮은 경우를 일반투자자 그룹으로 분류했다.

실증분석 결과, 앞서 언급한 세 가지 형태의 기업명 효과는 뚜렷하게 나타났다. 앞쪽 알파벳(A, B, C 등)으로 시작하는 기업명을 가진 주식이 뒤쪽 알파벳(X, Y, Z 등)으로 시작하는 기업명을 가진 주식보다 거래가 활발했다. 또한 투자자들은 발음하기 쉽거나 의미 있는 단어를 연상시키는 기업명을 가진 주식을 발음하기 어렵거나 무의미한 문자의 나열로 이루어진 기업명을 쓰는 주식보다 더 많이 매수했다. 또한 광고를 많이 하는 기업의 주식(쉽게 기억나는 기업)이 광고 횟수가 적은 기업의 주식보다 거래량이 월등히 많았다.

특히 눈에 띄는 결과는 기업명 효과의 희생자가 주로 일반투자자였다는 점이다. 일반투자자와 달리, 전문투자자는 알파벳 휴리스틱과 발음 휴리스틱을 주식 매매의 수단으로 사용하지 않았다. 반면 전문투자자도 일반투자자와 마찬가지로 광고 휴리스틱을 사용해 주식을 거래하는 경향을 보였다. 다만 광고 휴리스틱을 사용하는 정도는 일반투자자보다 훨씬 덜했다.

전문투자자들은 일반투자자들에 비해 주식거래 경험이 풍부하고 과제 해결 능력, 정보 처리 능력이 탁월하다. 따라서 기업명이 주는 편의성이나 친숙성보다는 주식의 본질가치에 더 집중하는 것 같다. 수많은 경험과 시행착오를 통해 터득한 전문성이 휴리스틱의 개입을 차단하는 효과라고 볼 수 있다.

전문투자자건 일반투자자건 휴리스틱의 영향에서 벗어나는 것은 불가능하다. 이는 수십 년간의 행동경제학과 심리학 연구에서 밝혀진 사실이다. 그러나 투자자가 전문성을 얼마나 갖추느냐에 따라 비합리성의 정도, 나아가서 투자의 결과는 현저한 차이가 난다. 그래서 전문가가 비전문가보다 더 합리적이고 더 많은 가치를 창출하는 분석과 선택을 할 수 있다는 이츠코위츠 교수팀의 발견이 시사하는 바가 크다. 그 누구도 휴리스틱의 사용으로 인한 편향적 의사결정에서 벗어날 수 없지만 배움은 헛되지 않다는 것, 전문가적 소양을 키우려는 노력은 보상을 받는다는 것, 허접한 우리의 본성을 전문성으로 보충할 수 있다는 것은 희소식이다. 우리가 배움을 게을리하지 말아야 할 이유가 하나 더 생겼다.

곰곰이 되짚어 생각해 보기

1. 기업명 효과란?
2. 기업명 효과의 예를 몇 가지 찾아보자.
3. 알파벳 휴리스틱, 발음 휴리스틱, 광고 휴리스틱 효과를 설명해 보자.
4. 기업명 효과의 희생자는 주로 일반투자자다. 전문투자자가 일반투자자보다 기업명 효과의 영향을 덜 받는 이유는 무엇일까?
5. 휴리스틱의 오류를 막는 전문가적 소양에는 어떤 것이 있는지 고민해 보자.

13.
눈에는 눈 이에는 이
휴리스틱

- 정보 불투명성과 극단적 사건은 분석의 예외 아니라 분석의 대상
- 뿌린 대로 거두듯이 행한 대로 책임을 지자는 '승부의 책임' 논리 필요
- 인센티브(유인)의 반대 개념인 '역유인' 함께 활용
- '승부의 책임'은 관료주의 폐해 줄일 효과적 수단

"눈에는 눈, 이에는 이"란 행한 대로 앙갚음을 한다는 뜻이다. 함무라비 법전에 나오는 구절인데 성경과 코란에도 등장하며 이슬람권에서는 아직도 지켜지는 율법 중 하나다. 남의 물건을 훔친 사람은 자신의 손을, 남의 눈을 상하게 한 자는 자신의 눈을 잃을 수도 있다. 무시무시하고 비인도적인 규범으로 여겨질 만하다. 그러나 이러한 공포스러운 원칙이 기업이나 시장에서 적절히 활용되면 대리인문제나 정보비대칭으로 인한 엄청난 비용을 줄일 수도 있다.

2007년 뉴욕대의 탈렙 교수가 소개한 '검은 백조'라는 개념은 발생확률은 매우 낮지만 엄청난 비용을 동반하는 경제적 사건을 뜻한다. 대공황, 1987년 주식시장 대폭락, 2008년의 글로벌 금융위기 등은 검은 백조의 좋

은 예다. 검은 백조 현상이 반복하여 발생하는 이유는 정보의 불투명성(원인에서 결과가 만들어지는 과정을 모름)과 경제학에서 이상점(異常點, outlier)이라고 자주 무시되는 매우 낮은 확률의 극단적으로 부정적인 사건을 제대로 이해하지 못하는 데서 기인한다.

정보의 불투명성과 극단적 사건은 분석의 예외가 아니라 분석의 대상이 되어야 한다. 반복되는 검은 백조의 악순환에서 탈출하려면 정보의 불투명성과 극단적 사건을 통합해 분석하는 새로운 패러다임이 필요하다. 탈렙 교수가 주창한 이른바 '승부의 책임(skin in the game: 자신이 내린 말과 행동, 의사결정 등에 스스로 책임지는 태도)'이 좋은 출발점이 될 수 있다.

기존 경제학이나 재무관리에서는 대리인비용과 정보비대칭 비용을 줄이기 위해 스톡옵션, 사외이사제도, 주식 급여, 공정한 정보공개 등 다양한 유인(incentive)을 시도해 왔다. 그러나 유인만으로는 대리인이나 정보제공자의 의사결정 오류에 기인한 막대한 실질비용과 잠재비용을 감소시키

거나 예방하기 어렵다. 유인에 치우치면 대리인은 자신이 입을 해는 가능한 한 최소화하고 다른 이들에게는 큰 해를 입히는 상황을 만들기 쉽기 때문이다. 과도한 기업인수대금의 지급으로 건강한 기업이 부도나 파산에 직면하고, 황금 낙하산(golden parachute)이나 퇴직 보너스(severance package)를 경영자 보수에 포함함으로써 무능력한 경영자를 처벌하는 대신 보상하는 경우가 자주 발생한다. 주택담보대출 금융회사와 투자은행의 무분별한 대출과 보증은 2008년 글로벌 금융위기를 낳았다. 이로 인한 천문학적 손실과 구제비용은 고스란히 주주와 서민의 몫이 된다.

이런 문제를 해결하기 위해 '승부의 책임' 패러다임에서는 유인의 반대 개념인 '역유인(disincentive)'을 함께 활용할 것을 권한다. '승부의 책임' 원칙은 쉽게 말해 뿌린 대로 거두듯이 행한 대로 책임을 지자는 논리다. 즉 어떤 말이나 행동을 할 때는 그에 따르는 의무와 책임을 질 수 있는 위치에서만 해야 한다는 것이다. 의사결정자는 자신의 판단과 선택으로 인한 이익뿐만 아니라 손실도 감당할 의지를 보여야 한다. 그렇지 않으면 게임에 참여할 자격이 없다. 의사결정의 오류로부터 발생하는 손실이나 피해에 의사결정자 자신도 함께 노출되는 구조가 돼야 한다.

예를 들어, 최고경영자가 어떤 기업의 인수를 결정했다면 인수대금의 상당 부분을 개인이 소유한 주식과 현금으로 감당하는 모습을 보여야 비

1부 편향과 휴리스틱

로소 주체적 참여자가 된다. 최고경영자는 인수 결정을 할 때 신중에 신중을 더하게 되고, 이는 인수의 성공확률을 높이고 오류로 인한 비용을 현저히 줄일 것이다. 경제학자, 정책입안자, 재무분석가도 마찬가지다. 말만 하고 언급한 내용에 책임지지 않는다면 그들의 잘못된 예측이나 정책으로 인해 피해를 본 많은 사람은 누구에게 하소연해야 하나? 모두 실명으로 자신의 과업을 수행하고 분석과 판단의 근거, 예측정확도, 정책 성공률을 공시해 책임 소재와 평판을 명확히 함으로써 근거 없는 예측과 정책 남발, 그에 따른 부작용을 최소화해야 한다.

승부의 책임은 행정적·법적 간섭을 해야 하는 규제와 달리 쌍방 간자율적 계약으로 성립한다. 그래서 일방적 하향식이 아닌 협의적 상향식 구조를 취하며, 중앙집권적 시스템보다는 지방분권적 시스템을 선호하고, 큰 정부보다는 작은 정부를 지향한다. 중앙집권적 큰 정부하에서는 관료주의적 익명성 뒤에 숨어 책임을 회피할 가능성이 크기 때문이다.

자신의 이익을 추구하는 것은 자연스러운 욕망이고 경제·사회·문화 발전의 원동력이 되기도 한다. 그러나 개인의 이익 추구가 다수의 타인에게 막대한 비용과 무차별적 위험을 전가하고, 더 나아가 사회를 위기에 빠뜨린다면 특단의 대책이 필요하다. 유인 중심적(incentive-oriented) 패러다임을 유인(당근)과 역유인(채찍)의 조화로 바꾸려는 시도가 필요하다. 경영자, 정책 결정자, 경제전문가, 교육전문가, 인수합병 전문가, 개인투자자 등모든 의사결정자는 자신의 언행과 그 결과에 대한 명확한 책임을 져야 한다. 전쟁을 옹호한다면 자신이 먼저 자발적으로 총알이 빗발치는 전장으로 나가야 한다. 그래야 기업의 존폐, 국가·글로벌 경제 위기를 유발하는 도덕적 해이와 극단적 이기주의로 무장한 무책임한 주체의 발현을 막을 수 있다. 이러한 움직임을 일으키는 운동이 '승부의 책임'이다.

곰곰이 되짚어 생각해 보기

1. 뉴욕대 탈렙 교수가 소개한 개념인 '검은 백조'의 뜻은 무엇인가?

2. 검은 백조가 반복해서 나타나는 이유는 무엇인가?

3. '승부의 책임'이 추구하는 원칙은 무엇인가?

4. 승부의 책임 원칙이 적용된 예를 들어 보자.

5. 승부의 책임이 행정적·법적 간섭을 해야 하는 규제와 다른 특징을 기술해 보자.

14.
첫인상의 유혹에 빠지면
예측오류라는 값비싼 대가 치러

- 기업의 첫인상이 이익과 가치 예측 좌우
- 주식시장은 재무분석가의 첫인상 편향 어느 정도 조정
- 편향을 때로는 활용, 때로는 무시, 때로는 역이용하는 지혜 필요

첫인상(first impression), 닻내림, 자기과신, 의사결정 피로감(decision fatigue), 낙관주의, 무리행동 또는 군집행동(herding) 등과 같은 인지적 편향은 인간의 각종 의사결정과정에서 막강한 영향력을 발휘한다. 특히 첫인상 편향은 선행정보가 후행정보의 유용성을 저해하는 현상을 일컫는 것으로, 사후 지각과 행동에 끊임없이 간섭하며 합리적 의사결정을 방해한다. 예를 들어, 어떤 기업에 대한 전반적인 첫인상이 긍정적이면 그 기업의 미래에 대한 평가가 비상식적일 만큼 우호적으로 바뀌는 식이다. 반대로 부정적 첫인상에 꽂히면 상식 밖의 비관적 평가를 내린다. 평가 과정에서 첫인상에 부합하지 않는 의견이나 정보는 묵살하고 옹호하는 사례는 적극적으로 활용한다. 편향된 평가를 비판하는 주장을 오히려 편향성을 정당화하

는 도구로 탈바꿈시키기도 한다.

캘리포니아대 어바인 캠퍼스의 허시라이퍼 교수팀은 첫인상 편향이 재무분석가의 기업이익 및 기업가치 예측에 미치는 영향을 분석함으로써 재무분석가가 범하는 예측오류의 근본적 원인을 탐구했다. 연구팀은 미국의 재무분석가가 예측하는 분기별 주당순이익과 주가를 활용하여 첫인상 편향이 재무분석가의 예측성향과 예측정확도에 어떤 작용을 하는지 분석했다. 첫인상은 재무분석가가 예측을 발표하기 직전 연도의 기업실적으로 측정했다. 직전 연도의 기업실적이 상위 10%에 해당하면 긍정적 첫인상, 하위 10%에 해당하면 부정적 첫인상으로 분류한 후, 기업에 대한 첫인상이 예측성향과 예측정확도에 어떤 변화를 유발하는지 심층적으로 검증했다. 더불어 주식시장이 재무분석가의 편향적 예측에 어떻게 반응하는가도 추적했다.

긍정적 첫인상을 심어 준 기업의 주당순이익 예측치는 평균보다 3%p, 주가 예측치는 평균보다 3.1%p를 상회했다. 반대로 첫인상이 부정적인 기업의 예측치는 모두 평균치를 밑돌았다. 또한 긍정적 첫인상은 매도 추천보다는 매입 추천을 더 많이 유도한 반면, 부정적 첫인상은 매입 추천보다는 매도 추천을 더 자주 유발했다. 비대칭적 부정편향(asymmetric negativity bias)도 관찰됐다. 즉 재무분석가의 전체 매매추천 유형만 놓고 보면 낙관주의적 성향(매입 추천 비율 53.1% vs. 매도 추천 비율 7.2%)이 두드러짐에도 불구하고, 부정적 첫인상 효과가 긍정적 첫인상 효과보다 훨씬 컸다. 구체적으로, 부정적 첫인상이 주당순이익 및 주가 예측치와 매매추천에 미치는 부정적 효과는 긍정적 첫인상 효과보다 약 2배 정도 강했다.

또한 첫인상 효과는 긍정적이든 부정적이든 꽤 오랫동안 지속되었다. 긍정적 첫인상 효과는 24개월 후, 부정적 첫인상 효과는 72개월이 지난 후에야 사라졌다. 첫인상의 유혹에 빠지면 헤어 나오기 쉽지 않은가 보다. 첫인상 효과는 재무분석가의 총 예측 기간(어떤 기업에 대한 성과를 예측해 특정 매매추천 의견을 처음으로 낸 뒤 이를 완전히 그만두는 데까지 걸린 기간)에서도 차이를 보였다. 긍정적 첫인상을 가진 재무분석가의 총 예측 기간은 부정적 첫인상을 형성한 재무분석가에 비해 약 6개월이 더 길었다. 첫인상이 좋아야 관계도 오래 지속되는 듯하다.

눈여겨볼 점은 주식투자자들이 재무분석가가 내놓은 예측을 대하는 태도다. 투자자들은 긍정적 첫인상에 현혹된 재무분석가가 내놓은 낙관적 예측은 할인(discount)하고 부정적 첫인상에 몰입된 재무분석가의 비관적 예측은 할증(premium)하면서 합리적으로 조정(adjustment)해 나갔다. 이는 재무분석가가 첫인상 편향으로 인해 균형 잡힌 예측이 어렵다는 현실을 주식시장이 인지하고 대응한다는 의미다.

편향의 유혹에서 자유로운 사람은 없다. 첫인상 효과도 재무분석가에게서만 관찰되는 현상이 아니다. 기업의 감사업무를 맡는 회계법인이나 세금 문제를 취급하는 세무 전문가, 신입사원을 채용하는 면접 담당자에게서도 흔히 볼 수 있다. 일반 개인도 예외가 아니다. 최선의 대처법

중 하나는 주식시장 투자자들이 재무분석가의 첫인상 편향성을 예상하며 보여 준 조정행동(낙관적 예측은 할인하고 비관적 예측은 할증)을 학습하고 모방하는 것이다. 따라서 재무분석가가 예측오류를 줄이려면 첫인상 편향과 그 방향성(긍정 또는 부정)을 참작하여 예측을 의식적으로 조절하는 습관을 기르는 것이 상책이다. 뛰어난 전문가는 편향을 배우고 익히는 데 그치지 않고, 때로는 활용하고, 때로는 무시하고, 때로는 역이용할 줄 안다.

곰곰이 되짚어 생각해 보기

1. 첫인상 편향이란?
2. 첫인상 편향의 예를 들어 보자.
3. 긍정적 첫인상과 부정적 첫인상이 기업의 주당순이익 예측치와 매매추천에 미치는 영향을 기술해 보자.
4. 비대칭적 부정편향을 실증분석의 예를 들어 설명해 보자.
5. 첫인상 효과는 어느 정도 지속되었는가?
6. 첫인상 효과가 총 예측 기간에 미친 영향을 논의해 보자.
7. 첫인상 편향이 내재된 재무분석가의 예측에 주식시장(주식투자자)은 어떻게 대응하는가?
8. 첫인상 편향에 대처하는 상책은 무엇인가?

15.
돈의 형태가
소비행태를 결정한다

- 자기통제 수단 또는 사치와 쾌락 욕구 충족 수단인 심리회계의 이중성
- 지불수단이 소비자 구매행위 결정
- 급여로는 생필품, 선물 카드로는 사치품 구매 성향
- 부의 다른 형태가 만들어 내는 다양한 가능성 추구 필요

1만 원의 가치는 그것이 현금이든, 신용카드든, 혹은 선물 카드(gift card)든 똑같아야 한다. 모두 1만 원의 가치만큼 재화나 용역을 구매할 수 있기 때문이다. 경제학을 알고 모르고는 상관이 없는 상식이다. 하지만 이러한 상식은 우리의 실생활에서 종종 여지없이 깨지고 만다. 소비자는 필수품을 구매할 때 쓰는 계좌와 사치품이나 레저용품을 살 때 쓰는 계좌를 구분하여 관리하는 성향을 보인다. 예를 들어 매월 노동의 대가로 받는 급여나 투자의 대가로 얻은 수익은 일상과 직접적 관련이 있는 생활용품을 구입하는 데 주로 사용되는 반면 카지노나 세금환급을 통해 얻은 수입은 사치품, 레저용품, 고급음식 등 개인의 쾌락을 증진하는 제품이나 서비스에 이용한다.

특정 수입을 특정 지출에 사용하려는 소비자의 이러한 성향을 심리회계(mental accounting)라고 한다. 요즈음 웬만한 대형할인점, 백화점, 은행에서는 직불카드와 비슷한 개념의 선물 카드가 대세다. 선불된 액수만큼 현금처럼 제품이나 서비스를 구매할 수 있다. 흥미로운 점은 선물 카드를 사용해 구매하는 품목이 현금을 사용하는 품목과 확연히 구분된다는 점이다. 심리회계는 이미 우리의 소비생활에 깊숙이 자리 잡고 있다.

미국 코넬대 연구팀은 지불수단이 소비자의 구매행위를 결정한다는 가정을 두 가지 실험과 한 가지 실증분석을 통해 검증했다. 첫 번째 실험은 아마존의 온라인 노동시장인 미케니컬 터크(Mechanical Turk)에서 미국 소비자 106명을 대상으로 실시한 설문조사를 통해 이루어졌다. 이들은 가상 서점에서 두 권의 책(좋아하는 작가의 소설과 세금 보고를 도와주는 세금 관련 서적)을 사야 한다. 두 책은 같은 가격이고 한 권은 선물 카드로, 다른 한 권은 현금으로 구매할 수 있다. 71명의 소비자가 생활용품(효용재)에 속하는 세금 서적을 살 때는 현금을 지급하고, 비생활용품(쾌락재)에 속하는 소설책 구입 시에는 선물 카드를 사용했다. 특정 소비재에는 특정 지불수단이 사용된다는 심리회계의 단면을 보여 주는 결과다. 더 나아가 선물 카드로 소설책을 사겠다는 소비자는 "선물 카드는 생활용품을 사기 위한 수단이 아니며, 지불수단이 그 화폐적 가치가 같다고

해서 똑같은 물품을 사야 하는 것은 아니다."라고 진술했다.

두 번째 실험은 코넬대 학생 28명에게 실험실 내에서 실제로 소비하게 한 후 그 행태를 관찰하는 방식으로 진행됐다. 학생들은 일련의 상식 문제를 풀어야 하고, 푸는 문제 수에 따라 최대 5달러의 보상이 주어진다. 이는 학생들이 문제를 풀기 위한 노력을 유도하려는 의도였고 실제로는 모두에게 5달러가 주어졌다. 문제를 푼 뒤 14명의 학생에게는 현금 5달러가 추가적으로 지급됐고, 나머지 14명의 학생에게는 5달러 상당의 선물 카드를 줬다. 결과적으로 모든 학생은 10달러의 수입이 생겼고 실험자가 만들어 놓은 '코넬 매점'에서 최소 5달러를 소비해야 했다. 실험실에 만들어진 코넬 매점에는 각종 생활용품과 사치품이 다양하게 갖춰져 있었다. 두 그룹의 학생들이 소비한 액수와 상품의 수에는 별 차이가 없었지만, 5달러를 선물 카드로 받은 그룹이 훨씬 더 많은 사치품을 구매했다. 이 결과가 놀라운 이유는 소비자가 선물 카드로 받은 5달러는 타인에게 선물로 받은 것이 아니라 노동의 대가로 얻었다는 데 있다. 노동의 대가로 얻은 수입은 보통 필수 생활용품(효용재)의 구입으로 이어진다는 기존 증거와 상반된다.

위의 두 실험은 설문과 실험 상황에서 즉각적 구매를 조건으로 한 결과다. 실제 상황은 이와 매우 다를 수 있다. 많은 이들이 선물 카드를 바로 쓰지 않고 소비를 미루거나 잊는 경우가 허다하다. 이런 경우 선물 카드와 사치품 소비와의 강한 심리적 유대는 약화될 수 있다.

마지막 실증연구는 이러한 가능성을 고려해 코넬대 캠퍼스에서 2006년 가을학기부터 2012년 봄학기까지 1만 3,174명에 대한 소비자의 구매행위를 연구대상으로 했다. 우선 코넬대 캠퍼스에 있는 14개의 점포를 사치품과 생활용품 그룹으로 이분화하고, 소비자는 선물 카드 사용자(80.4%), 신용카드 사용자(17.1%), 그리고 듀얼 사용자(두 종류의 카드를 모두 사용한 소비자, 2.5%)로 삼등분했다. 예상대로 선물 카드 사용자들은 사치품을 파는 점포에서 대부분의 쇼핑을 했지만, 신용카드 사용자들의 사치품 소비는 상대적으로 매우 낮았다. 흥미로운 것은 선물 카드와 신용카드를 모두 사용한 듀얼 사용자들의 카드 사용 선호가 확연히 달랐다는 점이다. 선물 카드로는 사치품을 계산하고 신용카드로는 생활용품을 샀다.

많은 이들이 일상에서 탈출하는 꿈을 꾸고 갈망한다. 이때 필요한 것은 탈출을 도와줄 경제적 수단과 정당화 근거다. 선물 카드는 일상 용품에 국한된 쇼핑의 단조로움과 고단함을 사치품 구매로 풀어 주고 정당화한다. 비록 선물 카드가 노동의 대가로 주어진 것이라도 말이다. 선물 카드는 소비자의 마음속에는 이미 일상 탈출용 계좌에 자리 잡고 있어서 평소에 기계적으로 구매하던 상품을 사는 것에는 관심이 없기 때문이다.

심리회계는 종종 자기통제의 수단으로 쓰이기도 한다. 아이들의 교육을 위한 교육계좌, 일상 소비를 위한 일반계좌, 여행을 위한 레저계좌, 노후를 위한 연금계좌를 두고 각 목적에 따라 매우 다르고 고정된 선호와 철저한 관리행태를 보인다. 그러나 때때로 심리회계는 개인의 사치 또는 쾌락 욕구를 충족하는 수단으로 쓰이기도 한다. 선물 카드로 사치품(쾌락재)을 구입하는 행위는 이러한 심리회계의 이중성을 잘 보여 주는 예다. 셰익스피어의 희극인 '윈저의 쾌활한 아낙네들'에 "700파운드와 700개의 가능성은 모두 좋은 선물"이라는 내용이 있다. 그 당시 700파운드는 어마어마한 부를 상징한다. 부자가 되는 것은 언제나 즐거운 상상이다. 하지만 그 부의 다른 형태가 만들어 내는 다양한 가능성을 상상하는 것은 더 즐겁지 않을까?

곰곰이 되짚어 생각해 보기

1. 심리회계를 예를 들어 설명해 보자.
2. 현금과 선물 카드 간 소비자 구매행위의 차이점을 기술해 보자.
3. 선물 카드로 사치품을 구매하는 소비자 심리는 무엇인가?
4. 심리회계가 자기통제의 수단으로 쓰이는 경우는 언제인가?
5. 심리회계의 이중성이란?

———— "장기적으로 투자하라. 너무 욕심 부리지도, 너무 두려워하지도 말라."

셸비 데이비스(Shelby Davis)

———— "낙관론자에게 매도하고 비관론자에게 매수하는 현실주의자가 현명한 투자자다."

벤저민 그레이엄(Benjamin Graham)

———— "편안한 투자가 이윤을 창출하는 경우는 거의 없다."

로버트 아노트(Robert Arnott)

감정, 센티먼트, 무드

EMOTION, SENTIMENT, MOOD

16.
감정과 투자의 만남,
행운일까 불행일까

- 감정 개입 많을수록 정확한 가치평가 어려움
- 감정 자산 평가 시 감정 제거 훈련 필요
- 분산투자가 감정 개입에 대한 효과적 대처 수단

1908년 모네가 그린 유화 작품 '대운하(The Grand Canal of Venice)'가 2015년 소더비 경매소에서 390억 원이 넘는 가격에 한 수집가의 손에 넘어갔다. 전 소장자는 이 작품을 2005년 142억 원에 구매했으니 10년의 기간 동안 거의 3배에 가까운 이윤을 챙긴 셈이다. 3배에 달하는 이익도 놀랍지만 그림 한 작품을 390억 원을 주고 사는 행위는 더욱 불가사의하다. 물론 인상주의 대표 화가인 모네의 그림을 헐값을 주고 살 사람은 없겠지만 경제적 가치나 자산의 공정한 평가에 무게를 둔다면 다소 의아한 가격이 아닐 수 없다. 유화물감, 붓, 캔버스, 작업실 임대료, 인건비, 화가의 평판, 그리고 작품의 희소성에서 오는 부가가치를 고려하더라도 작은 그림 한 폭의 경제적 평가 가치가 390억 원에 이르기는 쉽지 않다.

2부 감정, 센티먼트, 무드

모네의 작품과 같은 미술품이나 골동품, 귀중품, 그 밖의 수집품에 숨어 있는 가치는 무엇일까? 우리의 내면에 눈을 돌리면 의외로 쉽게 이해될 수 있다. 누구나 가정에 아끼는 물건이 하나 정도는 있을 것이다. 어머니로부터 물려받은 가락지, 할아버지의 가훈이 적힌 액자, 어릴 때 가지고 놀던 장난감, 친구가 준 우표. 이들의 경제적 가치를 계산한다면 얼마나 될까? 가락지 2만 원, 가훈이 적힌 액자 1만 5,000원, 옛 장난감 2,000원, 우표 900원 정도…. 하지만 누가 이 가격을 받고 소중한 기억과 애착이 담긴 물건을 팔려고 하겠는가? 판다면 훨씬 높은 가격을 요구할 것이 당연하다. 추억과 애착은 때로 천문학적 가격으로도 사기 어렵다. 사랑하는 자식이나 애인을 10억 원에 선뜻 팔 사람이 몇이나 될까? 중년 남편은 예외가 될 수도 있지만 말이다. 감정이 개입되면 경제적 가치는 심리적 가치에 압도당하기 쉽다.

감정이 깊이 관여하는 수집품을 감정자산이라고도 하고, 많은 수집가에게는 매우 중요한 포트폴리오 구성자산이기도 하다. 수집품에 대한 투자는 수집하려는 물건에 대한 열정이 없이는 불가능하다. 수집품 투자를 '열정 투자'라 부르고 수집가를 '애호가'라고 부르는 것도 여기에 기인한다. 더불어 적절한 재력이 필요하다. 모네의 작품 거래에서 봤듯, 고가의 수집품은 일반인이 감당할 수 없는 가격에 매매가 이루어지기 때문에 소수의 부호에게나 어울리는 투자종목이다. 재력가라고 불리는 사람들은 재산의 10% 정도를 미술품, 귀금속, 고급 포도주, 우표, 고(古)화폐·동전, 명품 바이올린, 골동품 차 및 고급 차 등에 투자한다고 알려져 있다.

유명 펀드매니저인 스티븐 고혼이 피카소의 '꿈(Le Reve)'을 1,550억 원에 샀다든가, 채권투자의 귀재인 빌 그로스가 소장한 우표가 400%의 수익을 올렸다는 소식은 이제 생소한 가십거리가 아니다. 수집품 시장의 양적 성장은 전문화되어 가는 수집품 산업의 발전에 힘입어 확대일로에 있고, 대형 금융회사들도 수집품에 대한 맞춤형 데이터, 시장분석, 투자 조언 등 다양한 금융서비스를 제공하고 있다. 더불어 수집품 투자에 집중하는 사모펀드의 성장도 눈여겨볼 만하다.

런던경영대 딤슨 교수팀은 1900년부터 2012까지 113년간 영국의 주요 수집품의 수익률과 장·단기 국채, 금의 수익률을 비교했다. 미술품, 우표, 바이올린의 평균 연수익률은 각각 6.4%, 6.9%, 6.5%였다. 반면에 같은 기간 장기 국채, 단기 국채, 금의 수익률은 5.5%, 4.9%, 5.1%였다. 채권이나 금 같은 안전자산에 비하면 꽤 매력적인 이윤이다. 그러나 같은 기간 영국 주식시장의 평균 연수익률 9.4%에 비하면 상당히 빈약한 실적이다. 특히 수집품들이 가진 독특한 위험 요소를 고려하면 주식과의 상대적 경쟁력은 더욱 초라해 보인다. 수집품은 그 희귀성과 독특함 그리고 높은 가격으로 인해 유동성이 낮아 거래비용이 매우 높다. 주식이나 국채는 매매에 걸리는 시간이 빠르면 몇 초에도 가능하지만, 수집품은 수일, 몇 개월, 또는 수년이 걸릴 수도 있다. 따라서 신속히 매도하고자 할 땐 상당한 할인을 감수해야만 한다. 분실과 보관을 위한 보험 및 보관 비용도 엄청나다. 또한 애호가들의 선호가 변하면 소유한 수집품의 유행과 가치도 널뛰기한다. 1980년대 후반 일본에서의 미술품 유행과 그 쇠퇴가 좋은 예다. 유행이 지속될 때는 수익이 생기지만 유행이 멈추거나 바뀌면 큰 손실을 감수해야 한다. 감정은 가치를 창조하기도 하고 파괴하기도 한다.

수집품 투자로 성공을 하려는 사람은 투자를 장기적 관점에서 바라볼 줄 알아야 한다. 거래 시 조바심과 소유욕에 사로잡혀도 안 된다. 감정이 많이 개입될수록 올바른 가치평가가 어려워지기 때문이다. 감정의 개입에 대한 가장 바람직한 대처는 분산투자로 감정을 간접적으로나마 통제하는 것이다. 주식에 비해 평균적으로 높은 위험과 낮은 수익에도 불구하고 수집품 시장의 열기가 식지 않는 것은 금전적 이익 외에 심리적 수익과도 연관이 깊다. 심리적 수익은 수집품에만 국한되지 않는다. 증권시장에서도 이미 뿌리 깊은 역사가 있다. 분산투자가 필수 불가결한 투자전략이라는 사실은 이미 수십 년에 걸쳐 투자자들에게 알려져 왔다. 누구나 그 유용성과 당위성을 잘 안다. 하지만 아직도 많은 이들이 분산투자를 등한시한다. 자신이 일하는 기업, 국내 기업, 자신의 거주지와 가까운 기업, 부모에게 물려받은 주식의 발행기업, 자신의 기업 철학에 부응하는 기업 등에 재산의 대부분을 투입하는 경우를 흔히 볼 수 있다. 경제적 이익만을 추구한다면 있을 수 없는 일이다. 투자대상에 대한 애정(감정)이 우리를 냉철한 경제적 인간에서 멀어지게 하는 건 아닌지 모르겠다.

곰곰이 되짚어 생각해 보기

1. 저명한 화가의 미술품, 골동품, 귀중품, 그 밖의 수집품 등의 자산가치가 천정부지인 근본적 이유는 무엇인가?
2. 수집품 투자에 필요한 두 가지 요소는 무엇인가?
3. 수집품 투자로 성공하려면 어떻게 해야 할까?
4. 주식에 비해 평균적으로 높은 위험과 낮은 수익에도 불구하고 수집품 시장의 열기가 식지 않는 이유는 무엇인가?
5. 분산투자는 필수 불가결한 투자전략이다. 그런데 왜 많은 투자자가 이를 등한시할까?

17.
감정을 이해해야
투자가 보인다

- 투자의사결정과정은 감정과의 상호작용과정
- 의사결정과정에 감정 개입은 필수 불가결
- 이성과의 협업을 통해 감정의 부정적 기능 억제 또는 제거
- 투자의사결정과정 속 감정의 역할과 사회적·경제적 비용 감소 방안 강구

오감(五感)을 통해 감정은 우리의 소비행위에 깊이 관여한다. 재밌는 영화나 맛있는 음식을 통해 보는 즐거움과 먹는 기쁨을 찾으려는 사람들로 극장과 맛집은 인산인해이기 일쑤다. 마트에서 공짜로 제공하는 음료나 먹거리는 식감을 자극하고 식감은 다시 소비자의 소비행위로 이어진다. 푸른색은 혈압을 낮추고 심리를 안정시키는 효과가 있어 조명등에 많이 사용된다. 동대문시장의 의류업자들은 손님에게 줄곧 옷을 만져 보라고 권한다. 그들은 촉각이 구매 욕구를 증가시킨다는 것을 체험으로 아는 것일까?

후각이나 청각도 예외가 아니다. 라벤더 향과 음악이 고객의 센티먼트(sentiment)[6]에 보이지 않는 유혹의 손길을 뻗친 지 오래다. 감정은 또한 투

자의사결정과정의 중요한 축을 담당한다. 경제학적 용어를 빌린다면 감정은 투자의사결정으로부터 발생하는 효용(decision utility, 특정한 의사결정으로 말미암아 예측되는 결과에 대한 만족도)에 지대한 영향을 미친다. 투자의사결정 메커니즘을 제대로 이해하기 위해 감정의 역할을 이해해야 하는 이유다.

감정은 크게 긍정적 감정과 부정적 감정으로 나뉜다. 긍정적 감정에는 감동, 희열, 행복, 기쁨, 만족, 자부심, 자존감 등이 있고 부정적 감정은 죄책감, 수치심, 슬픔, 절망, 우울, 공포, 걱정, 불편 등이 대표적이다. 감정은 이성과 더불어 의사결정과정에 참여하여 행위를 결정짓는다. 감정과 이성은 상호보완적이며 순환적 관계에 있다. 어떤 상황에 대한 이성적 평가가 긍정적 감정을 유발하면 그 감정을 유지·강화하려는 행위를 하게 된다. 긍정적 감정은 다시 이성적 평가에 영향을 주게 되어 낙관적 판단을 이끈다. 부정적 감정인 경우는 반대로 불편한 감정을 거부·약화하려는 반응을 일으키고 비관적 판단에 이르기 쉽다. 이 일련의 과정은 최종 의사결정이 내려질 때까지 반복된다.

어떤 투자자가 수익 극대화라는 목표를 가지고 투자종목을 찾고 있는 상황을 상상해 보자. 이 투자자는 여러 가지 국내외 경제지표를 분석한 결과 다른 어떤 시장보다도 주식시장의 활황이 예상되어 다양한 형태의 지수펀드(index fund)에 관심을 가지게 됐다. 특히 소규모기업군으로 이루어

---

6 팩트에 기반하지 않은 주관적·직관적 믿음으로 인해 형성되는 긍정적 혹은 부정적 감정(예: 낙관, 비관).

2부 감정, 센티먼트, 무드

진 지수펀드의 성과가 높을 것이라고 '이성적'으로 평가하며 동시에 이 펀드에 대한 만족, 희망, 낙관 등의 '감정'을 경험 중이다. 그러나 재평가 과정에서 개발도상국 지수펀드의 강세가 예상돼 고민 중이다. 개도국 지수펀드에 대한 감정도 소규모기업군 지수펀드와 비슷하지만, 후자에 대한 호의적 감정이 약간 희석된 느낌을 지울 수 없다. 결국 이 투자자는 수집한 정보를 재분석하고 대안들을 다시 한번 평가해 최종적으로 소규모기업군 펀드를 선택하는 '의사결정'을 내렸다. 위험 대비 높은 예상 수익률뿐만 아니라 다른 대안 대비 우호적·긍정적 감정 측면에서 소규모기업군 펀드가 더 낫다고 판단했기 때문이다. 이처럼 목표를 설정하고 정보 수집과 대안평가 과정을 거쳐 결론에 도달하는 일련의 의사결정과정을 감정과의 상호작용이라는 틀에서 설명하려는 시도를 '투자의사결정 모형'이라고 한다.

고수익을 좇는 수많은 투자자에게 천문학적 손실을 입힌 후 징역형을 선고받고 수감 중인 호주의 호이와 수감 중 사망한 미국의 메이도프는 소위 폰지 사기의 대명사다. 두 인물의 공통점은 감정이 투자를 자극하고 견인한다는 점을 잘 이해하고 적용했다는 것이다. 투자의사결정 모형의 선구자라고 할 수 있다. 호이와 메이도프는 감정이 이성을 철저히 유린하도록 투자의사결정 모형을 적절히 조작하는 수완을 발휘했다. 호이는 40명의 재무분석가를 실제로 고용해서 전문적 투자분석을 하는 모습을 투자자들에게 보여 주며 사기의 실체를 감추고 고수익 투자를 선전했다. 메이도프는 투자자들에게 컴퓨터로 조작된 고수익 거래명세서와 계좌잔고를 공개하는 방법으로 그들의 신망을 얻었다. 투자자들은 시각적 운용과 성과에 쉽게 매료되어 자신도 갑부의 호화로운 라이프스타일을 누릴 수 있다는 망상에 빠져들었다. 자연스럽게 폰지 사기의 본질을 직시할 능력과 의지를 상실하고 값진 노동과 희생의 대가를 사기꾼들의 호사에 탕진하고 말았다. 커다란 사회적 물의를 일으킨 감정의 악용 사례지만 시사하는 바가 크다. 의사결정과정에 감정의 개입은 필수 불가결한 것이지만 이성과의 협업을 통해 감정의 부정적 기능을 억제 또는 제거하는 데 초점을 맞춰야 한다.

감정은 특정 상황에 대한 단순한 느낌으로 끝나지 않는다. 이성과 더불어 상황에 대한 반응을 일으키는 핵심 요소다. 투자 상황에서도 마찬가지다. 시장참여자들이 일으키는 다양한 감정이 증권시장의 변동성 증가와 금융위기 촉발의 주범으로 예외 없이 지목되는 이유이기도 하다. 따라서 투자의사결정과정에서 감정의 역할을 이해하고 그것의 부정적 효과와 사회적·경제적 비용을 감소시키는 방안을 강구하는 것은 미래의 불확실성에 대처하고 또 다른 금융위기를 예방하는 '사전약방문'이다.

곰곰이 되짚어 생각해 보기

1. 투자의사결정 메커니즘을 제대로 이해하려면 감정의 역할을 이해해야 한다. 그이유는 무엇인가?
2. 감정과 이성의 상호보완적 및 순환적 관계를 설명해 보자.
3. 투자의사결정 모형이란?
4. 폰지 사기로 유명한 호주의 호이와 미국의 메이도프의 공통점은 무엇인가?
5. 미래의 불확실성과 다양한 금융위기에 대처하는 방안에는 어떤 것이 있을까?

2부 감정, 센티먼트, 무드

18.
감성이 이성을 지배하는 곳, 주식시장

- 기업 펀더멘털과 거시경제 펀더멘털은 주가 과열 상승 설명 불가
- 펀더멘털의 대안 개념이 센티먼트
- 센티먼트 접근법은 투자자의 직관적·감정적 분위기 주목
- 주식시장은 센티먼트 자극하는 뉴스에 과도 반응
- '합리적 주식시장'의 이상(理想) 실현은 이성의 감성 통제 선행돼야!

7년 전 코스닥 시장의 바이오 관련 주식들로 투자자들이 몰린 적이 있다. 몇몇 종목은 한 해에만 수백 퍼센트의 수익을 올렸고 시가총액은 수천억 원에서 수조 원대에 달했다. 신약 개발의 성공에 따른 고성장 가능성을 고려한다 해도 전통적 기업가치평가 측면에서 보면 이해하기 어려운 현상이다. 즉 기업 고유의 펀더멘털(fundamental, 매출성장률, 재무건전성, 자산관리의 효율성과 영업성과 등)과 거시경제 펀더멘털(경제성장률, 물가상승률, 재정수지, 경상수지, 외환보유고 등)만 가지고는 주식가격의 과열 상승을 설명하기 어렵다.

펀더멘털의 대안으로 등장한 개념이 센티먼트다. 기업가치평가와 같은 펀더멘털 접근법이 이성적인 분석과 판단, 그리고 선택에 의한 결정을 하

는 것과 달리 센티먼트 접근법은 시장의 흐름 안에 섞여 있는 투자자들의 직관적·감정적 분위기에 주목한다. 흔히 언론에서 특정 회사에 관한 긍정적 기사가 실리면 그 회사의 주식가격이 상승하곤 한다. 기업이나 거시경제의 펀더멘털에 대한 구체적 언급이 없는 경우에도 말이다. 주식토론방의 열띤 논쟁이 주식가격의 향방을 결정짓는다는 연구도 있다. 1987년 블랙먼데이라고 알려진 주식시장 폭락도 기업활동과 직접적 연관이 있는 거시경제지표의 특별한 변화 없이 일어난 사건으로 알려져 있다.

글로벌 금융기업인 UBS AG의 연구진은 영국의 세계적 통신 및 금융정보제공회사인 로이터(Reuters)의 데이터를 이용하여 센티먼트가 주식수익률에 미치는 영향을 조사하여 개인 및 기관투자가의 투자전략 수립과 증권 당국의 시장 안정화 정책에 의미 있는 시사점을 제공했다. 연구진은 다우존스지수로 대표되는 미국 주식시장이 센티먼트와 펀더멘털 변화에 어떻게 반응하는가를 관찰하기 위해 2003년 1월부터 2010년 12월까지 총 360만 개의 미국 주식 관련 로이터 뉴스 기사를 활용했다. 뉴스 기사는 텍스트마이닝(text-mining) 분류작업을 거쳐 부정적, 긍정적 두 가지 센티먼트로 구분했다. 펀더멘털 측정치로는 미국 시장조사기관인 콘퍼런스보드에서 발표하는 경기선행지수(생산, 고용, 통화 및 소비수준 포함)를 사용했다.

분석 결과, 주식시장은 센티먼트를 자극하는 뉴스 기사에 과도하게 반응하며 그 기간이 오래 지속됐다. 즉 부정적 센티먼트를

2부 감정, 센티먼트, 무드

자극하는 뉴스 기사가 나오면 1~2개월에 걸쳐 과도하게 하락하는 모습을 보였고, 긍정적 센티먼트 뉴스에도 비슷한 기간 높은 상승패턴을 이어 갔다. 이처럼 과도한 반응이 2개월여에 걸쳐 지속되는 현상이 조정 기간을 거쳐 정상 수준으로 돌아오는 데에는 또다시 수개월이 걸렸다. 새로운 정보는 정확하게 즉각적으로 주식가격에 반영된다는 효율적 시장가설의 예측과는 거리가 먼 결과다. 주식시장의 효율적 시장가설의 예측대로 움직이는 건 펀더멘털의 변화에서만 나타났다. 즉 주식시장은 거시경제지표 변화에 상대적으로 빠르고 정확하게 반응했다.

　투자전략 측면에서도 센티먼트와 펀더멘털은 큰 차이를 보였다. 센티먼트에 기초한 주식 투자전략이 펀더멘털에 근거한 전략보다 훨씬 높은 수익률을 창출했다. 다우존스의 2010년 평균수익률이 7.49%인 반면 센티먼트의 매매 신호(부정적 센티먼트가 예상되면 팔고, 긍정적 센티먼트가 예상되면 사는 전략)에 따라 거래를 한 결과 같은 해 평균수익률은 41.54%로 다우존스보다 무려 34%p 이상의 초과수익률을 기록했다. 특히 부정적 센티먼트의 매매 신호만 이용했을 경우 평균수익률은 35.73%로 시장 평균을 28%p 이상 상회했고, 긍정적 센티먼트 포트폴리오는 평균수익률이 17.21%로 9.72%p 높은 초과수익률을 기록했다. 투자자들은 긍정적 센티먼트보다 부정적 센티먼트에 더 민감한 것 같다. 그러나 펀더멘털인 거시경제지표에 근거한 투자전략은 시장의 평균수익률과 큰 차이를 보이지 않았다. 주식시장에서 센티먼트의 영향력은 오래 지속되고 그 파급력 또한 지대한 듯하다. 주식시장에서는 감성이 이성을 지배하는 것일까?

　주식시장의 효율성에 대한 논쟁은 아직도 진행 중이다. 주식의 가치는 기업활동과 직간접적으로 관련이 있는 펀더멘털 요인에 의해 결정된다는 것이 정론이다. 투자자들의 감정이나 기분은 주관적 현상일 뿐이지 기업의 생산성, 효율성, 수익성, 정책과는 무관하기 때문이다. 따라서 주식시장이 이성적이고 효율적이라면 센티먼트의 영향은 제한적이어야 한다. 현실은 이론과 큰 괴리를 보여 준다. 펀더멘털이 상대적으로 신속히 반영되는 현상은 효율적 시장과 일맥상통하지만, 센티먼트에 대한 주식시장의 과도한 반응이 쉬이 사라지지 않고 그것에 기초한 투자전략이 상식 밖의 초과수익을 달성한다. 그렇다면 시장 효율성에 대한 믿음을 저버려야 할까? 이성 따위는 던져 버리고 감성과 직관에만 의존하는 편이 현명할까? 초과수익보다는 위험과 성장이 반영된 정상 수익을 제공하는 시장이 건강한 시장이다. 주식시장의 저변에 흐르는 감성을 이성으로 통제하려는 의도적 노력이 있을 때 '합리적 주식시장'이라는 이상(理想)이 실현될 수 있다.

곰곰이 되짚어 생각해 보기

1. 기업 고유의 펀더멘털과 거시경제 펀더멘털에는 어떤 것이 있는가?
2. 펀더멘털과 센티먼트의 차이점을 설명해 보자.
3. 주식시장이 투자자의 센티먼트를 자극하는 기사에 반응하는 패턴을 기술해 보자.
4. 센티먼트 투자전략이란? 그 성과는 어떠한가?
5. 건강한 주식시장이란 어떤 시장이고 합리적·효율적 주식시장을 만들려면 어떤 노력이 필요한가?

2부 감정, 센티먼트, 무드

19.
주식투자 성패의 캐스팅 보트, 감정

* 두려움, 침울, 기쁨, 스트레스가 주식수익률 변동성에 영향
* 비대칭적인 부정편향 존재
* 주식시장에서 생존하고 번창하려면 감정 경계해야!

신경과학의 발전에 힘입어 감정과 인지적 사고는 항상 뒤엉켜 상호작용을 하고, 감정이 개인적·사회적 차원의 경제적 의사결정과 행위의 중요한 결정요인이라는 사실이 밝혀졌다. 따라서 경제행위의 집합소인 주식시장을 이해하려면 감정이 경제행위에 미치는 영향을 파악하는 것이 우선이다.

주가 모멘텀(momentum)과 역전 현상(reversal)은 주식시장에서 잘 알려진 두 가지 이례적 현상(anomaly)이다. 이 둘은 심리적 편향에 기인한 과소반응(underreaction)과 과잉반응(overreaction)의 결과다. 주가 관련 정보에 대한 초기 과소반응은 이후 조정 과정을 거치며 단기 모멘텀 현상으로 나타난다. 긍정적 주가 정보에 과소반응을 한 경우는 지속적 주가 상승으로 이어지

고 부정적 정보에 과소반응을 보인 경우는 연속된 주가 하락을 일으킨다.

모멘텀과 대조적으로 매우 고무적이고 긍정적인 주가 정보에 과잉반응을 한 경우, 과대평가된 주가가 본질적 가치를 찾아가는 과정을 거치며 주가 상승이 하락으로 바뀌는 역전 현상을 볼 수 있다. 반대로 부정적인 주가 정보에 과잉반응을 보이면 주가 하락 추세가 상승으로 바뀌는 역전 현상이 일어난다. 모멘텀이든 역전 현상이든 주가가 균형가격을 찾아가는 과정에 나타나는 체계적인 주가 흐름이다. 각종 온·오프라인 매체에서 제공하는 금융정보의 양은 쓰나미처럼 밀려들어 정보 부재와 별반 다를 바 없다. 이와 같은 상황에서 투자자 감정과 투자수익률 및 변동성과의 상관관계를 더 정확히 파악할 수 있다면 주식시장의 이례적인 현상을 이해하고 예측하는 데 큰 도움이 된다.

미국 올드도미니언대의 그리피스 교수팀은 네 가지 대표적인 투자자 감정(두려움, 침울, 기쁨, 스트레스)을 인공지능(AI) 기술로 계량화해 이들이 주식수익률과 변동성에 미치는 영향을 분석했다. 기존 연구에서 가장 많이 다루어진 감정 중 하나가 두려움이다. 금융위기를 겪을 때마다 시장에 만연한 두려움은 거대한 공포로 발전하여 시장을 쑥대밭으로 전락시키고 위기로부터의 탈출을 어렵게 한다. 침울한 감정은 시장의 하락기와 침체기에 많이 관찰되는데 꽤 오래 지속되는 것으로 알려져 있다.

반대로 기쁨이 지배하는 시장은 활황을 경

험한다. 시장이 활황일 때 재무분석가는 모멘텀이 강한 성장주를 선호한다. 역으로 침체기에는 성장주 추천을 꺼린다. 화창한 날씨에 주식시장의 수익률이 개선되는 현상도 기쁨의 개입으로 해석할 수 있다. 또 다른 부정적 감정인 스트레스의 영향력도 다른 감정에 못지않다. 스트레스에 기인한 정신질환과 주식수익률은 보통 부정적 상관관계를 가진다. 또한 시장 전체의 스트레스 수준이 증가하면 다우존스지수에 포함된 주식 간 상관관계도 덩달아 상승하여 분산투자의 효과를 격감시킨다. 다른 금융 회사나 투자자의 의사결정을 무조건 따르는 무리행동(군집행동)도 주식시장의 스트레스가 높아질수록 강해진다. 따라서 주식시장에 부정적 감정(두려움, 침울, 스트레스)이 충만하면 수익률은 마이너스, 긍정적 감정(기쁨)이 주를 이루면 수익률은 플러스가 된다는 게 일반적인 예측이다.

연구팀은 머신러닝 기술과 문맥 분석을 융합해 기업과 기관의 보도자료, 인터넷 뉴스 미디어, 사회관계망 등 복수의 채널을 통해 수집한 일일 평균 200만 개 이상의 뉴스 기사에서 투자자의 네 가지 감정이 드러나는 요인을 추출했다. 추출한 네 가지 감정이 주식수익률에 미치는 영향을 시계열분석으로 탐구한 결과, 예측대로 두려움, 침울, 스트레스는 수익률을 낮추는 효과, 기쁨은 수익률을 높이는 효과가 여실히 드러났다. 특히 두려움의 수익률 감소 효과는 기쁨의 수익률 증대 효과보다 약 1.7배, 침울과 스트레스의 수익률 감소 효과보다 4배 이상 컸다.

주식수익률의 변화가 네 가지 감정에 미치는 영향도 뚜렷했다. 즉 주식수익률이 증가하면 두려움, 침울, 스트레스는 감소했지만 기쁨은 커졌다. 감정과 주식수익률 간의 관계는 일방적 인과관계가 아니라 상호보완적 관계라는 의미다. 더불어 주식시장에 네 가지 감정이 개입하면 수익률의 변동폭이 커지는 현상도 관찰됐다. 특히 예기치 않은 부정적 뉴스로 말미암은 수익률 변동성의 증가는 뜻밖의 긍정적 뉴스로 인해 요동치는 변동성의 3배에 달했다. 주식수익률의 변동성에도 비대칭적인 부정편향이 존재하는 것으로 보인다.

감정은 투자자산과 위험을 평가하는 데 부지불식간에 관여한다. 두려움에 사로잡히면 위험을 실제보다 더욱 비관적으로 평가해 불필요한 위험회피적 선택을 초래한다. 반대로 탐욕에 휩싸이면 위험을 과소평가하여 지나친 위험 추구형 행동도 서슴지 않는다. "두려움에 사고 탐욕에 팔라."라는 투자 격언이 허언이 아닌 이유다. 주식시장에서 생존하고 번창하려면 감정을 경계해야 한다.

곰곰이 되짚어 생각해 보기

1. 모멘텀과 역전 현상을 설명해 보자.
2. 부정적 감정(두려움, 침울, 스트레스)과 긍정적 감정(기쁨)이 지배하는 시장의 특징은 각각 무엇인가?
3. 두려움의 수익률 감소 효과에 특히 주목해야 하는 이유는 뭘까?
4. 주식수익률이 증가하면 네 가지 감정에는 어떤 변화가 생기는가? 그 변화의 의미는?
5. 네 가지 감정의 개입은 주식시장 변동성을 증가시킨다. 이때 부정적 감정과 긍정적 감정이 변동성에 미치는 영향에는 어느 정도의 차이가 존재하는가? 이러한 차이가 의미하는 바는?
6. 왜 "두려움에 사고 탐욕에 팔라."라는 투자 격언이 허언이 아닐까?

2부 감정, 센티먼트, 무드

20.
자율조절기능과 감정이 경제행위에 미치는 영향

- 자율 성향은 인간의 다양한 경제행위를 결정하는 보이지 않는 손
- 자율 성향에 부합하는 선택 할 때 후회 최소화, 만족 극대화
- 세심한 설계 필요

선진국형 자본시장은 정부의 규제보다 자율조절기능을 활용해 투명성, 공정성, 그리고 효율성을 유지해 왔다. 사람에게도 이와 비슷한 자율조절기능이 있어서 다양한 경제행위를 결정하고 조정하는 보이지 않는 손의 역할을 한다. 따라서 자율조절기능을 이해하는 것은 제품이나 서비스를 효율적으로 판매 또는 제공하려는 조직에 중요하고 급선무인 과제다. 사람의 자율조절기능은 선천적으로 형성되는 지속 가능한 행동 성향으로 크게 진급, 성공, 성취, 혁신에 대한 강한 욕구를 보이는 '적극적 자율 성향'과 안전과 안정에 대한 강한 애착과 현 상태의 유지에 관심이 많은 '소극적 자율 성향'으로 나눌 수 있다. 소비자나 투자자, 기업인, 그리고 직장인의 경제행위를 이해하고 예측하려면 무엇보다도 그들이 어떤 자율

성향을 지녔는지를 파악해야 한다. 더불어 경제행위를 한 뒤에 그들이 느끼는 감정(특히 후회의 감정)이 자율 성향에 미치는 영향도 간과해서는 안 된다. 후회의 감정은 개개인의 자율 성향에 따른 경제행위를 촉진하거나 억제하는 역할을 하기 때문이다.

오스트리아 비엔나대 연구팀은 제품이나 서비스가 주는 경제적 만족도뿐 아니라 사람들의 의식 및 무의식 저변에 흐르는 자율 성향과 감정을 아우르는 새로운 관점을 제시했다. 소비자는 보통 제품으로부터 기대되는 만족도가 높으면 적극적으로 구매하려 하고 기대 만족도가 낮으면 다른 비슷한 제품을 찾거나 구매를 회피하게 된다. 예를 들어 수와 매트라는 소비자가 자동차를 구입하는 상황을 상상해 보자. 일반적으로 두 사람 모두 적절한 가격, 내구성, 안전성, 그리고 세련된 디자인을 가진 차를 선호할 것으로 예상된다. 그러나 수와 매트가 상반되는 자율 성향을 가지고 있고 본인의 선택과 행위에 따른 감정의 영향을 받는다는 전제가 있다면, 일반적 예상과는 매우 다르면서도 흥미로운 해석이 가능하다.

가령 수는 소극적 자율 성향을, 매트는 적극적 자율 성향을 갖고 있다고 하자. 수는 자신의 자율 성향과 일치하는 자동차 특성인 낮은 위험과 높은 안전도에 더 큰 가치와 가중치를 두게 된다. 자신의 성향과 불일치한 선택의 결과 느끼게 될 후회는 수의 소극적 성향을 더욱 부추긴다. 결국 수는 고장이 잘 안 나고 안전도에 대한 평가가 좋고 평범

2부 감정, 센티먼트, 무드

해 보이는 차를 선택할 확률이 높다. 반면 매트는 신기술과 혁신적 디자인으로 각광받는 모델을 구입하기 쉽다. 자율 성향에 부합하는 선택을 함으로써 후회는 최소화하고 만족도를 극대화하게 된다.

비슷한 사례는 포트폴리오 관리에서도 찾아볼 수 있다. 시장에서 인기 있는 고위험 성장형 종목은 적극적 성향의 투자자에게 적합하다. 반면 손실위험이 낮은 안전한 주식은 소극적 성향의 투자자에게 추천하는 것이 투자자 유치에 유리하다.

자율 성향과 후회의 감정과 더불어 행동 연구에 빠져서는 안 될 요인이 '합리화'다. 합리화의 중요성이 입증된 실험이 건강 분야에 있다. 소극적 성향의 사람들이 적극적 성향의 사람들보다 예방백신의 접종에 오히려 훨씬 더 적극적임을 보이는 연구다. 예방이란 개념이 안전과 위험회피와 일맥상통하는 특성이므로 소극적 성향의 집단이 적극적으로 반응한 것은 당연한 결과였다. 물론 백신주사를 맞지 않아서 병에 걸렸을 경우에 생길 수 있는 후회가 적극적 성향의 집단이 백신을 더 적극적으로 맞도록 할 수 있다고 예상할 수 있다. 하지만 이러한 현상은 관찰되지 않았다. 주목할 만한 점은 예방백신을 왜 맞아야 하는지에 대한 합리적 증거가 제시되었을 때 적극적 성향의 사람들의 백신접종에 대한 태도가 적극적으로 변했다는 사실이다. 합리화는 적극적 성향의 집단이 느끼게 될 후회라는 감정의 강도를 높임으로써 두 상이한 그룹의 행동을 일치시키는 결정적 역할을 했다. 보험 상품이나 연금 상품의 개발과 판매 및 광고 분야 전문가들이 눈여겨볼 만한 부분이다.

자율 성향은 개인적 선택의 영역뿐만 아니라 집단적 사회규범의 영역에서도 큰 효력을 나타냈다. 소극적 성향의 공기업 직원들은 근무태도가 나태하거나 업무 효율성 및 생산성이 떨어지는 동료들을 매우 냉담하게 대하며 어떤 형태(물질적, 정신적)로든 대가를 치르게 하는 태도를 보였다. 처벌을 가하는 직원들에게 아무런 경제적 이득을 주지 않아도 이러한 태도는 변하지 않았다. 직원들끼리의 자발적 처벌은 결과적으로 매우 효율적인 생산구조와 조직문화를 만들어 냈다. 위와 같은 집단행동은 소극적 성향의 특징인 책임감, 규범준수, 그리고 타인들도 따르는 사회규범에 대한 존중에서 그 원인을 찾을 수 있었다. 소극적 성향의 집단은 부정적 결과(예: 게으름, 비효율성)에 대한 거부감이 매우 강해서 부정적 결과를 유발한 동료들에 대한 처벌 의지도 매우 강할 수밖에 없었다. 이러한 현상은 이상, 혁신, 독립성, 성취욕구 등의 지배를 받는 적극적 성향의 직원들에게서는 관찰되지 않았다. 사회규범과 공익이 강조되는 공기업이나 정부기관에서 효율성과 청렴성을 높이기 위한 내부 규율을 만들 때 참고할 만한 대목이다.

경제행위는 복잡한 의사결정과정의 산물이다. 시장이 복잡하지만 자기 규제 시스템을 가지고 질서 정연하게 움직이듯이 개인의 경제행위도 자율 성향과 감정이라는 시스템 속에서 형성되고 표출된다. 자율 성향과 선택 및 행위가 일치하고 후회가 최소화될 때 만족도는 극대화된다. 그러나 모든 요소가 항상 만족의 극대화에 이르는 조합을 만드는 건 아니다. 세심한 설계의 필요성이 대두된다. 합리화는 상반된 자율 성향을 지닌 사람들의 행동을 일치시키는 힘이 있다. 결론적으로 자율 성향은 개인 행위의 이해를 넘어 다양한 집단적 경제행위의 바람직한 변화의 출발점이라

할 수 있다. 금융상품의 차별화, 홍보의 다변화, 판매촉진 방법의 다각화, 자율적 세금정책, 소비행태 연구, 인재 고용 등에서 자율 성향과 후회의 감정, 그리고 합리화를 적절히 응용한 프레임의 개발이 기대되는 이유다.

곰곰이 되짚어 생각해 보기

1. 적극적 자율 성향과 소극적 자율 성향의 특성을 간략히 설명해 보자.
2. 후회의 감정은 자율 성향과 선택의 관계에 어떻게 개입할까?
3. 적극적 자율 성향을 가진 투자자에게 적합한 주식 종목은 무엇인가?
4. 소극적 자율 성향의 사람들이 예방백신 접종에 적극적인 이유는 무엇인가?
5. 소극적 자율 성향의 공기업 직원들이 근무태도가 나태하거나 업무 효율성 및 생산성이 떨어지는 동료들에게 보인 태도를 설명하고, 그렇게 한 이유를 기술해 보자.
6. 경제행위에 대한 만족도는 언제 극대화하는가?

21.
이기심이
이타심을 만날 때

- 윤리적 행위와 비윤리적 행위의 경계 모호
- 보상을 타인과 공유할 때 죄책감 줄고 긍정적 자기 이미지 유지에 도움
- 타인과 보상 공유가 부정행위 원인 되기도
- 이기적 동기의 이타심, 때론 파괴적인 괴물

연예인의 탈세, 정치인과 공무원의 뇌물수수, 프로 운동선수의 약물 복용, 그리고 기업경영인의 불법 증여 또는 횡령은 더는 자극적이거나 놀라운 사건이 아니다. 사회에 만연된 하나의 현상으로 여겨진다. 분출하는 개혁과 부패 척결의 목소리는 이를 방증한다. 2007년 미국 메이저리그 투수인 앤디 페티트는 금지약물 투약 혐의로 기소됐다. 그는 공식적 논평을 통해 약물복용이 단순한 개인의 일탈행위가 아닌 다수의 팀원과 팬을 위한 이타적 동기의 결과라고 강변한다. 어디서 많이 들어 보던 논조가 아닌가? 대의를 위해 소의를 희생한다, 당을 위해 개인을 버린다, 국익을 위해 개인의 고통은 감수한다…. 집단이나 특정 다수의 이익을 보호한다는 명목하에 우리는 얼마나 자주 그리고 서슴없이 소수 또는 불특정 다수의

2부 감정, 센티먼트, 무드

권리를 침해하는가? 무엇이 우리로 하여금 비윤리적 행위와 윤리적 행위의 애매모호한 경계선을 넘나들게 하는가?

　윤리적 행위를 통해 긍정적인 자기 이미지를 만들고 유지하려는 인센티브와 비윤리적 행위로 개인의 영달을 추구하려는 인센티브가 충돌하는 상황을 생각해 보자. 우리는 자연스레 윤리적 딜레마에 빠지게 되고 그것을 해결하고자 창조적이면서도 자기합리적인 노력을 한다. 경제적 인간의 관점에서 최적의 해결책은 개인의 이익을 창출하기에 충분하고 긍정적 자기 이미지를 유지하기에도 부족함이 없는, 도덕성과 비도덕성의 경계점에 해당하는 행위로 접근하지 않을까?

　하버드대 지노 교수팀의 2013년 연구가 이러한 추론을 뒷받침한다.

대부분 사람은 이익을 취할 기회를 간과하지 않는다. 부정행위를 해서라도 말이다. 특히 자신의 행위가 타인에게도 혜택을 미칠 때 부정에 대한 유혹은 더욱 강해진다. 연구팀은 이에 대한 세 가지 이유를 제시한다. 첫째, 혜택을 받는 타인의 존재가 부정의 정당화와 합리화를 용이하게 한다. 둘째, 타인의 복지와 행복에 대한 순수한 동기 때문이다. 셋째, 이 두 가지 이유의 상호작용 때문이다.

검증을 위해 연구진이 미국의 대학생과 대학원생을 대상으로 실시한 몇 가지 실험을 보자. 학생들은 12개의 세 자리 숫자로 이루어진 집합에서 두 개의 숫자를 골라 10을 만드는 과제를 5분 안에 수행해야 한다. 정답을 맞히면 금전적 보상이 주어진다. 보상의 형태는 다양하게 구성된다. 개인별로 보상이 주어지기도 하고, 한 명 또는 두 명의 파트너와 보상을 공유하기도 하고, 타인에게만 보상이 주어지기도 한다. 보상을 공유하는 경우는 모든 파트너의 점수가 합산돼 파트너 수로 나눈 평균 수행 능력에 따라 보상을 받는다. 이러한 보상의 형태는 다시 부정행위의 가능 또는 불가능에 따라 두 가지로 나뉜다. (1) 정답지를 실험자에게 제출하고 확인을 받은 후 보상을 받는다(부정행위 불가능). (2) 학생 스스로 정답의 숫자를 확인한 후 본인이 채점한 결과대로 보상을 받는다(부정행위 가능). 실험 결과에 따르면 부정행위가 불가능한 조건에서는 보상의 공유 여부와 부정행위 간에 상관관계가 존재하지 않았다. 반면에 부정행위가 가능한 조건에서는 전반적으로 부정행위가 2배 가까이 증가했고, 보상을 더 많은 타인과 공유할수록 그 정도는 심해졌다.

컴퓨터를 이용한 또 하나의 실험에서는 학생들에게 20개의 계산 문제

(예: 2+5+23-17+13-8+11-5+9-3=?)를 풀도록 했다. 부정행위의 정도를 측정하기 위해 문제를 푸는 중에 해답이 같은 화면에 자동으로 표시되도록 했는데, 학생들은 원칙적으로 해답을 보지 않고 스스로 풀어야 한다는 것과 키보드의 스페이스 바를 누르면 해답이 표시되지 않는다는 것을 알고 있었다. 개인별로 보상이 주어지는 경우 79%의 학생이 부정행위를 했고, 타인과 보상을 공유하는 학생들의 경우 98%가 부정행위를 했다.

부정행위를 한 학생들을 대상으로 한 설문조사에서는 보상을 더 많은 타인과 공유할수록 죄책감은 줄어들고 긍정적 자기 이미지는 유지되는 경향이 나타났다. 더욱 흥미로운 결과는 타인에게만 보상이 주어질 때도 88%의 학생들이 부정을 범했다는 것이다. 개인적인 보상만 주어지는 경우(79%)보다도 높은 수치다. 이는 부정행위의 원인이 타인의 혜택 유무에만 국한되는 것이 아니라 행위자의 순수한 이타적 동기에도 의존한다는 것을 의미한다. 이기심과 이타심을 이분법적으로 구분하는 것이 참 부질없게 느껴진다.

마사 스튜어트(내부거래)나 버나드 메이도프(폰지 사기)처럼 매스컴을 떠들썩하게 했던 부정행위자들의 한결같은 주장은 그들의 행위가 주주, 클라이언트, 조직의 이익을 높이려는 데서 비롯됐다는 것이다. 위에서 본 실험 결과에 의하면 이들의 주장이 새빨간 거짓은 아닐 수 있다. 최소한 몇몇 타인은 그들의 행위로 혜택을 누렸을 수도 있으니까. 순수한 이타심도 그들 안에 있을 수 있다. 그러나 순수하든 순수하지 않든 이타적 동기 자체가 부정행위를 정당화할 수는 없다. 이타심은 자신의 마음뿐만 아니라 타인의 마음과 행위의 결과까지 살펴야만 그 본질을 유지하고 의도를 실현할 수 있다. 그렇지 않으면 무분별한 이기심(egotism)보다 더 파괴적인 괴물이 될 수 있다.

곰곰이 되짚어 생각해 보기

1. 윤리적 행위를 통해 긍정적인 자기 이미지를 만들고 유지하려는 인센티브와 비윤리적 행위로 개인의 영달을 추구하려는 인센티브가 충돌하는 상황에서 최적의 해결책은 무엇인가?

2. 자신의 행위가 타인에게도 혜택을 줄 때 부정행위를 해서라도 이익을 취하려는 인센티브는 더욱 강해진다. 이에 대한 세 가지 이유를 제시해 보자.

3. 이기심과 이타심을 이분법적으로 구분하는 것이 왜 부질없을까?

4. 이타적 동기가 부정행위를 부추긴다는 증거는 무엇인가?

5. 부정행위를 동반하는 이타심은 때론 무분별한 이기심보다 더 파괴적일 수 있다. 이타심의 이러한 부작용을 방지하려면 어떻게 해야 할까?

2부 감정, 센티먼트, 무드

22.
무드(mood)의 흐름을 읽어야
돈의 흐름이 보인다

- 주가는 투자자 무드 변화에 반응
- 반복효과, 역전효과, 무드베타를 반영하는 롱쇼트 포트폴리오로 초과수익률
- 감성으로 하는 투자는 위험과 손실의 원흉
- 하지만 감성을 고려한 투자는 위험관리이자 초과수익 원천

다수의 실험연구, 설문조사, 실증분석에 의하면 주식시장의 투자 무드(investment mood)가 특정 월과 일에 매우 상이하게 나타난다. 가령, 새해의 시작을 알리는 1월은 많은 투자자가 희망적·낙관적 무드에 휩싸이곤 한다. 3월은 계절성 정서장애(seasonal affective disorder, SAD), 특히 겨울철 정서장애(겨울만 되면 무기력해지고 우울해지는 우울증의 한 형태) 현상이 완화되는 시기다. 온도와 햇빛양이 증가하기 시작하면서 겨울철 정서장애는 호전되고 더불어 투자자들의 무드도 한층 밝아진다. 피로와 스트레스를 태우고 휴식과 재충전의 기회를 제공하는 금요일, 소위 '불금'이라는 친숙한 이름으로 우리에게 위로를 주는 이날, 주식시장의 투자 무드는 일주일 중 가장 높다. 이와는 반대로 9월, 10월, 월요일에는 투자자들의 무드가 상대적

으로 다운된다. 이렇게 무드가 변함에 따라 주식수익률도 덩달아 등락을 거듭한다. 고무된 투자 무드에 걸맞게 1월과 3월, 금요일의 평균 주식수익률은 다른 월과 일보다 높다. 반면 9월, 10월, 월요일의 주식수익률은 1월, 3월, 금요일에 비해 평균적으로 낮다.

캘리포니아대 어바인의 허시라이퍼 교수팀은 1월, 3월, 금요일이 긍정적 무드효과, 9월, 10월, 월요일이 부정적 무드효과를 유발한다는 기존 연구 결과에 착안하여 무드 변화가 주식수익률 예측에 미치는 영향을 계절 및 요일뿐만 아니라 공휴일, 일광절약시간(daylight saving time), 날씨와 연관하여 심층 연구했다. 연구팀은 먼저 무드 변화에 따른 주식수익률의 계절별 추세를 분석했다. 1월과 3월에 평균보다 높은 수익률을 기록한 주식

2부 감정, 센티먼트, 무드

포트폴리오(A)는 9월과 10월에 이르러서는 평균을 밑도는 수익률을 보였다. 그러나 다음 해 1월과 3월에는 다시 평균을 웃도는 수익률로 회귀했다. 반면에 1월과 3월에 평균을 밑도는 수익률을 기록한 포트폴리오(B)는 하반기 9월과 10월에는 평균보다 높은 수익률을 기록했다가 다음 해 1월과 3월에는 다시 역전되어 평균 이하로 하락했다. 하지만 다시 9월과 10월이 되면 평균 이상의 성과를 거뒀다.

요약하면, 투자 무드가 긍정적일 때 잘나가던 포트폴리오(A)는 투자 무드가 다시 긍정적으로 바뀔 때(9, 10월→1, 3월) 계속 좋은 성과를 이어 갔고, 투자 무드가 부정적일 때 성과가 좋았던 포트폴리오(B)는 부정적 분위기가 다시 찾아왔을 때(1, 3월→9, 10월) 우월한 성과를 이어 나갔다. 이처럼 동일한 무드가 반복될 때 비슷한 성과를 반복하는 현상을 반복효과(recurrence effect)라고 한다. 반면 A는 분위기가 긍정에서 부정(1, 3월→9, 10월)으로 바뀔 때, B는 부정에서 긍정(9, 10월→1, 3월)으로 바뀔 때 평균 이하의 성적을 거뒀다. 이처럼 무드가 역전되면 성과도 역전된다고 해서 역전효과(reversal effect)라고 불린다.

연구팀은 반복효과와 역전효과를 반영하는 롱쇼트(long-short) 포트폴리오(반복효과가 기대되는 주식은 매입, 역전효과가 기대되는 주식은 공매도)를 만들어 성과를 측정했다. 그 결과 최소 0.33%, 최대 1.8%의 월 초과수익률, 0.02~0.1%의 일일 초과수익률을 기록했다. 이를 연수익률로 환산하면 대략 3.96~25%다. 시장 평균보다 3.96%p에서 25%p를 초과한 수익을 낸다는 의미다. 초과수익률이 0보다 크면 우수한 성과, 0보다 작으면 초라한 투자성적이라고 봐도 무방하다.

연구팀은 어떤 주식이 투자자의 무드 변화에 반응하는 민감도를 측정하는 무드베타(mood beta)도 개발했다. 높은 무드베타를 가진 주식은 긍정적 무드를 대표하는 1월, 3월, 금요일에는 시장 평균을 상회하는 수익률을 보였고, 부정적 무드를 대표하는 9월, 10월, 월요일에는 시장 평균을 넘지 못했다. 또한 가치평가가 어려운 주식이나 산업의 평균 무드베타는 가치평가가 상대적으로 쉬운 주식이나 산업의 평균 무드베타보다 컸다. 무드베타가 주식시장의 투자 무드를 잘 반영하는 통계치라는 간접적 증거로 해석할 수 있다.

무드베타에 기초한 롱쇼트 포트폴리오(1월, 3월, 금요일 직전에 상위 10% 무드베타 주식은 사고, 하위 10% 무드베타 주식은 공매도)는 월 1.5%의 초과수익률(연 18%), 일 0.12%의 초과수익률(연 30%)을 기록해 무드베타의 효용가치를 입증했다.

연구팀은 무드베타가 계절과 요일 외의 다른 무드 변화 요인, 공휴일, 일광절약시간, 날씨에 따른 수익률 예측에도 이용될 수 있는가를 추가로 살펴봤다. 구체적으로 공휴일 직전에는 긍정적 무드, 일광절약시간의 시작과 종료 시점이 속한 주말에는 부정적 무드, 화창한 날씨에는 긍정적 무드가 형성된다는 선행연구를 기반으로 무드베타의 영향력을 검증했다. 예상대로 무드베타가 높은 주식(투자 무드에 민감하게 반응하는 주식)의 수익률이 공휴일 직전과 화창한 날씨일 때 무드베타가 낮은 주식에 비해 높았다. 반면에 일광절약시간의 시작과 종료 시점(미국의 경우 대개 3월 둘째 주 일요일부터 11월 첫째 주 일요일)이 속한 주의 수익률은 낮은 무드베타 주식이 앞섰다. 즉 긍정적 무드에서는 무드에 민감한 주식이, 부정적 무드에서는

2부 감정, 센티먼트, 무드

무드에 둔감한 주식이 더 나은 성과를 냈다.

　재무의사결정과 주식가격 결정에는 수많은 요인이 관여한다. 행동재무학은 과거 수십 년간 인지적 편향과 전망이론(prospect theory)과 같은 인지적 요인이 의사결정에 미치는 영향을 밝히는 데 역량을 집중해 왔다. 무드와 같은 정서적 요인의 연구는 상대적으로 소홀했던 것이 사실이다. 허시라이퍼 교수 연구팀은 무드 변화가 주식수익률에 미치는 영향을 다면적 분석을 통해 보여 주었다. 무드 변화에 따른 반복효과, 역전효과, 그리고 주식의 무드 변화 민감도를 나타내는 무드베타를 활용한 주식 포트폴리오는 작게는 연 3.96%, 높게는 연 30%에 달하는 초과수익률을 달성했다. 더불어 무드베타는 그동안 주식수익률의 설명 변인으로 항상 인용되어 온 기업 특성과 시장 베타의 예측력에 버금가는 추가적 예측력을 제공한다. 감성으로 하는 투자는 위험과 손실의 원흉이지만 감성을 고려한 투자는 위험관리이자 초과수익의 원천이다.

곰곰이 되짚어 생각해 보기

1. 겨울철 정서장애란?
2. 투자 무드가 상승하는 달과 요일은 언제인가? 반대로 하락하는 월과 일은 언제인가?
3. 반복효과와 역전효과를 구체적 예를 들어 설명해 보자.
4. 무드베타란?
5. 반복효과와 역전효과를 반영한 롱쇼트 포트폴리오와 무드베타에 기초한 롱쇼트 포트폴리오의 구성 방법과 투자성과를 기술해 보자.

23.
트위터 센티먼트가 낳은 고수익 기회, 탐욕과 재앙의 씨앗일 수도

- 센티먼트 역이용 투자전략으로 고수익 가능성
- 하지만 센티먼트 고수익 빈번한 기대와 유지 가능 믿음은 환상이고 편향, 더 나아가 탐욕과 재앙의 씨앗

온라인 포럼, 블로그, 플랫폼은 개인의 생각, 의견, 정보가 공유 및 전파되고 무드와 센티먼트 등 다양한 투자 심리가 형성되는 가상공간이다. 특히 소셜미디어는 투자자의 복잡한 투자행태를 탐색하고 분석하는 유용한 도구로 발전을 거듭하고 있다. 이러한 시대적 흐름에 발맞춰 투자자들은 트위터(Twitter)를 비롯한 다양한 소셜미디어에 회자하는 정보로 주식 매매를 결정하고, 연구자들은 이러한 투자의사결정에 영향을 미치는 심리적 요인을 심층 분석하기 시작했다.

트위터는 2017년 말 기준 월평균 사용자 수가 3억 3,000만 명이 넘는 대표적인 글로벌 소셜미디어다. 투자자 간 오가는 주식과 기업에 관한 의견, 대화, 댓글, 그리고 팔로잉 메커니즘(following mechanism)은 투자정보 공

유와 확산을 주도하고 있다. 이러한 추세는 주식시장 차원의 센티먼트와 주식수익률 간의 거시적 상관관계를 주로 탐구해 온 기존 연구의 방향과 틀을 바꾸는 계기가 됐다.

튀르키예 이스탄불공대 연구팀은 투자자들이 특정 기업 또는 주식에 대해 갖는 미시적 센티먼트가 글로벌 주식시장의 등락에 미치는 정보효과를 최초로 보고해 이목을 끌었다. 블룸버그는 트위터와 투자정보를 공유하는 소셜미디어 스톡트위츠(Stocktwits)에서 정치헌금 기부 서비스인 캐시태그($Cashtags), 기업 또는 주식 이름이 언급된 트윗을 스캔 및 분석해 투자자들에게 일종의 투자경보 시스템인 'Bloomberg Social Velocity Alerts'를 제공한다. 연구팀은 블룸버그에서 수집한 투자경보 자료와 인공지능(AI) 머신러닝 모형을 융합해 개별 주식의 센티먼트와 확신(confidence) 점수를 산출했다.

센티먼트 점수가 플러스면 낙관적, 제로면 중립, 마이너스면 비관적 인식을 뜻한다. 확신 점수는 확신의 정도에 따라 0~100의 수치로 표현했다. 0이면 확신이 전혀 없는 상태고 100이면 100% 확신을 의미한다. 분석자료에는 총 1,063개의 주식이 포함됐고 이 중 552개는 미국의 S&P500, 372개는 유럽의 S&P350, 139개는 신흥시장의 S&P Frontier 지수에 속했다.

분석 결과, 미국, 유럽, 신흥시장 모두에서 트위터 활동량 증가는 주식거래량 증가를 수반했다. 트위터 활동량과 주식거래량 사이 양의 관계 이면에는 정보 수취자가 자신의 투자행위를 모방하게 하여 평판을 쌓으려는 정보제공자의 의도가 숨어 있었다. 하루 전 트위터 활동량과 다음 날 주식거래량도 양의 상관관계를 보였다. 이는 트위터 활동이 다음 날 주식

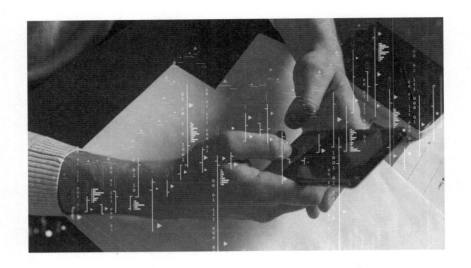

거래량을 예측할 수 있는 능력을 보유했음을 암시한다. 같은 현상이 트위터 센티먼트에서도 관찰됐다. 센티먼트 표준편차가 한 단위 증가할 때(낙관성이 일정한 크기로 증가할 때) 초과 주식거래량(평균 주식거래량을 웃도는 거래량)은 1.59%p 늘어났다. 트위터 사용자들 사이에 긍정적 센티먼트가 형성된 주식이 더 활발히 거래되는 현실을 잘 보여 준다.

트위터 활동량의 증가는 주식수익률 상승에도 이바지했다. 대부분의 트윗이 매입신호로 받아들여진다는 사실을 고려할 때 트위터 활동의 증가가 주식수익률 증가로 이어지는 건 새삼스러운 결과는 아니다. 하지만 트위터 활동과 주식수익률 간 긍정적 관계가 대기업보다 중소기업에서 약 30%p 더 높게 나타났다는 점은 새로운 사실이다.

트위터 센티먼트와 주식수익률 간에도 긍정적 상관관계와 중소기업 효과는 뚜렷하게 나타났다. 즉 트위터 센티먼트가 낙관적일 때 주식수익률이 높았으며 이러한 관계는 중소기업의 주식에서 더욱 두드러졌다. 이는 대기업의 정보환경이 훨씬 복잡해 센티먼트 측정에 어려움이 있기 때문으로 추정된다.

트위터 센티먼트와 주식수익률 간 밀접한 관계를 활용한 투자전략의 실효성도 확인됐다. 연구팀은 모든 주식을 트위터 센티먼트에 따라 매일 10개의 포트폴리오로 분류한 후 최상위 10%에 속한 주식은 매입하고 최하위 10%에 속한 주식은 매도하는 방식으로 롱쇼트(주가가 오를 것으로 예상되는 종목을 사고, 내릴 것으로 예상되는 종목을 미리 파는 전략) 포트폴리오를 구성했다. 즉 낙관적 센티먼트가 지배하는 주식은 매수하고 비관적 센티먼트가 주를 이룬 주식은 매도했다. 센티먼트에 기반한 포트폴리오의 투자성과는 고무적이었다. 포트폴리오의 연간 수익률은 정상수익률(잘 알려진 체계적 위험을 모두 반영했을 때 예상되는 수익률)과 0.1%의 거래비용을 모두 차감한 후에도 15.11%를 기록했다.

시장별 차이도 눈에 띄었다. 미국, 유럽, 신흥시장에서의 위험 및 거래비용 차감 후 연수익률은 각각 8.32%, 8.61%, 41.54%로 신흥시장의 수익률이 미국과 유럽보다 월등히 높았다. 이는 정보비대칭과 소셜미디어의 높은 수익률 예측력이라는 신흥시장의 두 가지 특징이 빛을 발했기 때문으로 풀이된다. 그러나 이러한 투자효과가 5일간 단기 수익률을 근거로 했다는 점에서 확대해석은 금물이다.

개인투자자들의 활발한 소셜미디어 활동은 기업에 관한 새로운 정보를 지속적으로 생산하고 확산시키며 전통적 뉴스 미디어와 차원이 다른 공유 및 전달의 정보효과를 발휘한다. 투자 센티먼트를 형성해 의도치 않은 단기적 비효율성도 유발한다. 소셜미디어에서 발생한 센티먼트는 보통 심리적 편향의 희생자가 되기 쉬운 개인투자자를 중심으로 시작되고 그들 사이에 확대된다. 그래서 센티먼트를 역이용한 투자전략으로 고수익을 올릴 가능성도 존재한다. 그러나 시장이 가진 고유한 학습과 조정 기능으로 인해 고수익의 기회는 생각보다 빨리 사라질 확률이 높다. 기회는 자주 오는 것이 아니다. 오래 기다려 주지도 않는다. 고수익을 자주 기대하는 것, 오래 유지할 수 있다는 믿음은 환상이고 편향이다. 이들은 탐욕과 재앙의 씨앗이다.

곰곰이 되짚어 생각해 보기

1. 소셜미디어 스톡트위츠의 기능을 요약해 보자.
2. 트위터 활동량과 주식거래량 사이 양의 상관관계 이면에는 어떤 의도가 숨어 있는가?
3. 전날 트위터 활동량 증가가 다음 날 주식거래량 증가로 이어지는 현상은 무엇을 암시하는가?
4. 트위터 사용자들 사이에 긍정적 센티먼트가 형성된 주식이 더 활발히 거래되는 현실을 보여 주는 실증적 증거를 제시해 보자.
5. "트위터 센티먼트가 낙관적일 때 주식수익률이 높았으며 이러한 관계는 중소기업의 주식에서 더욱 두드러졌다"는 연구 결과로 추정할 수 있는 것은 무엇인가?
6. 트위터 센티먼트에 기반한 롱쇼트 포트폴리오의 구성 방법과 투자성과를 기술해 보자.
7. 고수익 기회가 자주 생길 것이라는 기대와 고수익이 오래 지속될 수 있다는 믿음의 종착역은 어디인가?

24.
나쁜 날씨로 인한 판단 오류, 기분 전환으로 바로잡자

- 나쁜 날씨로 인한 불쾌한 감정이 기관투자가 합리적 판단 저해
- 날씨 통제 어렵지만 기분 전환은 어느 정도 통제 가능
- 날씨 탓하기보다 기분 전환하는 것이 경제학적 상수(上手)

날씨가 화창하면 왠지 기분이 상쾌하고 에너지가 넘친다. 밝아지는 주변 분위기는 덤이다. 반면 비가 내리거나 구름 낀 어두운 날에는 기분, 에너지, 분위기 모두 가라앉는다. 사람에 따라 개인차는 있겠지만 말이다. 더욱 재밌는 현상은 날씨의 영향력이 개인의 기분이나 에너지 그리고 주변 분위기에 국한되지 않는다는 것이다. 심리학과 실험재무학 연구에 따르면, 안 좋은 날씨가 비관적 태도나 위험 및 손실회피성향을 부추기는 불쾌한 기분(unpleasant mood)을 유발하고 이는 다시 재무의사결정이나 주식가격에 부정적 영향을 미친다. 흐린 날보다 맑은 날의 주식수익률이 높다는 다수의 국내외 연구 결과가 이를 뒷받침한다.

2021년 뉴욕주립대 스토니브룩의 지앙 교수팀은 기상 상태가 기업의

이익공시와 기관투자자들에게 미치는 영향을 탐구하여 날씨와 재무의사
결정과의 상관관계에 대한 이해의 폭을 넓혔다. 연구팀은 먼저 기업의 이
익공시 14일 전부터 공시 당일까지를 기준으로 기관투자가들의 사업장
주변 50킬로미터 반경의 비, 구름, 바람의 일일 수준을 통합 측정해 각 기
업에 속한 기관투자자들의 악천후(unpleasant weather) 노출 여부를 판정했다.
즉 일일 평균 비, 구름, 바람 노출 수준이 상위에 속하면 악천후에 노출된
그룹으로, 하위에 속하면 비(非)악천후 그룹으로 각각 분류했다. 이익공시
는 1990년부터 2016까지 뉴욕증권거래소(NYSE), 미국증권거래소(ASE), 나
스닥(NASDAQ)에 상장된 기업들의 분기별 자료에서 추출했다. 재무분석가
의 이익예측치와 주식의 시가 정보를 추가해 이익공시 기간(announcement
period, 공시일부터 2일 후까지)과 이익공시 후 기간(post-announcement period, 공
시 후 3일째부터 60일째) 동안의 이익 프리미엄을 산출해 이익공시에 대한 날

2부 감정, 센티먼트, 무드

씨 그룹별 기관투자가들의 반응을 살펴봤다.

악천후 그룹의 이익공시 기간 평균 이익 프리미엄은 0.035%였고 비악천후 그룹은 -0.015%였다. 동일한 이익 변화에 악천후 그룹이 더 높은 프리미엄을 요구했다는 뜻이다. 악천후가 유발한 불쾌한 기분이 기관투자가로 하여금 이익의 예측치를 더욱 비관적으로 보게 하고 불확실성에 대한 회피 성향을 자극했다고 해석할 수 있다. 반면에 악천후 그룹의 주식 거래량은 비악천후 그룹보다 현저히 적었고 이익공시 기간 이익 프리미엄의 변동성보다 이익공시 후 기간 이익 프리미엄의 변동성이 훨씬 컸다. 이러한 날씨효과는 특히 지명도와 평판이 낮은 기관투자가들에서 두드러졌다. 연구팀은 악천후로 말미암은 기관투자가들의 거래 의욕 감소와 이로 인한 과소대응을 원인으로 꼽았다. 흥미로운 점은 날씨효과로 인한 거래 의욕 감소와 과소대응 현상이 기관투자가의 소유 비중이 높은 기업에 집중되었다는 것이다. 기관투자가의 투자 비중이 시장효율성을 증가시킨다는 일반적 인식과는 상충하는 결과다. 나쁜 날씨와 기분이 기관투자가의 전문성과 합리성을 해치는 걸까? 날씨효과가 지명도나 평판이 좋은 기관투자가들에서는 나타나지 않았다는 점을 고려하면 추가적인 연구가 필요해 보인다. 더불어 날씨효과가 기관투자가들의 거래가 활발한 월초나 월말 그리고 일반투자자들의 주의가 다소 느슨해지는 금요일에 더 강하게 나타났다는 사실도 눈여겨볼 만하다.

기관투자가가 기대에 미치지 못한 투자성과를 날씨와 기분 탓으로 돌리는 건 무책임하고 무능한 태도다. 그러나 나쁜 날씨와 그로 인한 불쾌한 감정이 기관투자가들의 합리적 판단을 저해할 수 있다는 개연성은 암시하는 바가 크다. 날씨는 통제가 어려운 외적 요인이다. 통제가 거의 불가능한 요인이 기분이라는 내적 요인을 통해 투자행위에 영향을 미친다. 날씨는 통제하기 힘들지만 기분은 어느 정도 전환이 가능하다. 날씨가 비우호적일 때 상쾌한 음악, 다정한 인사, 아로마 등으로 기분을 좋게 해 주는 건 어떨까? 날씨를 탓하기보다 기분을 전환하는 것이 경제학적 상수(上手)다.

곰곰이 되짚어 생각해 보기

1. 악천후에 노출된 기관투자가가 더 높은 이익 프리미엄을 요구했다는 연구 결과는 무엇을 의미하는가?

2. 악천후 그룹의 주식거래량이 비악천후 그룹보다 현저히 적고 이익공시 기간 이익 프리미엄의 변동성보다 이익공시 후 기간 이익 프리미엄의 변동성이 훨씬 큰 원인은 무엇인가?

3. 날씨효과가 특히 강하게 나타나는 때는 언제인가?

4. 나쁜 날씨와 그로 인한 불쾌한 감정이 기관투자가들의 합리적 판단을 저해할 수 있다는 개연성이 암시하는 바는 무엇인가?

2부 감정, 센티먼트, 무드

25.
투자의 복병, 호르몬

- 테스토스테론의 거래 상승효과(개별효과)
- 코르티솔 수치 높으면 테스토스테론 거래 상승효과 사라짐(복합효과)
- 호르몬 개별효과는 복합효과와 완전히 딴판일 가능성
- 내 몸 안 호르몬이 투자의 복병

　　코르티솔(cortisol)은 부신피질(부신의 바깥쪽을 둘러싸는 내분비 조직)에서 생성되는 스테로이드 호르몬이다. '스트레스 호르몬'이라는 별명이 말해주듯 스트레스를 받으면 분비량이 증가하고 스트레스에 대한 방어기전으로 심폐 활동을 촉진하고 혈당을 조절한다. 테스토스테론(testosterone) 역시 스테로이드 호르몬의 일종으로 근육과 골격, 목소리 변화, 두뇌 성장, 적혈구와 정자 생성 등 신체 발달에 중추적 역할을 담당한다. 그래서 남성 호르몬이란 별칭으로 자주 불린다. 테스토스테론은 위험에 대한 태도와 연관된 뇌의 작용에 영향을 미쳐 투자의사결정에 관여한다. 테스토스테론의 수치가 높을수록 위험 추구 성향이 강해지고 투자 포트폴리오 내 위험자산 보유량과 변동성도 커진다. 낮은 코르티솔 수치와 높은 테스토스테론의 불균형은 분노, 사회적 공격성, 사회적 지배 및 위험 추구 행동을 부추긴다고 알려져 있다.

미국 알래스카대의 노프싱어 교수팀은 주식거래 시뮬레이션 프로그램을 활용해 테스토스테론과 코르티솔이 투자 편향에 미치는 영향을 탐구하여 호르몬의 경제적 역할과 중요성을 재조명했다. 연구진이 실시한 실험에는 일반인보다 금융 지식수준이 높은 재무관리 석사과정 학생 41명(남성 28명, 여성 13명)이 참여했다. 실험의 첫 단계로 호르몬 수치의 포착이 가장 확실한 시점인 이른 아침에 참가자의 타액 샘플에서 테스토스테론과 코르티솔의 수치를 측정했다. 타액 샘플 수집 직후 참가자들은 50만

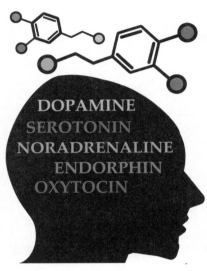

달러의 초기 자금을 가지고 투자 시뮬레이션 과제를 수행했다. 시뮬레이션 기간은 20년이었고 투자가 끝나는 시점에 150만 달러의 포트폴리오 가치 달성을 목표로 5개의 가상 ETF(exchange traded fund, 상장지수펀드)를 거래했다.

처분효과(disposition effect)와 포트폴리오 회전율이 투자 편향을 측정하는 변수로 선택됐다. 처분효과는 투자자가 가격이 오르는 주식은 지나치게 빨리 팔고, 반대로 손해를 본 주식은 지나치게 오래 붙들고 있는 경

2부 감정, 센티먼트, 무드

향을 뜻하며 실현이익 대 미실현이익의 비율(실현이익÷미실현이익)과 실현손실 대 미실현손실의 비율(실현손실÷미실현손실)의 차이로 산출했다. 이익은 되도록 빨리 실현하고 손실은 가능한 한 뒤로 미루는 행위가 주식거래의 저변에 흐르면 처분효과는 양(+)의 값을 갖게 된다. 실제로, 처분효과의 평균값은 0.16으로 참가자가 손실을 보는 ETF보다 이익을 보는 ETF를 더 신속히 매도하는 경향을 드러냈다.

포트폴리오 회전율은 포트폴리오 구성 종목의 총거래액을 포트폴리오 가치로 나눠 계산했다. 포트폴리오 구성 종목들로부터 기대되는 수익률이 높아 투자자들의 관심과 이에 따른 회전율이 상승하는 건 지극히 정상적인 투자 현상이다. 그러나 체내 호르몬의 단순한 증감에 따라 포트폴리오 거래량이 요동친다면 이는 정상적인 투자행위로 볼 수 없다. 이 경우, 호르몬으로 인해 한쪽으로 치우친 의사결정을 한 결과로서 투자 편향의 대용치(proxy)가 된다.

코르티솔을 유일한 생리적 독립변수, 투자 편향을 종속변수로 한 회귀분석 결과, 코르티솔의 증가는 예측대로 처분효과와 포트폴리오 회전율을 높이는 결과로 이어졌다. 이는 현실에서 스트레스가 상승하면 판단 오류가 증가하는 상황과 흡사하다. 코르티솔 수용체는 뇌 전체에 위치하지만, 전두엽 피질, 편도체 및 해마를 포함하는 비합리적인 의사결정과 관련된 영역에 상당히 집중돼 있다. 스트레스로 인해 코르티솔 수치가 높아지면 편도체가 더 활성화하고 편도체 및 해마의 해부학적 부피가 커지면서 전반적인 인지 기능 저하나 판단 오류를 유발하고 감정적 반응도 예민해진다. 스트레스는 만병뿐만 아니라 편향의 근원으로 보인다.

테스토스테론도 포트폴리오 회전율과 긍정적인 상관관계를 보여 연구팀의 또 다른 가설을 뒷받침했다. 그러나 테스토스테론이 포트폴리오 회전율에 미치는 영향력은 코르티솔의 상대적 양에 따라 급격히 변했다. 테스토스테론 수치가 코르티솔 수치에 비해 높을 때는 테스토스테론과 회전율 간 긍정적이고 유의미한 관계는 지속됐지만, 테스토스테론 수치가 코르티솔 수치보다 낮을 때는 이러한 관계가 사라졌다. 다시 말해서, 테스토스테론의 증가가 투자 편향의 증가로 이어지는 현상은 코르티솔의 상대적 수치가 낮을 때만 일어났다. 코르티솔 수치가 낮을 때, 테스토스테론의 위험 추구 성향이 거래 증가로 이어지고 두 호르몬이 상호보완적으로 작동함을 암시한다. 이를 증명하듯, 코르티솔을 유일한 독립변수로 포함한 분석에서 관찰됐던 코르티솔로 인한 포트폴리오 회전율 상승효과가 코르티솔과 테스토스테론을 모두 독립변수로 포함한 분석에서는 사라졌다. 호르몬이 투자 편향에 미치는 복합적 효과는 아직 미지의 영역이다.

금융시장의 생리를 더 잘 이해하려면 투자의사결정에 영향을 미치는 생리적 요인에 대한 더 깊은 통찰이 필요하다. 재무의사결정을 주관하는 뇌 영역, 이와 관련된 두뇌 활동과 인지 활동에는 수많은 호르몬과 화학 물질이 관여한다. 특히 코르티솔과 테스토스테론은 투자 편향을 유발하는 중요한 기본 요소다. 이 두 호르몬의 증가와 함께 투자 포트폴리오의 거래 빈도가 상승해 투자손실로 이어지곤 한다. 코르티솔 분비가 많아지면 수익을 내는 자산은 너무 빨리 매도하고 손실을 보는 자

2부 감정, 센티먼트, 무드

산은 너무 오래 소유하는 처분효과가 강화된다. 테스토스테론의 생성이 증가하면 거래를 너무 빈번하게 하는 우를 범하기 쉽다. 이런 경우, 투자자의 거래 경험이나 연륜도 투자 편향을 줄여 주지 못한다. 편향과 판단 오류가 심리적 요인뿐만 아니라 생리적 요인에 의해서도 영향을 받는다는 경종이다.

더 나아가 코르티솔과 테스토스테론의 상대적 비중이 거래 빈도 상승 여부를 결정할 수 있는 복합적인 효과(joint effect)에 주목해야 한다. 코르티솔 대비 테스토스테론의 상대적 비중이 커지면 후자로 인한 거래 증가 현상이 일어나고, 반대일 경우 포트폴리오 회전율 상승효과는 나타나지 않았다. 호르몬의 개별효과는 여러 호르몬이 동시에 작용할 때 나타나는 복합효과와 완전히 딴판일 수 있다. 호르몬에 대한 진지한 관심이 절실하다.

인간의 행동과 태도를 있는 그대로 냉정하게 직시할 수 있는 안목을 기르지 않는 한 경제학적 모형이나 이론이 아무리 그럴듯해도 형편없는 예측력을 가진 무용지물에 불과하다. 그래서 재무의사결정과 투자성과가 호르몬과 같은 생리학적 요인에 영향을 받는다는 실용적인 관점이 주는 편익은 예상보다 크다. 특히 남성중심적이고 직무 스트레스가 남다른 금융 분야에서는 더욱 그렇다. 경제적 판단과 선택에 영향을 미칠 수 있는 내분비 기능에 대한 인식, 성찰 및 모니터링이 필요한, 바야흐로 융합의 시대다. 호르몬이 투자의 복병일지 투자 편향의 복병일지 두고 볼 일이다.

곰곰이 되짚어 생각해 보기

1. 코르티솔과 테스토스테론의 특징을 기술해 보자.
2. 낮은 코르티솔 수치와 높은 테스토스테론의 불균형은 어떤 행태를 낳는다고 알려져 있는가?
3. 투자 편향 변수 중 하나인 처분효과의 뜻과 산출법을 설명해 보자.
4. 또 다른 투자 편향 변수인 포트폴리오 회전율의 계산법은 무엇인가?
5. 코르티솔의 증가는 투자 편향을 높이는 결과로 이어졌다. 이를 해석하면?
6. 테스토스테론의 증가가 투자 편향의 증가로 이어지는 결과가 코르티솔의 상대적 수치가 낮을 때에만 일어나는 현상은 무엇을 암시하는가?
7. 인간의 행동과 태도, 호르몬과 같은 생리학적 요인을 배제한 경제학적 모형이나 이론의 문제점을 논의해 보자.

26.
나는 내 의사결정의
주인인가

- 동료효과는 주식시장 불안과 공포, 후회 감정 잊게 해 주는 진통제
- 동료효과 긍정적 측면 적절히 이용해 부정적 효과 줄이려는 지혜 필요

미국의 가수이자 배우인 프랭크 시나트라의 노래 '마이웨이(My Way)'는 발표된 지 50년이 지난 지금도 많은 이들의 애창곡으로 사랑을 받고 있다. 자신의 방식대로 한 인생을 멋지게 살았다는 가사는 자신의 의지대로 사는 것이 어려운 현대인들에게는 큰 위안이 되는 메시지다.

나만의 길을 자신 있게 꿋꿋이 개척하며 걸어가는 것이 왜 그리도 힘들까? 양 떼나 물고기 무리가 움직이는 것을 본 적이 있을 것이다. 마치 보이지 않는 힘으로 서로가 연결된 것처럼 전체 무리가 일사불란하고 질서정연하게 움직인다. 마이웨이와는 반대되는 무리행동의 전형적인 모습이다. 이는 동물에게만 국한된 현상이 아니다. 재무분석가들은 기업의 미래 순이익을 예측할 때 예측 능력이 뛰어난 재무분석가의 예측치와 비슷

한 추정치를 발표하는 성향을 보인다.

무리행동이라는 큰 움직임은 모방행위로부터 시작되는 경우가 많다. 타인을 따라 하는 모방행위는 배움, 의사결정, 사회적 행동의 거의 모든 영역에서 매우 중요한 역할을 한다. 아기는 부모가 하는 말을 따라 하며 자연스럽게 언어를 배운다. 학생은 선생님의 가르침을 기반으로 지식을 쌓아 간다. 선임 사원은 신입사원이 본받아야 할 훌륭한 롤모델이다. 예비학자도 지도교수의 연구 스타일을 보고 익히며 연구역량을 키워 나간다. 유행에 뒤처지지 않으려고 열심히 최근 트렌드를 살피는 멋쟁이도 모방에 익숙하다.

주식시장에도 동료효과(peer effect)라는 모방행위가 존재한다. 주변 투자자들의 투자 행동과 결정에 영향을 받아 자신의 행동이나 판단을 바

꾸는 것을 의미한다. 자신이 수집한 정보와 그 분석에 근거하여 적절한 투자종목이라 판단하고 추가 매수를 심각하게 고려했던 주식에 대해 주변의 다른 투자자들이 매도했다는 소식을 접하고 매수 대신 매도를 택하는 행위는 합리적 투자행위라고 보기 어렵다. 동료효과에 의해 생기는 비합리적이고 충동적인 행위를 줄이거나 피하려면 그러한 행위와 관련 있는 요인을 파악하는 과정이 필수다.

런던 정치경제대의 델피노 교수팀의 연구는 이탈리아 트렌토대 학생 133명을 대상으로 젊은 투자자들 사이에서 나타나는 동료효과를 투자환경과 불확실성의 관점에서 짚어 본다. 연구팀은 실험에 참여한 대학생들을 표적 그룹(target group)과 옵서버 그룹(observer group)으로 나눈다. 먼저 표적 그룹으로 하여금 5가지의 위험한 투자종목과 한 가지의 불확실한 투자종목에 대한 투자 결정을 하게 한다. 여기서 위험한 투자종목은 성공확률과 실패확률이 알려진 종목이고, 불확실한 투자종목은 확률에 대한 정보가 전혀 없는 종목을 일컫는다. 표적 그룹이 투자 결정을 하고 난 후에 옵서버 그룹도 위와 같은 6가지 투자종목에 대한 투자 결정을 하도록 했다. 이때 옵서버 그룹이 표적 그룹에 속한 참가자들의 투자종목 선택에 대한 정보를 알고 투자를 하도록 했다.

표적 그룹의 투자 선택에 대한 정보는 두 종류로 구분된다. 첫 번째는 표적 그룹에서 임의로 선택된 한 명의 투자자가 선택한 투자종목 정보고, 두 번째는 표적 그룹 전체의 평균 투자 결정 정보다. 당연히 전체평균이 임의의 선택보다 표적 그룹 전체에 대해 더 유용한 정보를 제공한다. 정보의 유용성이 증가했을 때 모방행위의 변화를 보기 위한 장치라고 할 수 있다. 더불어 실험참가자들이 투자종목을 20초 이내에 선택해야 하는 상황과 40초 이내에 선택해야 하는 상황에 번갈아 직면하도록 했다. 당연히 20초 이내에 선택을 요구하는 제약 조건은 40초 조건보다 시간에 대한 압박감을 훨씬 크게 느끼는 상황을 연출한다.

연구 결과는 일반적인 상식에서 크게 벗어나지 않았다. 약 50%의 참가자들이 자신과 동료집단의 투자종목 선택에 차이가 있다는 것을 알았을 때 자신의 선택을 버리고 동료집단의 선택을 따라가는 모방행위를 보였다. 모방의 강도는 자신과 동료집단 간 투자 선택의 차이가 클수록 더욱 강해졌다. 또한 투자 결정에 필요한 시간이 촉박한 경우(20초 내 선택)와 투자종목의 미래 수익률을 확률적으로 추정하기 어려운 불확실한 상황에서 모방 가능성도 높아졌다.

주식시장에서 손실의 위험과 시장의 불확실성은 불편하지만 피할 수 없는 진실이다. 달갑지 않은 투자 결과는 후회라는 감정을 솟구치게 하고, 이는 불안과 공포로 쉽게 발전한다. 이러한 부정적 감정을 억제하는 한 방법이 무리와 함께 움직이는 것이다. 다수의 다른 사람들도 나와 같은 선택을 했다는 사실은 후회에서 오는 상처 난 감정을 잊게 해 주는 진통제 역할을 한다.

동료효과는 좋고 나쁨의 문제가 아니다. 우리가 서로 어울려 사는 한 피할 수 없는 현상이다. 따라서 긍정적 효과는 적절히 이용하고 부정적 효과는 줄이려는 지혜가 필요하다. 예를 들어, 빅데이터(big data)의 경우 무조건적 맹신은 주의할 필요가 있다. 빅데이터 분석은 기본적으로 다수의 사람에게서 나타나는 공통적 행태를 요약한 것이기 때문에 맹목적 신뢰는 자칫 동료효과를 인위적으로 확대하는 부작용을 낳을 수 있다. 크라우드펀딩(crowdfunding)은 시장에서 매우 인기 있는 투자전략을 소개하고 투자 기회를 제공한다는 측면에서 모방행위의 긍정적 측면을 활용한 프로그램이라 할 수 있다. 선택을 위해 주어진 시간이 짧을수록 자신의 판단과 결정보다는 타인의 선택에 의존할 확률이 높으므로 가능하면 충분한 시간을 제공해야 하는 것도 잊지 않아야 한다. 톡톡 튀는 혁신적인 아이디어가 필요한 분야에서는 특히 귀 기울여야 할 대목이다.

곰곰이 되짚어 생각해 보기

1. 재무분석가가 기업의 순이익을 예측할 때 보이는 무리행동을 기술해 보자.
2. 주식시장에서 관찰되는 동료효과란?
3. 위험한 투자종목과 불확실한 투자종목의 차이점은 무엇인가?
4. 모방의 강도는 언제 특히 강해지는가?
5. 어떤 상황에서 모방의 가능성이 커지는가?
6. 무리와 함께 움직이는 심리적 이유를 설명해 보자.
7. 빅데이터에 대한 맹목적 신뢰가 가져오는 문제점은 무엇인가?

———— "아무리 심각한 위기에 직면하더라도 건전한 투자는 결국 부가가치를 창출한다. 다만 용기가 필요할 뿐이다."

카를로스 슬림 엘루(Carlos Slim Helu)

———— "개인투자자는 투기꾼이 아닌 투자자로서 일관되게 행동해야 한다."

벤저민 그레이엄(Benjamin Graham)

———— "가장 무서운 위험은 위험을 전혀 감수하지 않으려는 것이다."

멜로디 홉슨(Mellody Hobson)

위험과 불확실성
RISK AND UNCERTAINTY

27.
심리적 사각지대 방치하면
재무적 사망지대 이를 수도

- 심리적 사각지대가 위험회피 성향은 낮추고 재무 만족도는 높여
- 심리적 사각지대의 이율배반적 효과 예의 주시해야 금융사고 예방
- 심리적 사각지대가 재무적 사망지대로 변할 수도!

재무이해력(financial literacy)은 각종 금융 문제를 이해하고 해결하려는 의지와 능력을 뜻한다. 재무이해력이 향상될수록 부가가치를 창출하는 투자 기회를 포착하고 위험을 인지하고 관리하는 능력이 개선될 가능성은 커진다. 나아가 국민의 재무이해력 수준이 국가의 경제성장을 견인하는 역할도 한다. 그러나 그 중요성에 견줄 때 세계 각국의 재무이해력은 실망스러운 수준이다. 예를 들어, 미국의 평균 재무이해력은 148개국 중 14위지만 미국 시민의 57%만이 기초 재무이해력 시험을 통과했을 뿐이다. 재무이해력 관련 논문 201편을 분석한 연구에 따르면, 재무 지식 함양을 목적으로 수조 원을 지출해도 재무의사결정의 개선으로 이어지는 경우는 찾아보기 힘들었다. 또한 재무 지식수준을 높이려는 일회성, 단기적

교육이나 정책이 재무 행동을 개선하는 사례도 매우 드물었다. 따라서 객관적 재무 지식 외에 재무의사결정이나 재무 행동에 영향을 미치는 다른 요인, 즉 심리적 특성이나 인지적 편향에 주의를 돌려야 할 필요성이 제기됐다.

미국 애크론대의 연구팀은 심리적 특성과 인지적 편향을 반영하는, 과장되고 주관적인 재무이해력과 일상의 여러 재무 행태와의 상관관계를 고찰했다. 개인의 주관적 경험과 감정으로 가늠하는 '주관적 재무이해력'과 객관적 검증 과정을 거쳐 획득하는 '객관적 재무이해력'은 종종 큰 격차를 보인다. 자신의 재무 능력을 실제보다 크게 과장하여 평가하다 보니 재무 관련 의사결정을 내릴 때 못 보고 지나치는 부분이 많다.

두 이해력의 차이가 심각한 수준에 이르면 소위 '심리적 사각지대(blind spot)'가 형성된다. 자신의 능력을 과대 포장하는 자기과신의 한 단면이기도 하다. 심리적 사각지대는 투자자들 간 의견 불일치를 심화한다. 또한 투자자들이 중요한 정보를 놓치거나 무시하게 하며, 과잉 거래를 하게 만든다. 이는 필연적으로 판단과 선택의 오류로 이어져 투자 사고를 일으키게 된다.

연구팀은 미국 성인 2만 7,564명의 온라인 설문조사 자료를 분석해 심리적 사각지대가 신용카드 사용, 가계 예산, 위험한 재무행동(고리대금), 저축성향, 재무상태에 대한 만족도에 미치는 영향을 조사했다. 분석 결과, 참가자의 약 33.5%는 자신의 재무이해력이 객관적 재무이해력을 능가한다고 믿었다. 이 중 38.2%가 심리적 사각지대를 경험하고 있었다. 이와 같은 심리적 착각 현상은 소득과 교육 수준을 막론하고 골고루 나타났다.

심리적 사각지대의 부정적 효과도 뚜렷했다. 심리적 사각지대 안에 있는 참가자들은 고리의 사채를 쓰는 경향이 강했고 은행 계좌를 전혀 이용하지 않거나, 이용하더라도 잔액을 초과하는 경우가 많았다. 또한 소득 수준에 걸맞지 않은 과잉 지출에 익숙했으며 긴급상황과 같은 위험에 대비하기 위한 저축에는 소홀했다. 이와는 반대로 심리적 사각지대로부터 자유로운 참가자들, 즉 자신감이 적절하게 있거나 다소 부족한 사람들은 고리의 사채를 쓰지 않았고 은행 계좌를 관리하는 데 능숙했으며 소득 수준에 걸맞은 지출과 저축을 했다.

흥미로운 결과는 심리적 사각지대를 가지고 있는 사람들이 그렇지 않은 사람들에 비해 자신의 재무상태에 대해 더 큰 만족감을 느꼈다는 것이다. 적절치 못한 재무의사결정을 내리는 성향에도 불구하고 그 결과에 대해서는 전반적으로 만족한다는 뜻이니 아이러니하다. 자신을 비난의 대상으로 삼지 않으려는 혹은 후회의 감정을 회피하려는 심리적 자기방어의 한 형태인 듯하다. 위험에 대한 참을성도 사각지대가 없는 사람들에 비해 높았다. 이러한 높은 재무만족도와 낮은 위험회피 성향이 올바른 재무적 판단과 투자 선택을 가로막는 원인이 아닐까?

운전자가 백미러로 볼 수 없는 사각지대에 주의를 기울이지 않으면 끔찍한 사고로 이어질 수 있다. 마찬가지로 심리적 사각지대를 소홀히 여기면 심각한 재무의사결정 오류를 유발해 큰 불편이나 위기를 초래할 수 있다. 무분별한 소비행태로 마이너스 통장은 물론 고리대금에 손을 대 빚의 수렁에 빠지기도 한다. 위급한 상황이나 노후의 어려움을 못 보니 이를 위한 저축을 할 리도 만무하다. 더 큰 문제는 심리적 사각지대로 말미암아 생긴 부작용의 심각함을 제대로 인식하지 못한다는 것이다.

한 연구에 따르면 대학생의 84%가 더 나은 재무의사결정을 내리는 방법을 배우는 데 매우 열정적인 관심을 보였지만 실제로 정보를 찾아가며 재무의사결정을 개선하려는 노력을 한 학생은 23%에 불과했다. 만사는 마음먹기 나름이라는데 마음만 먹어서는 사각지대를 벗어날 수 없다. 운전자의 사각지대나, 심리적 사각지대나 부지런히 시간과 노력을 투자하지 않으면 볼 수 없다. 고개를 돌려 확인하듯 실제 재무 상황을 냉철하게 직시해야 한다. 개인이든, 국가든 심리적 사각지대를 예의 주시해야 금융사고를 예방할 수 있다. 그래야 사각지대가 사망지대로 변하지 않는다.

곰곰이 되짚어 생각해 보기

1. 재무이해력이란?

2. 재무이해력 향상이 가져오는 긍정적 효과에는 무엇이 있을까?

3. 심리적 사각지대란 무엇이고 이것이 초래하는 문제점의 예에는 어떤 것이 있는가?

4. 설문조사 결과 나타난 심리적 사각지대의 부정적 효과를 기술해 보자.

5. 심리적 사각지대를 가지고 있는 사람이 그렇지 않은 사람에 비해 자신의 재무상태에 대해 더 큰 만족감을 느낀다는 사실이 암시하는 바는 무엇인가?

6. 심리적 사각지대를 벗어나려면 어떻게 해야 할까?

28.
팬데믹은 대박의 기회가 아니라 피해야 할 위험

- 팬데믹은 관리해야 할 위험 아니라 피해야 할 위험
- 주식시장은 우리가 이길 수 있는 상대 아니야
- 팬데믹 상황에선 더욱 그렇다!

신종 코로나바이러스(코로나19)가 지구를 휩쓴 지 벌써 3년이 다 돼 가지만 아직도 여러 변이를 일으키며 우리의 일상을 한파보다 더 무섭게 얼어붙게 하고 있다. 글로벌 정치, 경제, 사회, 문화 등 인간 활동 모든 영역을 침체와 쇼크에 빠뜨리고 심지어 자연 현상의 변화까지 초래했다. 글로벌 주식시장도 예외가 아니다. 코로나19 사태로 개인투자자의 주식거래가 급격히 불어났다. 미국에서는 젊고 경험이 부족한 '로빈후드 투자자(미국 개인투자자들이 로빈후드라는 신종 증권거래 앱을 주로 사용하는 데서 붙여진 이름)'들의 주식시장 진입 현상이 뚜렷하게 나타났다. 한국에서도 동학개미(국내 주식을 주로 매매하는 개인투자자)와 서학개미(해외 주식을 주로 매매하는 개인투자자)들이 주식시장에 뛰어들었다.

코로나19는 거대한 위기 상황인 동시에 팬데믹이 투자자의 거래행위에 미치는 영향을 탐구할 특별한 기회이기도 하다. 호주 스윈번공과대 연구팀은 37개국 개인투자자를 대상으로 코로나19 전과 후의 주식거래 행태를 비교하고 그 차이를 분석했다. 연구팀은 선진국과 개발도상국을 망라한 37개국 개인투자자의 일일 주식거래를 2020년 1월 23일 이전 약 1년(코로나19 사태 이전)과 이후 약 4개월(코로나19 후)로 나누어 주식거래량의 차이와 거래량에 영향을 미치는 심리적·경제적 요인을 조사했다. 주식거래량은 일일 거래 주식 수를 일일 총 거래 가능 주식 수로 나눈 거래회전

율로 측정했다. 연구 결과, 거래회전율은 코로나19 전에는 평균 0.27%였는데 후에는 0.44%로 증가해 약 63%p의 성장률을 보였다.

한 가설에 따르면 주식거래량의 증가는 '투자자 센티먼트'와 주식시장 평가에 대한 '투자자 간 의견 불일치'와 관련이 크다. 투자자 센티먼트는 팩트에 기반하지 않은 주식시장의 미래수익과 위험에 대한 믿음을 일컫는다. 투자자 센티먼트가 아주 긍정적이거나 아주 부정적이고 투자자 간 의견 불일치 현상이 팽배해질 때, 주식거래량은 급격히 증가하는 경향이 있다. 코로나19 이후 부정적 센티먼트와 의견 불일치가 매우 커져서 주식거래량의 증가는 어찌 보면 예견된 일이었다.

사회적 신뢰(trust), 불확실성 회피 성향(uncertainty avoidance), 도박 기회(gambling opportunity), 개인주의 성향(individualism)과 같은 문화적 요인은 코로나19 전에는 거래회전율과 유의미한 관계를 보이지 않았다. 그러나 코로나19 이후에는 문화적 요인이 거래량을 유의미하게 변화시켰다. 투자자 간 신뢰가 높을수록, 불확실성 회피 성향이 낮을수록(위험 감수 의지가 강할수록), 카지노가 많아 도박에 대한 접근성이 좋았던 국가일수록, 개인주의 성향이 강할수록 주식거래량이 많았다. 특히 개인투자자들은 코로나19의 영향으로 도박을 즐길 기회가 줄어들면서 주식시장을 도박의 대체재로 생각하는 듯했다.

코로나19 이후 경제 및 정치 시스템이 안정된 나라의 주식거래 활동이 그렇지 못한 나라보다 현저히 활발했다. 즉 건전한 지배구조, 광범위한 법적 권리 보장, 불공정한 사적 이익 추구 금지 시스템이 잘 갖춰진 나라의 개인투자자들은 그렇지 못한 나라의 투자자들보다 코로나19 이후 훨썬 왕성한 거래량을 보였다. 거래회전율이 증가할수록 시장수익률은 낮아지는 현상도 관찰됐다. 이는 개인투자자는 거래 활성화의 수혜자가 아니라 피해자라는 행동경제학의 예측과 일맥상통한다.

주식시장에 센티먼티가 무르익고 투자자 간 견해차가 클 때 주식거래는 보통 활발해진다. 치명적 전염성과 공포를 동반하는 코로나19와 같은 팬데믹은 센티먼트와 견해차를 확대하는 최적의 매개체다. 코로나19 이후의 주식거래량 증가는 팬데믹의 매개 역할을 잘 보여 준다. 특히 안정적인 경제 시스템과 공격적인 투자 문화를 가진 선진국형 주식시장의 거래량 확대가 두드러진다. 위기에 대처하고 적응하며 회복하는 능력이 후진국형 주식시장보다 탁월하다는 증거이기도 하고, 피해야 할 위험에 달려드는 인지적 무모함으로 해석될 여지도 있다.

미숙하고 투자 경험이 적은 젊은 층이 주식시장에 급격히 뛰어드는 현상은 우려할 만하다. 참여 이유가 팬데믹이 대박의 기회라는 근거 없는 자신감 때문이라면 더욱 문제가 심각하다. 높은 수익률을 올리기 위해 그에 상당하는 위험을 감수하는 것은 합리적인 투자원칙이다. 그러나 주식시장에서 인생역전의 대박을 꿈꾸는 것은 도박에 재산과 영혼을 올인하는 것과 다를 바 없다.

코로나19는 피해야 할 위험(danger)이지 관리해야 할 위험(risk)이 아니다. 전혀 알지 못하는 위험(uncertainty)을 확실한 고수익의 기회처럼 여기는 것은 선진국형 투자자의 자세가 아니다. 주식시장은 우리가 이길 수 있는 상대가 아니다. 팬데믹 상황에서는 더욱 그렇다.

곰곰이 되짚어 생각해 보기

1. 로빈후드 투자자란?

2. 동학개미와 서학개미란?

3. 투자자 센티먼트란?

4. 투자자 센티먼트가 아주 긍정적이거나 아주 부정적이고 투자자 간 의견 불일치 현상이 팽배해질 때 주식시장에 발생하는 현상은?

5. 코로나19 전에는 거래량과 별 상관관계를 보이지 않았지만, 코로나19 이후에는 거래량과 유의미한 상관관계를 보인 문화적 요인의 예로 무엇이 있는가?

6. 코로나19 이후 정치 및 경제 시스템이 주식거래 활동에 미친 영향은 무엇인가?

7. 개인투자자는 거래 활성화의 수혜자인가 피해자인가?

8. 투자자 센티먼트와 투자자 간 견해차를 확대하는 최적의 매개체는 무엇인가?

9. 코로나19와 같은 팬데믹은 어떤 위험인가?

29.
팬데믹 위험관리는 용광로 모형으로, GIGO는 항상 경계해야

- 시스템 모형은 사회, 경제, 의료 데이터를 통합하고 분석하는 다차원적 위험관리모형
- 위험과 위기는 인류의 무분별한 생각과 행위가 만든 유해성 폐기물
- 시스템 모형이 위험과 위기 안정화하는 용광로 될 수 있어!

　신종 코로나바이러스감염증(코로나19)과 여러 변이의 급속하고 광범위한 확산으로 인해 인류의 정신건강에는 적신호가 켜진 지 오래다. 호주에서는 코로나 팬데믹 2차 확산 기간인 2020년 7월부터 10월까지 자살자 수가 전년도 같은 기간에 비해 16%p 증가했다. 2020년 6월, 미국의 18~24세를 대상으로 한 설문조사 결과, 조사 대상의 25%가 코로나 관련 스트레스를 줄이기 위해 약물복용을 늘렸다고 답했다. 2021년도 유엔 아동자선단체 유니세프(UNICEF)가 발행한 〈세계아동현황보고서(The State of the World's Children)〉는 아동 및 청소년의 정신건강과 웰빙에 대부분의 지면을 할애하며 코로나 팬데믹이 초래한 젊은이들의 정신건강 위기를 집중 조명했다.

최근에는 코로나19처럼 사전 지식이 부족하고 슈퍼 전파력을 가진 팬데믹의 위험과 파급효과를 예측하고 이에 시의적절하고 효과적으로 대처할 수 있는 위험관리모형인 '시스템 모형(system model)'이 각광을 받고 있다. 정신건강에 지대한 영향을 미치는 팬데믹 위험을 관리하는 패러다임이 시스템 모형으로 전환되고 있다는 것은 코로나 위기가 준 기회 중 하나다. 팬데믹 위험의 복잡성, 불확실성, 확장성에 대응하려면 이러한 전환은 필수다.

호주 시드니대 연구팀은 시스템 모형을 '사회, 경제, 의료 데이터를 통합하고 분석하는 다차원적 위험관리모형'으로 정의한다. 시스템 모형은 분야, 직종, 남녀노소, 인종, 문화를 불문하고 정보를 포괄적으로 수집하고 위험의 발생, 전파, 파생 효과 등을 장기적이고 거시적인 관점에서 바

라본다. 또한 정량적 데이터뿐만 아니라 정성적 데이터, 즉 사람들의 살아 있는 경험이 주는 통찰로부터 강력하고 효과적인 위험 해결이나 회피의 실마리를 수집한다. 수집된 데이터의 범위, 품질 및 시의적절성은 수시로 평가해 개선한다. 새로운 데이터가 등장할 때마다 업데이트와 리모델링 과정을 거쳐 불확실성은 줄이고 예측력은 높여 위험에 대한 관리 및 대응능력을 극대화한다.

최근의 좋은 예가 코로나 팬데믹 관련 시스템 모형이다. 통근 패턴과 휴대전화 위치 추적기를 기반으로 한 데이터를 통합하여 코로나의 확산을 빠르게 예측함으로써 공간 폐쇄, 마스크 착용, 휴교 및 예방 접종을 포함한 팬데믹 확산 완화 정책을 신속히 수립하고 그 적용 시기와 규모를 최적화하는 데 결정적 역할을 했다. 호주, 뉴질랜드, 대만의 보건당국은 코로나 팬데믹 관련 데이터를 시스템 모형으로 분석해 자살 충동, 교육 손실, 실직, 가정폭력, 사회적 고립, 불안과 공포와 같은 팬데믹으로 촉발된 문제를 적시에 포착하고 응급실과 정신과 서비스를 포함한 지역사회 정신건강 서비스에 대한 수요 급증에 적절히 대처할 수 있었다.

호주의 뇌정신센터(Brain and Mind Center, BMC)가 개발한 시스템 모형은 코로나 팬데믹 이후 인류의 정신건강 회복 방안으로 보육, 고용 프로그램 및 일자리 창출(특히 여성을 위한), 자살 시도자에 대한 적극적인 후속 조치, 디지털 방식으로 조정된 전문 정신건강 서비스의 확장을 위한 투자를 제안했다. 이러한 투자는 정신건강과 관련된 자해 입원자 수를 약 6%p, 응급실에 가야만 하는 상황을 약 4.1%p 감소시킬 것으로 예측됐다. 이와 반대로 정신병원 병상, 건강 관련 캠페인, 상담 진료, 1차 진료 또는 전문

치료 서비스에 대한 직접적 투자(전통적 위기관리)의 효과는 미미했다.

'COVID-19 국제 모델링 컨소시엄(COVID-19 International Modelling Consortium, CoMo)'이 개발 중인 시스템 모형도 주목할 만하다. CoMo 모형은 전산 및 시스템 과학, 역학(epidemiology), 심리학, 정신의학, 사회과학, 정책 및 경제학 등 학제 간 특성을 고루 갖추어 타당성과 강건성을 높이는 동시에 각종 편향을 효과적으로 통제할 수 있다. 더불어 팬데믹 체험자들의 주관적 경험을 주요 의사결정 요인으로 인정하는 개방형, 참여형 접근 방식을 택해 다양한 팬데믹 위험의 고유한 특성에 맞는 맞춤형 융합 모형의 탄생을 예고한다.

하지만 시스템 모형이 만병통치약은 아니다. 고소득 국가에서는 유용한 시스템 모형이 저소득 국가에서는 작동하지 않을 수 있고, 특권층에게 도움이 되는 모형이 소외 계층에게는 도움이 되지 않을 수도 있다. 또한 코로나 팬데믹으로 인한 정신적·신체적·경제적 피해와 관련이 깊은 사회 심리적 요인에 대한 이해가 충분하지 않으면 시스템 모형을 적용한다고 하더라도 위기 탈출을 기대하기 어렵다. 부적절한 데이터와 잘못된 가정(assumptions)의 부작용도 항상 경계해야 한다. GIGO(garbage in, garbage out), 즉 모형에 입력되는 자료와 가정이 불량하면 모형이 출력하는 결과물도 불량하기 마련이다.

팬데믹 위험에 관한 관심과 투자는 계속 증가하고 있다. 세계은행그룹(World Bank Group)은 팬데믹이 개발도상국 국민의 건강, 사회 및 경제에 미치는 악영향을 해결하도록 돕기 위해 약 1,600억 달러(약 190조 원)를 투입했으며 세계 각국 정부로부터의 사회나 경제 지원 패키지도 수조 달러(수

천조 원)에 이른다. 그러나 올바른 위험관리모형이 없으면 이러한 국제적 공조도 수포가 되기 일쑤다.

부동산 정책을 부동산 전문가 위주로 기획하고 수립하는 시대는 지났다. 인권 정책을 변호사, 인권전문가, 관료, 정치인이 정하는 것도 시대에 뒤처진다. 위험의 분석과 관리도 마찬가지다. 시스템 모형은 위험 요소를 개별적, 독립적으로 분석하는 기존의 일차원적 관점에서 벗어나 여러 전문 분야의 다양한 관점과 많은 사람의 경험적 정보를 포함하는 방대한 양의 데이터를 조화롭게 융합해 장기적인 위험 대응능력을 극대화한 용광로 모형이다. 위험과 위기는 인류의 무분별한 생각과 행위가 모여 만들어진 유해성 폐기물이다. 용광로 모형은 이를 녹여 안정화하는 처리장치다.

곰곰이 되짚어 생각해 보기

1. 코로나19로 인한 인류 정신건강의 적신호를 알려 주는 실제 사례를 몇 개 들어 보자.
2. 코로나19로 인한 팬데믹 위기가 가져다준 기회 중 하나는 무엇인가?
3. 시스템 모형을 정의하고 그 특징을 기술해 보자.
4. 코로나 팬데믹 관련 시스템 모형의 최근 적용 예 두 가지는 무엇인가?
5. 호주의 뇌정신센터가 개발한 시스템 모형을 설명해 보자.
6. CoMo 모형이란?
7. 시스템 모형과 같은 융합 모형이 왜 필요할까?

30.
테러의 공포가
개인 투자행태를 바꾼다

- 테러 사건 후 신용거래 급감하지만, 수익률 오르는 부수 효과도
- 테러 위협에 대한 대비와 대응이 투자의 정석
- 자기과신과 패닉 모두 금물

테러가 금융시장이나 경제에 가하는 충격과 비용은 실로 가공할 만하다. 전 세계를 경악하게 한 9·11 테러는 세계무역센터의 건물 가치를 증발시켰다. 미국 정부는 테러 응징과 재난 극복을 위해 막대한 금액을 지출했다. 미국의 경제활동은 위축됐고 세계 경제도 천문학적인 타격을 입었다. 인류 공동체가 겪은 정신적 상처까지 포함하면 테러의 폐해를 화폐가치로 환산하는 건 불가능하다. 테러는 국적, 인종, 종교, 남녀노소를 가리지 않고 국가 및 세계 경제와 인류 공동체의 안정을 훼손한다.

테러가 거시경제와 사회 전반에 미치는 영향을 파악하기 위한 연구도 활발하고 광범위하게 진행됐다. 그러나 테러가 개인투자자의 투자행태에 미치는 영향에 관한 연구는 그 중요성만큼 충분히 이루어지지 않았다. 호

주 본드대의 하소 교수팀은 유럽 5개국에서 발생한 7번의 주요 테러 공격을 분석하여 테러와 개인투자자의 투자행태 및 투자수익률 간의 상호관계를 규명했다. 더불어 테러 발생국과 미발생국 개인투자자들 간, 문화가 다른 국가의 개인투자자들 간 투자행태를 비교·분석하여 테러가 개인투자자의 위험회피 성향에 어떤 영향을 미치는지를 다각적으로 탐구했다.

연구팀은 2015년부터 2017년까지 3년 동안 프랑스, 벨기에, 독일, 영국, 스페인에서 발생한 테러 전후 각각 7일, 총 14일 동안 83개국을 대표하는 66만 8,067명의 차액결제거래(contract for difference, CFD) 개인투자자들(이 중 67%가 유럽 투자자)의 투자행태(거래 빈도, 신용거래, 공매도 빈도)와 투자수익률을 분석했다. 차액결제거래는 실제 기초자산(주식, 외환, 원자재 및 곡물 상품 등)을 보유하지 않고 기초자산의 가격변동을 이용해 차익을 실현하는 파생상품이다. 신용거래와 공매도 활동도 폭넓게 보장돼 투자행태를 분석하는 데 적합한 금융상품이며, 영국에서 최초로 도입되어 지금은 유럽을 비롯한 해외 주요국에서 활발하게 거래되고 있다.

분석 결과, 테러 후 투자자들의 거래 빈도(거래 건수)는 테러 전과 비교해 눈에 띄게 줄어들었고 빚을 내어 투자하는 성향(신용거래)과 공매도 활동은 위축됐다. 특히 테러 발생국 개인투자자의 테러 후 7일간 거래 건수는 테러 전 7일간보다 0.46건 감소했다. 표본 전체의 일주일 평균 거래 건수가 0.961건임을 고려할 때 이는 50%p에 가까운 매우 큰 폭의 하락이다.

거래 하락은 테러 전 왕성하게 거래했던 투자자들이 주도했다. 테러 전에 거래가 뜸했던 투자자들은 테러 후에도 거래 빈도에 유의미한 변동이 없었다. 또한 테러 발생국 투자자들의 테러 후 평균 공매도는 테러 전에 비해 2.5%p가 줄어들었고 평균 신용거래도 테러 후 7일간에는 유의미한 감소세를 보였다.

성별과 연령에 따른 차이도 발견됐다. 테러 발생국 남성의 테러 후 거래 건수는 여성보다 평균 0.31건이 적었다. 그러나 신용거래와 공매도는 남녀 간 차이가 없었다. 45세 이상 장년과 노년층의 테러 전후 거래 건수 하락 폭과 45세 미만 청년층의 하락 폭의 차이는 1.46건이었는데 평균 감소 폭이 0.46건임을 고려할 때 연령에 따른 차이가 상당함을 보여 주었다. 여성과 청년층보다 남성과 장·노년층이 테러가 주는 위협과 공포에 더 민감한 것으로 보인다. 이는 나이와 성별이 감정적 규제(emotional regulation, 감정을 통제하는 능력)와 밀접한 관계가 있음을 암시한다.

연구팀은 추가로 테러가 어떤 경로를 통해 개인투자자의 투자행태에 영향을 미치는지 심층 분석했다. 분석 결과, 투자자의 위험회피 성향과 개인적 손실 경험이 테러의 부정적 영향의 주요 원인으로 밝혀졌다. 앞서 언급한 테러 후 신용거래 감소는 테러 행위가 위험회피 성향을 증가시켰다는 하나의 증거다. 또 다른 증거는 위험회피 성향을 측정하는 또 다른 변수인 CFD 신규거래(open new positions)가 테러 후 급격히 줄어들었다는 점이다. 이와 같은 위험회피 성향 증가 현상은 테러가 일어난 달에 손실을 경험한 개인투자자에서 더욱 두드러졌다.

그러나 위험회피 성향의 증가가 미래에 대한 부정적인 예측에서 기인하는 것은 아니었다. 테러 후 투자자들의 공매도가 확연히 줄어든 것을 보면 이를 짐작할 수 있다. 테러에 대한 개인투자자의 인식이 그리 단순하지 않다는 의미다. 투자에 관한 관심과 주의가 부족해서 거래가 줄어든 것도 아니었다. 테러 후 투자자들의 CFD에 대한 관심과 주의는 테러 전과 비슷했다. 즉 테러 후에도 투자자들은 CFD 정보를 제공하는 홈페이지의 방문 횟수를 줄이지 않았다.

문화 차이에서 오는 투자행태의 차이도 관찰됐다. 테러 발생국과 문화적 이질성이 큰 미발생국에 거주하는 개인투자자들은 더욱 활발하고 대담하게 거래했다. 문화적 동질감이 큰 미발생국 투자자는 테러 발생국 투자자들과 비슷한 투자행태를 보였다. 문화의 힘은 생각보다 강력해 투자 의사결정에서 항상 고려해야 할 변수다.

흥미로운 부수 효과도 있었다. 테러 후 위축된 거래 활동을 경험한 개인투자자들의 투자수익률이 그렇지 않은 투자자들에 비해 높게 나타났다. 테러가 자기과신에 기반한 거래를 억눌러 본의 아닌 긍정적 부수 효과가 발생한 것이 아닐까?

인종과 종교 간의 갈등이 사라지지 않는 한 누구도, 어떤 나라도 테러의 위협에서 자유롭지 못하다. 온라인에서 행해지는 각종 사이버 테러까지 생각하면 테러가 일상인 시대에 살고 있다고 해도 과언이 아니다. 따라서 테러가 투자에 미치는 영향을 인지하고 파악하는 것은 합리적 투자의 필수요건이다. 예측 불가능한 투자 환경 속에서 테러의 위협이나 위험에 적절히 대비하고 대응하는 것은 투자의 정석이요, 공정한 수익률을 올리는 투자의 정도(正道)다. 투자자에게는 자기과신도 금물이지만 패닉도 금물이다.

곰곰이 되짚어 생각해 보기

1. 차액결제거래란?
2. 테러 후 투자자의 거래 행태를 기술해 보자.
3. 테러 후 거래 하락은 누가 주도했는가?
4. 나이와 성별이 감정적 규제와 밀접한 관계가 있음을 암시하는 결과는 무엇인가?
5. 테러는 어떤 경로를 통해 개인투자자의 투자행태에 영향을 미치는가?
6. 문화 차이에서 오는 투자행태의 차이를 보여 주는 결과는 무엇인가?
7. 예측 불가능한 투자 환경 속에서 투자의 정도는 무엇일까?

31.
직장 내 젠더 이슈,
재무위험에 직결

- 성희롱은 여성에게만 국한된 불법적·반윤리적 행위 아니야!
- 권력, 위계관계, 가부장적 기업문화, 편견, 선입견과 공존
- 남녀노소 불문하고 누구나 성희롱 피해자 가능성 상존
- 여성에 대한 차별이라는 근시안적 관점 금물
- 행복도 노력하면 유전되듯 성희롱 도태시키고 성평등 유전해야!

　　직장 내 성희롱 문제는 개인의 상처와 고통으로만 끝이 날까? 기업은 일시적인 이미지 타격만 잘 견디면 될 일일까? 과거에는 그랬을 수 있다. 그런데 최근 변화를 보면 그렇지 않다. 조직 내 만연한 성희롱 사건을 눈감고, 대수롭지 않게 여기다 큰코다칠 수 있다. 미국 폭스뉴스는 회사 CEO인 로저 에일스가 회사 내 직원들을 대상으로 벌인 성희롱, 성추행 사건으로 피해자들에게 약 7,000만 달러(약 840억 원)의 보상금을 지급했다. 최근 영화 '밤쉘(Bombshell)'로 유명해진 이 스캔들은 더는 새삼스러운 일, 놀랄 일이 아니다. 불운한 기업에게만 닥치는 일도 아니다. 조직 내 성희롱 문제를 경시하는 기업에게는 엄연한 현실이요 존폐의 기로로 치닫는 시발점이 될 것이다. 이제 성희롱은 회사에서 쉬쉬하고 넘어가야 하는

'불미스러운 일'이 아니라 회사가 철저하게 관리하고 대응해야 하는 위험인 셈이다.

성희롱을 포함한 경영진의 부정행위가 주주가치와 영업 성과를 심각히 훼손한다는 자료는 차고 넘친다. 미시시피주립대의 클라인 교수에 따르면, 한 건의 부정행위가 발각될 때마다 주주가치는 즉각적으로 평균 1.6%p가 감소한다. 이를 시장가치로 환산하면 1.1억 달러(약 1,320억 원)에 달한다. 부정행위를 한 주체를 최고경영자로 한정할 때는 주주가치 손실은 4.1%p(2.26억 달러, 약 2,712억 원)로 껑충 뛴다. 클라인 교수는 주주가치 훼손의 직접적 원인으로 기업 생산성과 밀접한 관계가 있는 청렴도 평판(ethical reputation)을 지목한다. 윤리적 흠결이 드러나면 평판에 상처를 주게 되고 결국 기업의 생산성, 소비, 투자에 부정적 영향을 미쳐 기업가치 감소로 이어진다. 특히 기업의 필수 이해관계자인 전략적 사업 파트너, 금융기관, 투자자, 소비자와의 관계 손상으로 인한 비용은 치명적이다. 기업이 관리할 위험은 유동성 위험, 환율 위험, 이자율 위험, 소송 위험, 국가 위험, 부도 위험만이 아니다. 평판 위험을 잘 관리하는 기업이 주주가치도 잘 보존하고 성장시킨다.

주가 하락과 같은 부정행위에 대한 시장의 냉정하고 민첩한 평가와 대응은 와인스타인(The Weinstein Company)의 추락을 보면 쉽게 알 수 있다.

2017년 10월 와인스타인의 텔레비전 사업부 하나의 기업가치는 약 6억 5,000만 달러(약 7,800억 원)였다. 하지만 설립자 하비 와인스타인의 성추문이 세상에 알려지고 몇 주가 지나자 한 금융전문가는 와인스타인이 최대 40%p 할인된 가격에 팔릴 것으로 내다봤다. 90명에 가까운 여성들이 와인스타인으로부터 원치 않는 성적 접촉을 당했다고 폭로했을 때 와인스타인의 주가는 폭락했고, 뉴욕 검찰총장이 와인스타인을 상대로 소송을 시작했을 때 주가는 또 추락했다. 이로부터 한 달 후 와인스타인은 부도 신청을 했다.

이후에도 비슷한 사건이 연달아 일어났다. 케이트 업턴이 게스(Guess)의 공동설립자 폴 마시아노의 성희롱 사실을 트위터에 폭로하고 몇 시간이 지난 후 게스의 주가는 약 18%p 급락(약 3,000억 원의 손실)했다. 게스의 공식적인 부정도 주가 하락을 막지 못했다. 《월스트리트 저널》이 카지노 거물 스티브 윈의 성폭력 사건을 기사로 내고 3일 후에 그의 회사는 35억 달러(약 4조 2,000억 원)의 손실을 보았다. 물론 윈은 기사 내용을 부정했다. 《포천》지의 기자는 이를 "미투 운동 시대에 성희롱 행위에 대한 비용"이라고 비꼬았다.

한국도 예외가 아니다. 한때 매출과 영업이익이 기록적으로 급성장하며 재계와 투자자의 시선을 끌었던 한샘도 2017년 사내 성폭행 논란으로 주가 폭락을 경험했다. 한샘의 신입 여직원이 사건을 폭로하던 당일 17만 500원이었던 주가는 이후 연일 하락하여 5일째 되는 날에는 16만 3,500원에 거래가 되었다. 이전의 갑질 및 성추행 전력과 맞물려 사건의 여파는 2018년으로 이어져 주가는 2018년 10월에 5만 300원까지 하락하며 사건

발생 1년여 만에 주주가치가 약 70%p 증발했다. 한샘 주가는 2020년 초까지도 등락을 거듭하며 5만 원대에 머물다 같은 해 8월에는 10만 원 초반에 거래되었다. 여전히 3년 전의 주가에는 훨씬 못 미치는 수준이었다. 인권유린과 존엄성 훼손에 대한 대가는 쉽게 회복하기 어렵다는 값비싼 교훈을 주는 사례다.

2016년 고용기회평등위원회 보고서는 성희롱 고소 사건으로 인한 합의금과 법적 비용이 2012년도에만 3억 5,600만 달러(약 4,272억 원)였고 2015년도에 고용기회 평등위원회가 성폭행 피해자들을 위해 가해 기업들로부터 징수한 배당금은 3,900만 달러(약 468억 원)라고 공개했다. 1988년 한 연구에 따르면 성희롱으로 발생한 건강관리 비용, 휴가 비용, 생산성 감소 비용, 이직으로 인한 고용 비용 등의 연간 총비용이 포천 500(Fortune 500)에 속한 기업당 670만 달러(약 80억 원)였다. 이를 2017년 화폐가치로 환산하면 1,400만 달러(약 168억 원)다. 실적제보호위원회가 연방정부 공무원을 대상으로 한 성희롱 연구(1992~1994, 2년간)는 성희롱 피해 때문에 발생한 이직, 생산성 감소, 유급 병가 등으로 인한 경제적 손실이 3억 2,700만 달러(약 3,920억 원)라고 밝혔다.

캐나다 매니토바대가 2011~2017년 기간의 기업 자료를 분석한 결과, 성희롱 점수가 상위 5%에 속한 기업(성희롱 문화가 매우 심각한 기업)의 연간 초과수익률은 최저 -8.4%, 최고 -21.2%를 기록했다. 초과수익률이란 기업의 주식수익률과 주식시장의 평균수익률의 차액으로 0보다 크면 시장보다 더 높은 수익률을 올린 평균 이상의 양호한 기업, 0보다 작으면 평균 시장수익률도 벌지 못한 평균 이하의 부실한 기업으로 판단할 수 있다.

성희롱이 심한 기업군의 초과수익률은 평균을 훨씬 밑도는 충격적인 결과를 보여 준다. 이를 기업당 연간 주주가치 손실로 환산하면 9억 달러(1조 800억 원)에서 22억 달러(2조 6,400억 원)다. 주주가치의 재앙스러운 파괴라고 해도 과언이 아니다.

성희롱은 피해자에게 정신적·육체적 고통을 가하고 이는 생산성 저하, 고용 불안정, 경력단절로 진행되어 기업에 엄청난 경제적 비용의 부담을 지우고 주주가치를 훼손한다. 그러나 간과하지 말아야 할 것은 피해자가 성희롱의 시작부터 끝없이 감당해야 하는 격통의 무게다. 그 무게는 피해자의 삶을 강도처럼 유린하고 태풍처럼 부숴 버린다. 돈이라는 숫자로는 환산할 수 없는 비용이다.

미국 뉴욕연방법원은 3년간의 성희롱 소송 끝에 2005년 4월 6일 유럽 최대 은행인 UBS가 전 영업사원 로라 주블라케에게 피해배상금 2,900만 달러(약 348억 원)를 지급하라고 판결했다. 언뜻 들으면 어마어마하기도 하고 충분한 배상이라 생각할 액수다. 그러나 성희롱이 개인과 가족, 사회, 기업, 국가에 미치는 심리적·경제적 파급효과를 고려할 때 결코 큰 액수가 아니다. 공동체의 존속을 위협하는 중대한 범죄는 심각성과 폐해 그리고 인간 존엄의 가치에 비례하는 처벌과 배상이 이루어져야 한다. 그래야 범죄를 예방하는 효과가 생긴다. 음주 및 보복 운전, 과속, 악성 댓글, 가짜 뉴스, 묻지 마 폭행 등과 같은 범죄행위를 근절하려면 신상필벌의 원칙을 확립해야 한다. 솜방망이로는 벼룩도 못 잡는다. 미투운동과 더불어 뉴욕대 탈렙 교수가 주창한 승부의 책임[성과에 대한 인센티브(유인)뿐만 아니라 오류나 실수에 대한 역유인(처벌)도 똑같이 적용해야 한다는 원칙] 운동이 필요한 이유다. 역유인에는 법적 처벌, 윤리적 비난, 기업 내 처벌, 공적 처벌(예를 들면, 공무원직 지원 금지) 외에 성희롱을 허용하거나 발생확률이 높은 기업에 대한 시장의 자체 정화도 필수다. 성희롱 사건이 일어난 기업의 가치가 빠르게 하락하는 현상은 시장이 나름 자연정화 활동을 하고 있다는 증거이기도 하다. 보다 적극적이고 명문화된 시장의 개혁을 기대해 본다.

성희롱 방지를 위한 접근법과 책무는 학자, 정부, 기업마다 상이하다. 학자들은 원인과 결과를 규명하기 위한 이론과 실증연구를 하고, 정부는 성희롱을 처벌하고 억제하는 법과 규제의 제정과 효과적 실행을 위해 노력하고, 기업은 더 나은 작업환경 및 직장환경 조성, 성희롱 사건에 대한 기업의 의무를 다하는 동시에 법적 처벌을 최소화하기 위한 정책과 프로그램을 지배구조 속에 반영해야 한다. 전방위의 성희롱 예방 교육도 필수다. 여성가족부 조사에 의하면 성희롱 예방 교육을 통해 직장 내 성희롱이 무엇인지 알았다는 응답자가 90.9%, 언행을 조심하게 되었다는 응답이 89.4%, 성희롱 피해를 당했다는 사실을 인지하게 되었다고 응답한 직장인이 56.3%나 되었다. 더불어 명심해야 할 것은 성희롱은 철저히 금지되고 사라져야 할 악행이지 처벌, 배상, 또는 교육으로 관리만 하면 되는 과제가 아니라는 점이다.

재무관리에서는 대리인문제와 대리인비용이라는 중요한 주제를 심도 있게 다룬다. 보통 대리인 경영진과 고용인인 주주의 목표가 정확히 일치하기 어렵기 때문에(대리인문제) 생겨나는 불가피하고 보이지 않는 비용(대리인비용)을 일컫는다. 주주들은 상당한 비용을 들여서 경영진이 자신의 이익을 충실히 대변하도록 감시하고 격려하고 조언한다. 기업지배구조를 바로 세워 경영진이 한눈팔지 못하도록 부단히 노력한다. 눈에 보이지 않지만 주주가치를 그 어떤 비용보다도 저해하는 것이 대리인비용이기 때문이다. 마찬가지로 성희롱 문제가 어마어마한 평판 비용을 지불해야 함을 인식하자. 평판 비용은 주주가치 감소로 직결된다. 성희롱을 방지할 수 있는 적절한 수단과 방법이 녹아 있는 기업지배구조와 성인지감수성(gender sensitivity)이 충만한 기업문화가 주주가치를 극대화하는 존엄한 길임을 명심하자.

경영진의 구성에도 신경을 써서 여성의 리더십을 확충할 필요가 있다. 2020년 캐나다 매니토바대의 연구는 여성 리더십이 직장 내 성희롱을 감소시키는 일등 공신이 될 가능성을 보여 준다. 연구 결과에 의하면, 이사회에 여성 이사가 한 명 증가할 때마다 성희롱 발생률은 18%p 감소했고 여성 CEO를 가진 기업들의 평균 성희롱 발생빈도는 남성 CEO가 경영하는 기업집단 평균의 절반(51.7%)에 그쳤다. 성희롱 발생빈도를 절반으로 낮춤으로써 각 기업이 매년 절약할 수 있는 비용은 약 1,000억 원으로 평가되었다. 능력 있는 여성이 경영자 시장에 더 많이 진출할 수 있도록 시장의 유연성과 의식개혁이 시급하다.

성희롱은 여성에게만 국한된 불법적·반윤리적 행위가 아니다. 권력, 위계관계, 가부장적 기업문화, 편견, 선입견이 존재하는 곳에는 항상 도사리고 있다. 남녀노소 불문하고 누구나 성희롱의 피해자가 될 수 있다. 따라서 성희롱 문제를 여성에 대한 차별이라는 근시안적 관점으로 바라보는 것은 금물이다. 인권과 인간의 존엄성, 기업과 국가의 존재 이유라는 근본적이고 본질적인 관점에서 접근해야 한다. 전통, 문화, 관습, 무관심,

두려움을 볼모로 삼아 사회와 경제, 국가, 문명의 발전을 저해해 온 원흉이 바로 성희롱이다. 불편한 진실이지만 마주해야 하고 불편하지 않을 때까지 해소해야 한다. 행복도 노력하면 유전된다고 한다. 성희롱은 이만 도태시키고 성평등을 유전하자.

곰곰이 되짚어 생각해 보기

1. 미시시피주립대의 클라인 교수에 따르면, 한 건의 부정행위가 훼손하는 주주가치(%)와 시장가치($)는 얼마인가? 주주가치 훼손의 직접적 원인은 무엇인가?

2. 와인스타인 성추문 사건의 대가는 무엇이었는가?

3. 캐나다 매니토바대의 연구 결과에 따르면, 성희롱 문화가 매우 심각한 기업들의 기업당 연간 주주가치 손실액은 얼마인가?

4. 승부의 책임 운동이 무엇이고, 왜 필요한지 설명하고 논의해 보자.

5. 대리인문제와 성희롱 문제의 유사점은?

6. 여성 리더십 확충이 중요한 이유는?

7. 성희롱 문제를 바라보는 근본적이고 본질적인 관점은 어떤 관점을 뜻하는가?

은퇴 후 재무위험 관리는
심리회계와 넛지의 시너지로

- 일반회계와 달리 심리회계는 개인의 감정에 기초한 주관적 관점에 의해 크게 좌우
- 자금 유용성 늘리려면 자금 간 이동 어렵게 하는 심리회계의 넛지 설계 필요
- 우선순위에 따라 자금을 채워 나가는 심리회계 전략으로 사망 전 자산 고갈 위험 최소화

개인마다 차이는 있겠지만 누구나 예금계좌, 증권계좌, 연금계좌, 또는 보험계좌 한두 개 정도는 가지고 있을 것이다. 예금계좌는 다시 급여가 이체되는 급여계좌, 의식주에 관련한 비용을 관리하는 생활비계좌, 여행이나 취미를 위한 여가계좌, 자녀의 현재 및 미래 교육을 대비한 교육계좌, 실업이나 예기치 못한 재해나 비상 상황에 대처하기 위한 비상계좌, 유산으로 받은 재산을 관리하는 유산계좌, 투자로 받은 배당금이나 수익을 관리하는 수익계좌 등으로 나눌 수 있다.

이런 계좌는 컴퓨터의 방화벽 같은 보이지 않는 벽에 의해 분리돼 관리되는 경우가 많다. 때로 우리는 생활비가 부족해도 교육이나 여가계좌에 손을 대지 않는다. 대신 마이너스 통장이나 신용카드 단기대출을 활

용해 급전을 융통하고 불필요한 이자를 지급한다. 각 계좌에 들어 있는 돈의 가치에 대한 평가도 각양각색이다. 생활비계좌에 있는 100만 원은 비용을 꼼꼼하게 따지며 검소하게 지출하는 반면 유산으로 받은 100만 원으로는 고급외투나 고가의 신발을 주저 없이 척척 구매한다. 생활비계좌에 있는 100만 원과 유산계좌에 있는 100만 원의 경제적 가치는 같은데도 말이다. 이는 쇼핑할 때 현금 지출과 신용카드 지출 사이에 발생하는 차이와 유사하다. 같은 10만 원을 지출하더라도 현금으로 계산할 때는 불편하고 망설여지기도 하는 반면 신용카드로 결제할 때는 심적 불편함이 작고 결정이 빠르다. 이 모든 일은 심리회계라는 인지적 습관 때문에 생기는 웃지 못할 현상이다.

은퇴와 그 이후의 시기는 심리적·육체적·경제적 활동에서 급격한 변화를 경험하는, 예민하고 고단한 시기다. 따라서 은퇴 대책을 소홀히 하는 것은 임신부가 태아를 위한 준비를 게을리하는 것처럼 위험하다. 적절한 은퇴 대책이 없으면 존엄한 노후의 삶을 기대하기 힘들다. 한국의 사학연금에 해당하는 미국의 교직원퇴직연금(TIAA)의 수석 소득전략가인 다이앤 가닉은 은퇴 후 삶을 대비한 자산관리의 핵심을 심리회계의 관점에서 일목요연하게 정리했다.

일반회계와 달리 심리회계는 개인의 감정에 기초한 주관(subjectivity)에 의해 크게 좌우된다. 따라서 심리회계를 효과적, 효율적 그리고 긍정적으로 활용하기 위해서는 주관에 대한 충분한 이해가 선행돼야 한다.

주관이 우리의 합리적 경제행위에 어떤 영향을 미치는지 간단한 예를 들어 살펴보자. 계산기가 필요해서 하나 사려고 하는데 가까운 상점에서 사면 15달러다. 그런데 걸어서 20분 정도 떨어진 상점에서는 똑같은 계산기를 10달러에 판다. 5달러를 절약하기 위해 당신은 20분을 걷겠는가? 설문조사에 의하면 응답자의 55%가 20분 떨어진 가게에 가서 계산기를 구입하고 5달러를 절약하겠다고 했다. 비슷한 조사를 조금 더 비싼 상품을 대상으로 해 보았다. 125달러짜리 외투를 사려고 하는데 20분 떨어진 상점에 가면 120달러에 살 수 있다. 20분 발품을 팔면 똑같은 5달러를 절약할 기회인데 이번에는 77%의 응답자가 가까운 상점에서 125달러에 사겠다고 말했다. 객관적으로 보면 아낄 수 있는 금액이 같지만, 기준가(15달러 vs. 125달러)에 따라 그 결과는 반대였다. 5달러의 상대적 비중(5/15 vs. 5/125)이 의사결정에 큰 영향을 미친 셈이다.

돈의 출처는 심리회계를 좌지우지하는 또 다른 주관적 기준이다. 유산, 도박, 또는 세금환급으로 받은 100만 원과 열심히 일해서 번 100만 원은 사실 금전적 가치에서 차이가 없다. 그러나 사람들은 전자의 가치를 후자의 가치보다 훨씬 낮고 가볍게 여긴다. 도박해서 번 돈 100만 원으로는 고가의 사치품을 거리낌 없이 구매하지만, 월급에서 100만 원을 꺼내 고가품을 사는 행위는 잘 시도하지 않는다.

심리회계에 부정적 측면만 있는 것은 아니다. 잘 활용하면 은퇴 후 안락하고 풍족한 삶을 설계하는 데 큰 역할을 할 수 있다. 하지만 심리회계가 워낙 유전적 성격이 강한 휴리스틱이라 쉽게 개조하기 어렵다는 문제가 있다. 그래서 시카고대 탈러 교수가 주창한 넛지식 설계가 필요하다. 은퇴 후 자금의 유용성을 늘리려면 자금을 목적에 따라 분리 저장해 자금 간 이동을 어렵게 하는 심리회계 구조를 변경하는 것이다. 상대적 중요성에 따라 자금의 우선순위를 정하고 우선순위가 높은 자금의 계좌를 완전히 채운 후에 다음 순위의 계좌를 채우는 과정을 밟도록 심리회계를 설계해 보자. 제일 중요한 의식주 자금이 확보되면 다음으로 건강자금을 마련하고, 그래도 여유가 있으면 여가와 취미를 위한 자금을 준비하고, 여가생활을 즐기고도 남으면 비상 자금, 다음으로 기부금을 만드는 순서로 자금을 차례차례 채워 나간다.

천재지변으로 지붕이 새거나 화재로 주택이 파손된 비상 상황의 경우 비상 자금이 부족하면 우선순위가 낮은 기부금을 과감하게 깨서 보충하면 된다. 그리고 비상 상황에 대처하고도 남은 돈이 있다면 남은 만큼 기부하고, 없으면 다음을 기약한다. 우선순위에 따라 자금을 채워 나가는 심리회계 전략을 추진하면 사망 전에 자신이 가진 자산이 고갈되는 위험을 최소화할 수 있다. 피땀 흘려 번 돈을 값진 일에 쓸 기회를 늘리는 효과도 볼 수 있다.

우리는 평균수명 100세를 향해 빠르게 변화하는 시대에 살고 있다. 65세에 은퇴를 해도 마땅한 소득 없이 35년의 세월을 버텨야 한다. 준비 없는 노후의 삶은 상상 이상으로 고통스러울 수 있다. 그래서 준비하고 관리해야 한다. 심리회계와 넛지를 활용한 우선순위식 자금관리 방식은 은퇴 후 재무위험 관리의 좋은 출발점이 될 것이다. 준비된 사람에게 위험은 경험이 되고, 종종 기회로 탈바꿈한다.

곰곰이 되짚어 생각해 보기

1. 심리회계를 예를 들어 설명해 보자.
2. 일반회계와 달리 심리회계는 개인의 감정에 기초한 주관적 기준에 의해 크게 좌우된다. 주관적 기준 중 하나인 돈의 상대적 비중이 합리적 경제행위에 어떤 영향을 미치는지 예를 들어 설명해 보자.
3. 심리회계를 좌지우지하는 또 다른 주관적 기준인 돈의 출처가 경제행위에 미치는 영향을 예를 들어 설명해 보자.
4. 심리회계와 넛지식 설계를 활용한 우선순위식 자금관리 방식이란?

33.
노인을 위한 자산관리 제도로
고령화 사회에 대비해야

- 자기과신은 노화 진행 중에도 건재
- 전문가 도움이 쇠퇴한 인지능력 보충하고 무분별한 자기과신 발현 억제 효과
- 노인을 봉양의 대상 아닌 시장과 국가 경제의 기반으로 보는 관점 전환 필요

얻는 것이 있으면 잃는 것도 있다. 나이가 들면 더욱 가슴에 와 닿는 말이다. 노년의 노련함을 얻는 대신 활기차고 싱그러운 젊음을 잃는다. 무심히 내뱉는 "마음만은 20대다."라는 말은 잃어 가는 젊음에 대한 간절한 회상이요 위로에 불과하다. 물론 젊음을 형이상학적 관점에서 바라보면 생물학적 노화는 외형적 변화에 지나지 않을지도 모른다. 나이가 쌓여 갈 때 겉으로 보이는 젊음만 잃는 것이 아니다. 영원히 간직하고 싶은 추억도 희미해져 가고 배우고 익힌 지식도 아물거린다. 혈기 왕성한 시절 갈고닦은 기술도 낡고 무뎌진다. 분석, 평가, 판단, 그리고 선택을 주관하는 인지능력도 예외 없이 저하된다.

희소식인지, 위험스러운 건지 모르겠지만 자신의 능력에 대한 과도한

신뢰를 뜻하는 자기과신은 노화 속에서도 건재하다고 한다. 나이가 들수록 자기과신은 더 활기차게 작동한다는 연구 결과도 많다. 인지능력이 최고조에 달했던 젊은 시절에도 자기과신으로 인한 잦은 주식거래로 마이너스 수익률을 기록한 적이 한두 번이 아닌데, 인지능력마저 쇠퇴한 노년기에 자기과신에 따른 투자를 한다는 것은 그야말로 위험천만이다. 노후의 자기과신이 투자 포트폴리오 구성에 미치는 영향이 중요한 관심거리가 된 이유이기도 하다.

미국 앨라배마대의 연구팀은 노화가 진행되면서 일어나는 인지능력의 퇴화와 그럼에도 불구하고 빛바래지 않는 자기과신 편향을 재조명하고 이러한 노화 과정의 특징이 투자위험에 미치는 영향을 고찰했다. 이를 통해 인지적 퇴화에 대한 각성을 저해하고 금융투자의 위험성을 증가시키는 자기과신에 대한 경각심을 일깨워 보자.

뇌 기능의 쇠퇴는 여러 가지 인지적 편향의 공격으로부터 투자자를 무방비한 상태로 만들어 올바른 투자를 방해한다. 예를 들면, 시니어들은

프레이밍 효과(framing effect, 똑같은 문제임에도 불구하고 제시하는 순서나 표현에 따라 선호나 선택이 바뀌는 현상)로 말미암아 여러 투자 기회를 정확하게 비교하고 평가하는 것이 어렵다. 또한 심리적 지름길(mental shortcut, 어려운 투자 문제에 직면했을 때 본

3부 위험과 불확실성

래의 문제와 관련 없는 쉬운 문제로 전환해 풀려는 성향)이라는 편향의 희생양이 되기 쉽다. 이로 인해 결국 최선의 선택과는 거리가 먼 투자 결정을 하게 된다.

연구팀은 노화에 따른 인지적 기능(분석, 판단, 선택 등 일련의 의사결정 기능)의 쇠퇴에도 불구하고 자기과신이라는 편향은 건재하다는 현상에 착안해 노후 인지능력, 자기과신, 투자 포트폴리오 구성 간의 역동적 상호관계를 파헤쳤다. 연구대상은 50세 이상의 미국인 800여 명과 그 배우자들이었고 연구 방법으로는 설문조사가 사용됐다. 2008년부터 2013년까지 5년에 걸쳐 이루어진 설문조사의 결과는 노년기의 투자행태와 투자 방향에 대한 의미 있는 정보를 제공한다.

첫째, 나이가 들수록 유동성이 높고 위험성이 낮은 자산의 구성 비율도 높아졌다. 둘째, 하지만 부유한 시니어 가정에서는 여전히 고위험 고수익 자산의 구성 비율이 저위험 저수익 자산보다 높았다. 셋째, 자기과신은 나이가 들면서 오히려 증가하는 것으로 나타났다. 넷째, 노후에 따른 자기과신의 증가는 다시 고위험자산에 속하는 개별 주식과 주식 펀드 투자의 증가와 저위험 유동자산인 현금성 자산에의 투자 감소로 이어졌다. 다섯째, 자산운용 전문가로부터 조언을 받은 시니어 집단은 전문가의 도움을 받지 않은 그룹에 비해서 덜 위험한 금융자산을 소유하는 경향을 보였다. 무엇보다도 흥미로운 점은 자산운용 전문가의 조언이 노후 자기과신의 증가에 따른 고위험 투자성향을 누그러뜨리는 역할을 했다는 것이다. 전문가의 도움이 쇠퇴한 인지능력을 보충하고 무분별한 자기과신의 발현을 억제하는 효과가 있는 듯싶다.

노후 자기과신이 노후 대비 투자자산의 유지와 성장에 미치는 부정적 영향은 중산층과 저소득층에게 특히 경종을 울릴 만하다. 급속한 고령화가 진행되고 있는 한국의 상황을 고려할 때, 노후 대비 투자자산이 삶의 질과 국가 경제에 미칠 파급효과가 지대하기 때문이다. 노인복지, 연금제도 개선, 노인 일자리 창출도 시급하지만, 시니어들이 평생 피땀 흘려 모아 온 자산을 잘 관리하도록 도와주는 것도 그에 못지않게 중요하다. 금융교육과 경제정책을 통해 노인인구의 자산관리 시스템을 구축하는 것이 궁극적으로 국가의 재정 부담을 줄이고 더 나아가 경제 활성화에도 이바지하는 길이다. 노인을 봉양의 대상이 아닌 시장과 국가 경제의 기반으로 보는 관점의 전환이 필요하다.

곰곰이 되짚어 생각해 보기

1. 노후의 자기과신이 투자 포트폴리오 구성에 미치는 영향이 중요한 관심거리가 된 이유는 무엇인가?
2. 뇌 기능의 쇠퇴로 인해 투자자는 편향의 희생양이 되기 쉽다. 편향의 구체적 예(프레이밍 효과와 심리적 지름길)를 들어 설명해 보자.
3. 노년기의 투자행태와 투자 방향을 5가지로 요약하면?
4. 자산운용 전문가의 조언이 노후 자기과신의 증가에 따른 고위험 투자성향을 누그러뜨리는 역할을 했다는 설문조사 결과는 무엇을 뜻하는가?
5. 급속한 고령화가 진행되고 있는 한국의 상황을 고려할 때, 꼭 필요한 조치와 관점은 무엇인가?

34.
풍파에 견디는 나무는
떡잎부터 알아본다

- 심리적 대처 능력은 어린 시절부터 삶의 과정에서 얻은 심리적 자산 축적으로 형성
- 초기 교우관계와 가정환경이 심리적 대처 능력 발달과 실업 확률에 결정적 영향
- 건강한 청소년기 보내기 운동이 실업에 대한 근본적인 대안 될 수도
- 심리적 대처 능력 배양하는 경제정책 필요
- 건강한 정신이 위기 때 생명, 경제, 나라 지켜!

사랑하는 이와의 이별이나 주식투자에서의 손실은 견디기 힘든 시련이다. 다행히 위기에 대한 인간의 심리적 대처 능력은 탁월하다고 알려져있다. 우리나라 국민은 더욱 그러한 것 같다. 처절한 전쟁의 상처를 한강의 기적으로 이겨 냈고, 외환위기를 최단기간에 극복했으며, 글로벌 금융위기도 의연히 버텨 내며 재도약의 기회를 엿보고 있으니 말이다. 그러나위기에 대처하는 심리적 능력은 개인마다 천차만별인 것 또한 사실이다.

경제학자 그레이엄과 오즈월드에 따르면 심리적 대처 능력은 개인이어린 시절부터 삶의 과정에서 얻은 심리적 자산, 특히 즐거움과 행복을연상시키는 자산(hedonic capital)이 축적되어 형성된다고 한다. 배우자와의사랑, 친구나 동료와의 우정, 건강, 자존감, 사회적 지위를 심리적 자산으

로 가지고 있는 사람은 그렇지 않은 사람에 비해 다가올 또는 현재 맞닥뜨린 위기나 시련에 대한 면역력이 더 뛰어나다. 어린 시절의 경험과 성인기의 심리적 대처 능력 간 상관관계에 관한 연구는 많다. 그중에서도 어린 시절 부모와의 좋은 관계가 성장 과정에서 형성되는 심리적 대처 능력의 가장 중요한 구성요소 중 하나라는 데는 이견이 별로 없다. 어린 시절 부모와의 관계로부터 성인기에 겪을 수 있는 수많은 경제적 위기에 미치는 영향을 예측할 수 있다면 학교, 가정교육, 국가의 경제정책이 나아갈 큰 방향을 제시할 수 있을 것이다. 따라서 청소년기 학교 및 가정환경이 실업이라는 경제적 위기를 극복하는 데 어떤 심리적 역할을 수행하는가에 대한 탐구는 그 의의가 크다.

실업은 우리가 직면하고 있는, 해결해야 할 가장 중요한 경제적 과제 중 하나다. 실업문제를 해결하지 않으면 현재의 경제도 미래의 경제도 존재할 수 없다. 모든 나라가 국가의 명운을 걸고 실업과 싸우는 이유다. 2008년 금융위기 이후 실업문제는 지역문제가 아닌 세계 공통의 핵심과제가 됐다. 실업은 단순히 소득의 상실만 의미하지 않는다. 심리적 박탈감이나 불안정감이 더 심각한 문제일지 모른다. 실업이 주는 경제적 충격이나 심리적 상실감에 대처하는 능력을 배양할 수만 있다면 아마도 최고의 경제정책이 될 것이다.

3부 위험과 불확실성

런던정경대 연구팀은 3,000여 명에 달하는 영국 젊은이들을 대상으로 학교와 가정환경이 정신건강과 면역성에 미치는 영향을 탐구해 (1) 좋은 학교 및 가정환경에서 청소년기를 보낸 젊은이는 불우한 환경에서 자란 청년보다 실업에 처할 확률이 낮을까? (2) 실업을 당했을 때 전자가 후자보다 그 충격을 잘 견뎌 낼까? (3) 아니면 교우 및 가족관계만으로는 실업을 감당하기엔 역부족일까? 등의 질문에 대한 답을 제시했다.

표본에 포함된 젊은이들은 청소년기(11~15세)와 성인기(16~29세)를 모두 경험한 세대다. 마음을 터놓고 얘기하는 친구 수, 학교에서 폭력을 행사한 횟수, 부모와 말다툼한 횟수, 부모에게 고민을 상담한 횟수, 부모의 정신건강 수준, 부모의 실업 상태에 관한 설문이 청소년기 학교와 가정에서의 경험을 측정해 성인기 정신건강 수준과 삶의 만족도와의 상관관계를 살펴보는 데 활용됐다. 부모와 관련한 항목은 아버지와 어머니를 구분해서 측정했다.

연구 결과는 학교 및 가정환경이 건강하고 면역성 강한 정신력 정립에 얼마나 중요한지를 일깨워 준다. 청소년 시절 친구가 많거나 부모님과 대화를 자주 나눈 사람들의 성인기 정신건강 수준이나 삶의 만족도가 취업자나 실업자 모두에게서 높게 나타났으며, 취업자와 실업자 간 차이도 미미했다. 즉 이들은 직장을 잃었을 때도 용기와 희망을 잃지 않았다. 반대로 부모와의 대화에 인색하고 학교에서 친구들과 자주 다투었던 성인들의 경우 정신건강 수준이나 삶의 만족도가 매우 낮았으며, 취업자와 실업자 간에도 큰 차이를 보였다. 이들에게 실업은 포기와 절망이었다. 이러한 결과는 부모와 자식 그리고 교우 간 관계가 어린 청소년기(11세)에 형성되었을 때 더욱 뚜렷하게 나타났다. 초기 교육이 지능발달에 도움이 되듯이 초기 교우관계와 가정환경이 심리적 대처 능력의 발달에 결정적 역할을 하는 것으로 보인다.

청소년기 학교 및 가정환경과 성인기 실업 상태의 상관관계도 흥미롭다. 학교에서 자주 싸웠고, 친구가 적었으며, 심리적으로 불안정한 부모 슬하에서 성장한 성인들이 급우관계가 좋았고, 정신건강이 양호한 부모를 둔 성인들보다 실업자가 될 확률이 높았다.

남녀 간의 차이도 발견됐다. 학교에서의 싸움은 남성인 경우에만 실업에 대한 심리적 대처 능력에 부정적으로 작용했다. 어머니의 실업으로 어머니와 더 많은 시간을 공유한 여성의 실업 대처 능력이 그렇지 않은 여성보다 더 좋았다. 요약하면 청소년기에 부모 및 친구와의 관계가 원만하지 않았던 사람들은 실업을 겪을 확률도 높고, 실업에 직면했을 때 훨씬 더 큰 충격을 받게 된다.

실업이 개인에게 주는 충격은 아마 말로 표현하기 힘들 것이다. 실업률과 자살률의 높은 상관관계가 이를 잘 조명한다. 따라서 실업은 생명의 가치 측면에서 다루어져야 한다. 기업의 구조조정과 수익성 개선과 같은 단순한 논리로 접근하면 낭패를 보기 쉽다. 하지만 어디서부터 시작해야 하는가 생각하면 막막한 것이 현실이다. 한편으로는 취업을 증대시킬 경제적 대안과 정책의 발견, 수립, 시행을 계속해야 한다. 경제적 인간으로 살아야 하는 한 멈출 수 없는 과정이다. 동시에 실업 상황을 재취업할 때까지 견뎌 내게 할 근본적 장치도 필요하다. 복지정책으로 어느 정도 보완할 수 있겠지만 충분하지 않다.

근본적인 대안으로 건강한 청소년기 보내기 운동을 하는 것은 어떨까? 부모, 학교, 국가가 함께 노력해야 한다. 부모는 아이들과의 대화에 적극적이어야 하고 학교는 청소년들이 사회성과 인성을 함양할 수 있는 터전이 돼야 한다. 대학입시에 초점이 맞춰진 스트레스 유발, 경쟁 조장 교육시스템 안에서 삶의 무게를 나누어 질 진정한 벗을 사귈 기회는 그리 많지 않다. 스트레스와 경쟁은 결국 다툼으로 이어지고 만다. 국가는 인성이 살아나는 교육시스템을 만들기 위해 노력해야 한다. 처음부터 다시 시작하는 마음 자세가 필요하다. 교육은 공장에서 찍어 내는 상품이 아니다. 자연에서 자라는 생명체와 같다. 스스로 성장하게 최소한의 환경만 조성하면 된다. 그래야 우리의 정신도 산다. 그러한 정신이 위기 때 생명을 지키고 경제를 지키고 나라를 지킨다.

곰곰이 되짚어 생각해 보기

1. 심리적 대처 능력은 어떻게 형성되는가?
2. 위기나 시련에 대한 면역력이 뛰어난 사람의 특징은 무엇인가?
3. 실업이 우리가 직면하고 있는, 해결해야 할 가장 중요한 경제적 과제 중 하나인 이유는 무엇인가?
4. 청소년기 교우관계와 가정환경이 심리적 대처 능력의 발달에 결정적 역할을 한다는 증거를 제시해 보자.
5. 청소년기 학교와 가정환경이 성인기 실업 상태에 미치는 영향을 간략히 기술해 보자.
6. 실업을 생명의 가치 측면에서 다루는 근본적인 대안은 무엇인가?

———— "적시에 내리는 잘못된 결정이 잘못된 시기에 내리는 올바른 결정보다 낫다."

펄 주(Pearl Zhu)

———— "선택 설계자는 의사결정에 영향을 미치는 정보의 맥락을 적절히 구성할 책임이 있다."

리처드 탈러(Richard Thaler)

부가가치 의사결정과 넛지

VALUE-ADDING DECISION-MAKING AND NUDGE

35.
인지적 한계와 편향을 극복하는
의사결정시스템, MAP

- MAP은 핵심 평가요인 도출, 독립적 평가, 심도 있는 토론으로 판단 오류 줄이는 순차적 의사결정과정
- MAP이 직관적 전문성을 평가절하한다는 잘못된 인식 경계해야!

기업의 전략적 의사결정은 경쟁기업 인수, 신제품 개발 및 판매, 벤처기업 발굴 및 투자 등 생존과 성장을 위한 경영활동을 망라한다. 전략적 의사결정은 복잡하고 난해한 관련 정보를 분석, 평가하여 가부의 결론을 도출해야 하는 어려운 작업이다. 따라서 고도의 전문성을 요구한다. 전략적 의사결정과 관련된 기초정보는 정제되지 않은 막대한 양의 데이터 조각에 불과하다. 정보분석 담당자는 기초정보를 분석하고 평가하여 정확한 판단과 최적의 선택에 도움을 줄 수 있도록 핵심 내용을 발췌 및 요약한다. 경영진은 정제된 정보에 오랜 경험과 전문성을 더하여 기업의 미래를 담보하는 전략적 결단을 내린다. 그러나 전략적 의사결정의 주체인 인간의 판단력에는 엄연하고 명확한 한계가 존재하고 그로 인한 판단 오류

는 전략적 결단의 합리성, 신뢰성, 정확성에 심각한 흠집을 내곤 한다. 프린스턴대 카너먼 교수팀은 전략적 의사결정과정에서 발생하는 판단 오류를 줄이는 실용적 접근법인 MAP(Mediating Assessments Protocol)을 고안했다.

채용 면접은 보통 피면접자의 전체 또는 총체적 인상(holistic impression)에 의존한다. 이를 심성모형(mental model)이라고 한다. 심성모형은 비체계적 의사결정(unstructured decision-making)의 한 형태로서 세 가지 명확한 인지적 한계인 (1) 과도한 일관성, (2) 첫인상 효과, (3) 가중편향성을 갖는다. 과도한 일관성은 면접 담당자로 하여금 자신의 초기 판단이나 느낌을 확증하려는 편향된 질문을 계속하게 한다. 즉 피면접자가 외향적이라 판단한 면접 담당자는 외향성을 확인하려는 질문을 많이 한다. 확증편향과 유사하다. 첫인상 효과는 면접 초기 제한된 소량의 정보를 가지고 형성된 첫인상이 면접의 결과를 좌우하는 현상이다. 가중편향성은 직무능력과 연관 있는 중요한 정보에는 낮은 가중치, 직무능력과 관련이 없는 무의미한 정보에는 높은 가중치를 부여하는 실수를 유발한다. 키가 크고 중저음의 목소리를 가진 남성 지원자에게 높은 리더십 점수를 주는 경우가 이에 해당한다.

기업의 경영진도 심성모형에 의존한 의사결정을 자주 한다. 어떤 기업의 CEO가 해외에 공장을 신설하기 위해 장소를 물색하고 있다고 상상해보자. CEO는 이미 특정한 나라와 도시의 이미지를 마음속에 그리고 있을 가능성이 크다. 과도한 일관성은 CEO로 하여금 마음속의 나라와 도시가 공장용지로 적합한 이유를 제시하는 정보에 몰두하게 한다. 더불어 마음에 둔 공장용지에 대한 초기 애착(첫인상)으로 인해 다른 매력적인 후보지들은 편향된 무관심을 받는다. 채용 면접에서 직무능력과 상관없는 외향적 특성(키와 목소리)이 편향된 가중 평가를 받듯이 마음속에 자리 잡은 공장용지의 외향적 특징(주변 경관)도 부적절한 가산점을 받을 가능성이 농후하다. 더불어 뿌리 깊은 낙관주의와 자기과신은 새로운 공장용지가 직면할 기술적 도전이나 위험을 과소평가하게 만든다. 결과적으로 합리성, 신뢰성, 예측력이 결여된 선택을 하게 되고 기업가치는 파괴된다.

카너먼 연구팀이 개발한 체계적 의사결정시스템(structured decision-making system)인 MAP은 심성모형의 세 가지 인지적 한계는 물론 낙관주의나 자기과신과 같은 편향, 불필요한 변동성을 유발하는 노이즈(noise)의 영향력을 최소화한다. MAP은 세 가지 핵심적 절차로 구성된다. 첫째, 핵심적 평가요인(key mediating assessments)을 추려 낸다. 둘째, 평가자는 각 평가요인과 관련된 정보에 기초하여 평가요인들을 분리해서 독립적으로 평가하고 평가 결과는 객관적 수치로 정량화한다. 평가자들 간 사전 의견교환은 허락되지 않는다. 셋째, 최종 의사결정은 모든 평가요인에 대한 독립적 평가와 정량화 작업이 끝난 후에 심도 있는 토론을 거쳐 도출한다.

기업의 인수합병(M&A)을 예로 들어 MAP을 설명해 보자. M&A 시 매출과 비용 측면에서의 시너지 창출과 기업 간 이질적 문화의 조화와 융합은 필수적 평가요인이기 때문에 이들에 대한 독립적 분석과 정량화 작업을 시행한다. 다음으로 경영진은 이사회를 소집하여 평가요인별 분석 결과를 심층적으로 논의하고 요인별 평가를 통합하는 가중평균화 작업을 수행한다. 가중평균을 구할 때 쓰이는 요인별 가중치는 요인별 중요도에 따라 결정한다. 이런 절차를 통해 모든 평가요인은 충분하면서도 공정한 취급을 받는다. 특히 이사회 논의와 가중평균화 과정에서 경영진의 직관적 전문성(intuitive expertise)이 충분히 반영되도록 한다. 직관적 전문성은 직관과 전문성이 최적의 조화를 이루었을 때 실현되는 전문성의 최고 수준을 일컫는다. 직관적 전문성을 가진 의사결정자는 고도의 전문성과 정확성이 요구되는 판단과 선택을 직관을 사용하듯 빠르게 할 수 있다. 직관적 전문성이 결합한 MAP은 의사결정의 투명성과 정확성을 제고하고 M&A 성공률을 향상하는 데 더욱더 효과적이다.

이스라엘군을 비롯하여 아마존, 맥킨지 같은 다국적기업에서도 MAP을 인재 평가에 활용하고 있지만 아직은 적용 범위가 제한적이다. 주된 이유는 MAP이 객관적·기계적 절차를 지나치게 강조하는 탓에 최고 의사결정자들이 오랜 기간 발전시키고 축적해 온 직관적 전문성을 평가절하한다는 잘못된 인식 때문이다. MAP은 오히려 직관적 전문성의 반영을 시스템화하여 부가가치 창출 효과를 증대시킨다. 모든 조직은 끊임없이 의사결정을 생산하는 공장과 같다. 수많은 의사결정의 품질을 지속적으로 점검하는 것은 불가능하다. MAP 내에는 품질검사 시스템이 상시 탑재되어 있다. 그만큼 양질의 의사결정을 내릴 가능성이 높다.

곰곰이 되짚어 생각해 보기

1. 기업의 전략적 의사결정이란?
2. 전략적 의사결정과정을 기술해 보자.
3. 심성모형이란?
4. 심성모형이 지닌 세 가지 인지적 한계는 무엇이고 각각의 의미는 무엇인가?
5. 심성모형에 의존한 의사결정을 예를 들어 설명해 보자.
6. MAP의 장점과 세 가지 핵심적 절차는 무엇인가?
7. 인수합병(M&A)에 MAP을 적용해 보자.
8. MAP의 적용 범위가 아직 제한적인 이유는 무엇인가?

4부 부가가치 의사결정과 넛지

36.
올바른 금융 행위를 유도하기 위한 새로운 패러다임

- MINDSPACE는 행위변화를 유도하기 위해 여러 가지 상황적 요소를 활용하는 의사결정 패러다임
- 재정적 자립도, 저축 증가와 효율적 금융관리 유도
- MINDSPACE의 보편적 행위변화 요인은 다양한 분야에 접목 가능

금융상품 구매자의 올바른 금융 행위를 유도하려는 행동경제학적 접근법은 크게 두 가지로 분류된다. 첫째, 구매자의 믿음, 태도, 목표 등을 변화시켜 소비자의 의사결정과 행위에 영향을 미치려는 시도다. 구매자의 심리와 생각을 변화시키는 게 목적이기 때문에 '인지적 패러다임'을 활용한 접근법이라고 할 수 있다. 둘째, 구매자의 주변 환경이나 상황의 변화를 통해 합리적 구매행위를 유도하는 방법이다. 이른바 '상황적 패러다임'에 따른 접근법이다. 런던정경대 연구진은 영국의 사례연구를 통해 상황적 패러다임이 금융시장에 만연된 시장참여자들의 비합리적 금융 행위를 바로잡는 데 어떻게 활용될 수 있고, 얼마나 효과적인지를 고찰했다.

교육을 통해 소비자의 생각을 바꿔 궁극적으로 소비자 행동에 영향

을 끼치려는 인지적 패러다임과 달리, 상황적 패러다임은 행위변화를 유도하는 수단으로서 금융상품 구매자가 구매과정에서 접하는 여러 가지 상황(context) 요소를 선택한다. 소비자 구매 욕구와 행위변화에 영향을 미치는 상황 요소는 다음의 9가지 질문을 반영한다. (1) 상품정보를 누가 전달해 주는가?(Messenger) (2) 인지적 오류가 반영된 상품인가?(Incentives) (3) 주변 사람들은 상품에 대해 어떻게 생각하고 반응하는가?(Norms) (4) 상품의 기본 설정은 적절한가?(Defaults) (5) 타 상품과 명확한 차별성을 가지는가?(Salience) (6) 상품에 대한 설명은 적절히 이뤄지는가?(Priming) (7) 구매 정서를 충분히 자극하는가?(Affect) (8) 적극적 참여를 독려하는가?(Commitments) (9) 자아 통제를 가능하게 하는가?(Ego) 이 9가지 요소의

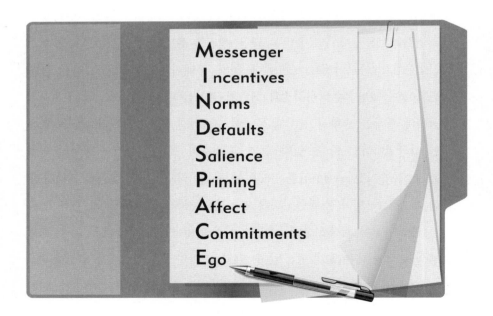

첫 글자를 따서 MINDSPACE라고 부른다. 보이지 않는 손이 시장의 균형을 유도하듯 MINDSPACE를 활용해 정교하게 설계된 금융상품은 수요를 만족시킴과 동시에 공급의 목적을 달성한다.

연구진은 재정적 어려움에 처한 고객을 돕기 위해 고안된 영국 STB(Secure Trust Bank)와 RBS(Royal Bank of Scotland)의 금융 신상품에 대해 분석했다. 이들 신상품에는 여러 가지 MINDSPACE의 요소가 도입돼 있었다. 무엇보다 두드러진 특징(S)은 은행 계좌가 사용 용도에 따라 분리돼 있다는 점이었다. 용도 분리는 능동적 선택이 필요 없는 기본 설정(D)을 의미한다. 즉, 고객은 하나의 상품에 가입하지만 금융기관을 통해 기본적으로 제공받는 계좌의 수는 (1) 급여와 고정비용이 자동 입출금되는 계좌와 (2) 고정비용 외 기타 비용 관리가 목적인 계좌 두 가지다. 이에 따라 고객은 비용관리를 자연적, 필연적으로 할 수밖에 없는 '상황'에 놓이게 된다. 특히 상품을 두 개의 독립된 계좌로 나눔으로써 심리회계라는 유인(I) 효과까지 발휘됐다. 두 계좌 간 이체는 가능했지만 소비자 마음속에 보이지 않는 벽이 존재하도록 유도해 기타 비용을 이용 가능한 자금 이내로 유지하려는 노력을 끌어냈다.

신상품을 소개받게 된 경로도 눈여겨볼 만하다. 신상품 가입자들은 재정적 어려움에서 벗어나기 위해 이전부터 상담을 받아 왔던 부채관리 컨설팅회사로부터 상품 소개를 받았다. 즉 신뢰할 수 있는 정보전달자(M)가 존재했다는 의미다. 이에 더해 전문 지식을 지닌 은행직원들이 생소한 신상품에 대해 자세히 설명해 주도록 했다. 전문성이 가미된 세부적인 설명은 생소한 상품에 대한 고객의 신뢰도를 높였고, 계좌에 대한 의

문을 풀어 주는 등의 역할을 했다. 한 가지 기억 정보가 자극을 받으면 관련된 기억이 함께 떠오르도록 유도하는 선행 자극(P) 기능을 제공한 셈이다.

고객의 책임감을 높이도록 유도한 점도 주목할 만한 요소다. 즉 고객 스스로 계좌관리를 하면서 금융의 자아 통제를 실현하도록 했다는 점에서 자아 효과(E)가 존재했다. 정기적 고정비용을 상쇄하고 추가적 기타비용을 커버하기 위해 정확한 계좌 및 비용관리가 필요하다는 측면에서 고객 본인의 적극적 참여(C)도 필요했다.

이처럼 금융상품 하나에 MINDSPACE 요소를 적절히 활용한 상황적 패러다임 접근법은 긍정적 결과를 낳았다. STB와 RBS 신상품에 가입한 고객들은 평균적으로 부채는 줄어든 반면 저축은 늘었고, 은행수수료 지출금액도 감소했다. 금융 지식에 대한 이해 부족으로 재정적 어려움이 한층 가중됐던 고객들이 이들 신상품 덕택에 재정적 자립도를 높일 수 있었던 것이다. 연구진은 STB와 RBS 사례 외에도 MINDSPACE 요소를 도입한 다른 금융 신상품을 분석했는데 모두 비슷하게 저축 증가와 효율적 금융관리라는 긍정적 효과가 발견됐다.

사례연구에서 잘 드러났듯이, 소비자들의 금융 행위는 금융상품에 MINDSPACE라는 상황적 요소를 반영함으로써 얼마든지 변화시킬 수 있다. MINDSPACE가 사회심리학, 인지심리학, 행동경제학 실험 및 현장연구의 결과물이며 인간이 지닌 보편적 행위변화 요인임을 감안할 때 상황적 패러다임은 금융상품과 금융 행위에 국한돼서만 적용할 수 있는 모형이 아니다. 금융정책, 사회적·상업적 기업의 마케팅 전략·전술, 초·

중·고 및 대학 교육 관련 정책 및 커리큘럼, 연금을 포함한 각종 사회복지제도 등 다양한 분야에 MINDSPACE를 접목할 수 있을 것으로 기대된다.

곰곰이 되짚어 생각해 보기

1. 인지적 패러다임이란?

2. 상황적 패러다임이란?

3. 인지적 패러다임과 상황적 패러다임을 구분하는 기준은 무엇인가?

4. 소비자 구매 욕구와 행위변화에 영향을 미치는 9가지 상황 요소(MINDSPACE)는 무엇을 일컫는가?

5. 영국 STB와 RBS의 금융 신상품에 도입된 MINDSPACE를 설명해 보자.

6. 영국 STB와 RBS의 금융 신상품에 도입된 MINDSPACE의 효과를 요약해 보자.

7. MINDSPACE를 접목할 수 있는 분야로는 무엇이 있는가?

37.
해결하기 벅찬 과제,
행동경제학에 답 있다

- 자동 가입과 자동 기여 등은 열린 마음으로 하는 넛지 설계
- 가정 온도조절기 간단한 구조 변경으로 지구온난화 문제 해결 실마리 찾기도
- 혁신적 사고에 익숙한 괴짜들과 행동과학의 성과에 대한 열린 마음 절실

네이트 실버는 ESPN의 블로그 'FiveThirtyEight'의 편집장이자 ABC 뉴스의 평론가로 잘 알려진 미국의 통계학자 겸 작가다. 2008년과 2012년 미국의 대통령 선거 결과를 거의 완벽하게 예측한 것으로 유명하다. 특히 2012년 대통령 선거에서는 모든 주에서 승자를 정확하게 맞혔다. 우연이라고 하기엔 놀라운 결과다. 2012년 선거에서 오바마 대통령은 매우 비관적 상황에 처해 있었다. 경제는 높은 실업률, 정부는 최악의 재정적자에 허덕이고 있었고, 경쟁자인 밋 롬니는 성공한 비즈니스맨의 이미지를 가지고 미국 경제를 되살릴 최적의 후보라는 공격적인 캠페인을 벌이고 있었다. 이러한 불리한 상황에서 오바마 대통령은 어떻게 압승을 거둘 수 있었을까? 그 배후에는 행동과학의 방법론에 기초해 고안된 캠페인 메시

지를 SNS를 통해 광범위하게 선전한 열정적이고 수준 높은 자원봉사자들이 있었다. 재정적자부터 기후변화에 이르기까지 주요 글로벌 문제를 푸는 실마리가 바로 여기에 있다. 계량적 통찰력과 행동과학적(행동경제학 포함) 접근법에 능통한 '괴짜(geek)'들을 활용하는 것이다.

다른 사회과학자들에 비해 경제학자들은 오랫동안 정부 정책에 우월한 영향력을 행사해 오고 있다. 문제는 경제학적 접근법이 경제행위의 주체인 인간을 이해하기에는 너무 단순하다는 것이다. 어떤 현상을 누그러뜨리고 싶으면 가격을 올리고, 반대로 활성화하고 싶으면 가격을 내리는 식처럼…. 가격은 중요한 정책도구지만 많은 요인의 한 측면만을 반영할 뿐이다. 가격은 우리가 문서를 작성할 때 얼마나 게으르고 참을성이 없는지, 또는 우리가 왜 세금을 회피하거나 절약하려고 애를 쓰는지 등을 분석하고 해결하는 데 별 도움이 되지 않는다.

많은 국가에서 공적·사적 연금의 적립 부족(underfunding)으로 퇴직을 대비한 연금저축을 장려하는 실정이다. 과거에는 연금저축의 성공이 세금 감면에 달렸다고 믿었다. 여전히 연금저축을 통한 절세는 매력적인 유인책임이 틀림없다. 그러나 그것만으로는 부족하다. 하버드대 법학과 교수이며 전 백악관 고문인 선스타인과 시카고대 행동경제학과 교수인 탈러가 주장한 '선택 설계(choice architecture)'가 필요한 이유다. 연금가입을 '선택적 거부(opt out)' 형식으로 설계하여 거부하지 않으면 자동 가입하게 하거나 근로자들의 보수가 증가할 때마다 자동으로 연금 기여를 늘리는 방식은 연금가입률과 저축률을 현저히 증가시켰다. 하버드대 경제학자 체티는 2012년 연구에서 이러한 자동 가입과 자동 기여가 연금의 세금 보조 혜택보다 연금저축률을 더 효과적으로 증가시킴을 밝혀냈다.

영국에서는 세율의 변화 없이 세수를 효율적으로 늘리는 방법이 캐머런 수상이 임명한 행동과학자 팀에 의해서 고안됐다. 세금을 고지하는 편지에 단순히 "여러분의 이웃은 세금을 정시에 납부하고 있습니다."라는 문구를 넣음으로써 세금미납자의 수를 15%p 감소시켰고 결과적으로 5,000만 달러 이상의 추가 세입을 확보했다. 미국의 경우 800만 명에 이르는 불법 이민자들에게 노동 허가를 내주거나 복잡한 급여세(payroll taxes) 양식과 절차를 온라인상에 단순화, 자동화하면 재정 불균형 해소에 큰 도움이 될 것이다. 복지 문제와 재정적자로 고민하는 우리 정부도 고려해야 할 정책들이 아닐까?

우리는 지구온난화 문제가 개개인이 해결하기에는 너무 벅찬 과제임은 알지만, 우리의 가정에 있는 온도조절기를 잘 활용하는 것이 지구온난화 문제를 해결하는 첫 단추가 될 수 있다는 것은 모른다. 설계가 어렵게 된 탓에 90% 이상의 가정에서 온도조절기를 적절히 사용하지 못하고 있다는 통계가 있다. 막대한 양의 에너지가 우리도 모르는 사이 낭비되는 것이다. 컴퓨터 프로그래밍에 능숙한 고등학생 자녀들(주변에서 흔히 'geek'이라고 부르는)을 활용하면 어떨까? 규제를 통해 조작이 용이한 온도조절기 생산을 유도하는 것도 대안이 될 수 있다. 지구온난화 문제는 생각했던 것보다 어려운 문제가 아닐 수 있다.

행동경제학의 초기 발견 중 하나가 소유효과(endowment effect)다. 일단 소유한 것은 포기하기가 매우 어려운 현상을 말한다. 비록 그것이 우리에게 큰 가치가 없어도 말이다. 캘리포니아에 있는 미국 국방기지인 펜들턴

캠프는 태평양의 아름다운 연안을 따라 17마일을 뻗어 있다. 기계화 부대를 운영하는 데 청정한 하늘, 연중 섭씨 20도 안팎의 온화한 날씨, 그리고 그림 같은 태평양이 필요한가? 재정난 해소를 위해 국방부 예산을 삭감할 수 있는 실마리가 여기에 있다. 예산 삭감은 감행하되 삭감의 상당 부분을 보유 자산을 매각함으로써 보전하게 하면, 국방부의 저항(소유효과로 인한)도 피할 수 있고, 실질적 예산 삭감의 효과도 볼 수 있는 일거양득의 방법이다.

위에서 언급한 행동경제학적 해결책들은 어느 국가에서나 당장 채택해서 효과를 거둘 수 있는 원원전략이다. 지금은 "누군가에게 무엇을 하게 하려면, 그 절차를 쉽게 만들거나 더 좋은 것은 자동화하는 것이다."라는 심리학의 가장 유용한 가르침을 되새겨야 할 때다. 더불어 우리에게 필요한 것은 '그들이 있어서 세상이 돌아간다'고 믿는 일련의 정치인들이 아니라 혁신적 사고에 익숙한 괴짜들과 행동과학의 성과에 대한 열린 마음이다.

곰곰이 되짚어 생각해 보기

1. 불리한 상황에서 오바마 대통령은 어떻게 압승을 거둘 수 있었는가?
2. 중요한 경제정책 도구인 가격의 결정적 단점은 무엇인가?
3. 연금저축의 성공을 위해 세금감면과 더불어 꼭 필요한 도구가 선택 설계다. 선택 설계의 효과를 보여 주는 예를 제시해 보자.
4. 영국의 행동과학자 팀은 세율의 변화 없이 세수를 효율적으로 늘리는 방법을 고안했다. 그 내용과 효과를 간략히 기술해 보자.
5. 지구온난화 문제를 해결하기 위한 넛지식 방법과 괴짜 활용법에는 어떤 것이 있을까?
6. 소유효과란?
7. 재정난 해소를 위해 국방부 예산을 삭감할 수 있는 방안은 무엇인가?

38.
이해충돌 부작용 줄이려면
개인 특성에 주목해야

- 이해충돌로 인해 발생하는 편향성이 회계전문가 의사결정 독립성, 원칙성, 윤리성, 최적 의사결정 침해
- 회계전문가의 행동적 특성에 초점을 맞춘 패러다임 필요
- 개인 특성의 매개적·상호보완적 역할 십분 활용해 회계업무의 실질적 독립성과 최적 의사결정 가능성 획기적 개선

기업회계의 기본 가정 중 하나는 회계전문가가 독립성과 전문성을 기반으로 회계 및 감사업무를 윤리적으로 수행한다는 것이다. 그러나 현실은 그리 녹록지 않다. 회계감사 시 발생하는 이해충돌은 회계전문가가 회계기준과 윤리강령에 충실한 판단을 내리는 것을 위협할 뿐만 아니라 편향된 의사결정을 조장한다. 회계법인은 이해충돌위험의 관리와 관련하여 엄격한 규제를 받고 있지만, 회계전문가의 독립성을 실질적으로 보장하기에는 역부족이다. 기존 회계기준과 규제체계가 회계전문가의 실질적 독립성보다는 피상적·형식적 독립성에 초점을 맞추고 있는 데다가 회계전문가도 의사결정과정에서 여러 가지 인지적 편향과 휴리스틱의 영향에서 벗어날 수 없기 때문이다.

회계기준 개선이나 규제 강화 이상의 노력이 절실하다. 즉 경제 및 제도적 모형보다는 회계전문가의 행동적 특성에 초점을 맞춘 패러다임으로의 전환이 필요하다. 경제적 인센티브뿐만 아니라 회계의사결정에 영향을 미치는 사회심리적·정서적 요인을 고려하여 실제적 독립성 확보를 위한 보완적인 조치를 세운다면 이해충돌을 효과적으로 관리함과 동시에 기본 가정에 충실한 회계업무의 수행이 가능할 것이다.

영국 에식스대 이샤크 교수팀은 사회인지이론(social cognitive theory)을 정보처리의사결정모형(throughput model of decision making)과 결합해 이해충돌과 회계전문가의 독립적·원칙적·윤리적 의사결정 가능성 사이의 관계를 규명했다. 이 과정에서 편향과 휴리스틱의 역할이 재조명되고 이해충돌위험을 관리하는 데 효과적인 행동경제학적 접근법도 제시됐다.

회계전문가의 주된 책임은 회계감사의 독립성과 재무제표의 공정성을 확보함으로써 투자자, 은행, 신용 및 규제 기관, 자본시장의 공익을 보호하고 극대화하는 것이다. 규제적 관점에서 회계업무는 무결성, 객관성, 전문성, 적법성, 기밀성, 도덕성 준수를 기본 원칙으로 한다. 회계업무의 이러한 공익적 책임과 기본 원칙에 충실한 의사결정을 독립적·원칙적·윤리적 의사결정(compliant decision-making), 또는 간단히 최적의 의사결정이라고 한다.

연구팀은 영국의 4대 회계법인에 근무하는 회계전문가(파트너, 경영진, 감사) 105명에게 이해충돌의 네 가지 유형과 관련한 가상적 상황을 요약한 글을 읽게 한 후 온라인 설문조사를 실시했다. 네 가지 이해충돌의 유형에는 (1) 사적 이익(self-interest) 침해, (2) 위력을 이용한 위협(intimidation), (3) 사적 이익 침해와 감사의견 상충 동시 발생, (4) 사적 이익 침해, 위력을 이용한 위협, 감사의견 상충에 더불어 친밀성(familiarity) 오류가 더해진 조합이 포함됐다. 설문조사에서 참가자는 이해충돌 유형별로 자신이 최적의 의사결정을 내릴 가능성과 5가지 종류의 개인 특성(세 종류의 상황 인지적 특성과 두 종류의 기질적 특성)을 5단계 리커트 척도(likert scale)[7]를 이용해 평가했다.

세 종류의 상황 인지적 특성(situational cognitive constructs)은 최적 의사결정에 따른 긍정적 결과가 부정적인 결과보다 클 것이라는 기대감(POE), 최적 의사결정에 이르는 것이 얼마나 어려운가에 대한 판단(PD), 최적 의사결정의 도덕성 평가(EJ)다. 최적 의사결정이 가져올 긍정적 결과에 대한 기대감이 상승하고 최적 의사결정이 윤리적이라는 판단을 하는 경우 POE와 EJ 수치는 높아지고, 최적 의사결정에 이르는 것이 수월하다는 판단이 우세하면 PD는 낮아진다. 기질적 특성은 직업적 자기효능감(OSE)과 윤리적 이탈 성향(PMD)으로 측정했다. 업무수행능력에 대한 자신감이 높고, 비윤리적 행위에 대한 거부감이 큰(윤리적 이탈 성향이 낮은) 개인은 높

---

7   개인, 대상, 관념, 현상 등에 대한 개인의 태도나 성향의 강도를 측정하는 기법으로, 심리학을 비롯한 사회과학 분야에서 널리 사용되는 방법론.

은 OSE와 낮은 PMD 수치를 갖게 된다.

이샤크 교수팀은 설문조사로 수집한 자료를 기반으로 이해충돌의 유형을 독립변수, 개인 특성 5가지는 매개변수와 통제변수, 최적 의사결정의 가능성을 종속변수로 하는 경로분석(path analysis)을 통해 이해충돌이 어떤 개인 특성을 거쳐 최적 의사결정 가능성에 영향을 미치는지와 기질적 특성으로 인해 최적 의사결정 가능성이 어떻게 변하는지를 탐구했다.

연구 결과, 이해충돌은 회계전문가의 최적 의사결정 가능성을 현저히 저하시키는 것으로 나타났다. 이해충돌로 인해 발생하는 편향성이 의사결정의 독립성, 원칙성, 윤리성을 침해했다는 뜻이다. 상황 인지적 특성인 POE, PD, EJ의 매개효과도 확연했다. 회계전문가가 최적 의사결정의 긍정적 결과에 대한 높은 기대감(높은 POE), 최적 의사결정에 도달하는 게 그리 어렵지 않다는 판단(낮은 PD), 최적 의사결정이 윤리적이라는 평가(높은 EJ)를 형성하면 이해충돌이 존재함에도 불구하고 최적 의사결정을 내릴 가능성은 컸다.

상황 인지적 특성 간 상호작용도 활발했다. 즉 POE가 높아지면 PD는 낮아지고 EJ는 높아졌다. PD만 낮아질 때도 EJ는 상승했다. 이는 모두 최적 의사결정 가능성을 높이는 데 이바지했다. 기질적 특성 중에서는 PMD의 영향력이 눈에 띄었다. PMD가 감소할 때 최적 의사결정을 내릴 가능성은 증가했다. 개인 특성은 판단과 선택에 영향을 미치는 각종 편향과 휴리스틱의 원천이 되는 요인으로 알려져 있어 새삼스러운 결과는 아니다. 이와 같은 결과는 네 가지 서로 다른 이해충돌 상황에서 동일하게 관찰됐다. 다양한 유형의 이해충돌이 유사한 방식으로 최적 의사결정에 영향을 미친다는 의미다.

연구팀은 이어 이해충돌과 개인 특성이 유발하는 부정적 영향을 최소화하고 경영의사결정을 지원할 수 있는 5가지 행동경제학적 접근법을 제안했다. 첫째, 개인 특성의 긍정적 개입을 독려하여 이해충돌을 개선하는 기업지배구조를 마련한다. 보상과 처벌이 명확한 윤리강령 및 기업문화 구축이 좋은 예다. 둘째, 이해충돌을 평가하는 단계부터 개인 특성의 긍정적 역할을 포함한다. 개인 특성이 융합된 이해충돌 평가시스템을 확립하는 것이 좋은 출발점이 될 수 있다. 셋째, 최적 의사결정 가능성을 정확히 평가해 이해충돌 상황을 관리한다. 예를 들어, 최적 의사결정 가능성이 크면 이해충돌의 위험을 수용하거나 낮추는 정책을 펴고, 최적 의사결정 가능성이 작으면 이해충돌을 회피하는 데 주력한다. 넷째, 의사결정과정에서 인지적 편향과 휴리스틱을 비롯한 각종 최적 의사결정 노이즈(교란 요인)를 제거해 편향적·비합리적 의사결정 사례를 줄여 나간다. 다섯째, 앞의 네 가지 이해충돌 위험관리 노력을 지속해서 검토하고 개선한다. 이러한 행동경제학적 접근법은 개인 특성의 매개적·상호보완적 개입 효과를 활성화해 회계전문가의 독립성을 강화할 것이다. 또한 궁극적으로는 이해충돌로 최적의 의사결정을 방해할 위험 요소를 최소화할 것이다.

이해충돌은 법적 파급효과가 큰 경영위험일 뿐만 아니라 기업의 생존을 위협하는 심각한 유무형의 비용을 유발한다. 기존의 기업지배구조 강화나 법률규제 확대만으로는 이해충돌로 말미암은 기업 스캔들의 발생과 확산을 막을 수 없다. 연구팀이 제시한 행동경제학 접근법은 개인 특성의 매개적·상호보완적 역할을 십분 활용하여 회계업무의 실질적 독립성과 최적 의사결정 가능성을 획기적으로 개선할 것으로 기대된다. 이는 이해충돌의 근본적 원인(인지편향, 휴리스틱, 노이즈)을 제거하려는 노력의 일환으로 기업의 전략적 판단 주체를 인간에서 인공지능이나 알고리즘으로 대체하려는 혁신적 흐름과도 일맥상통한다. 이해충돌을 줄이고 피하는 것도 중요하지만 그 발생 자체를 제거하는 것이 더 근본적인 대책이다. 외양간은 소를 잃기 전에 고쳐야 한다.

곰곰이 되짚어 생각해 보기

1. 기존 회계기준과 규제체계가 회계전문가의 실질적 독립성을 보장하기에는 역부족인 이유는 무엇인가?
2. 회계전문가의 주된 책임은 무엇인가?
3. 회계업무에서 최적의 의사결정이란?
4. 네 가지 이해충돌 유형을 기술해 보자.
5. 세 종류의 상황 인지적 특성은 무엇을 말하는가?
6. 이해충돌과 최적 의사결정의 상관관계는 어떤 모습인가?
7. 상황 인지적 특성의 매개효과와 상황 인지적 특성 간 상호작용을 설명해 보자.
8. 이해충돌과 개인 특성이 유발하는 부정적 영향을 최소화하고 경영의사결정을 지원할 수 있는 5가지 행동경제학적 접근법을 제시해 보자.

39.
성별 이해를 넘어

- 성별 차이는 생각보다 다양하고 광범위
- 성별 차이는 숨기고 제거해야 할 단점이 아니라 드러내고 활용해야 할 인류의 소중한 자산

여성과 남성이 다르다는 인식은 광범위한 합의인 듯 보인다. 남자 어린이에게는 자동차나 공룡 장난감이 어울리고, 여자 어린이에게는 인형이 어울린다. 건축업은 남성의 일이요 가사는 여성에게 적합하다. 여성은 섬세한 반면 남성은 추진력이 강하다. 눈물은 여성에게 어울리는 생리적 현상이다. 남성과 여성의 차이는 생물학적, 사회/문화적 특징에 국한되지 않는다. 우리의 의사결정과정 전반이 성별에 의해 영향을 받는다고 해도 과언이 아니다.

남녀는 정보 처리 및 분석, 소통, 문제해결, 대인관계, 환경에 대한 적응, 자극에 대한 반응, 배려 측면에서 매우 다르다. 이러한 차이를 통합적으로 이해하고 측정하고 분석해서 시너지 효과를 내려는 분야가 성별이

해지능(gender intelligence, GI)이다. GI는 마케팅 분야에서는 소비자 포트폴리오 구성, 인사조직 분야에서는 효율적인 인사관리, 재무관리 분야에서는 합리적 투자와 자금조달을 위한 공통 필수요소다. 성별의 차이를 깊이 있게 이해하는 것은 결국 기업의 생존과 직결된다. GI를 향상하기 위해 성별 차이의 원인과 결과를 사회문화적, 진화적, 뇌과학적, 정보 처리 관점에서 바라보는 것이 필요한 이유다.

성별 차이를 설명하는 이론은 크게 네 가지로 사회문화이론, 진화이론, 호르몬과 뇌과학이론, 선택이론이다. 사회문화이론에 의하면 성별 차이는 생물학적·사회문화적 특징이 빚어낸 산물이다. 상대적으로 연약하고 왜소한 여성의 신체 구조는 아이를 양육하고 요리하고 가정을 돌보는 일에 적합했고, 남성의 큰 체구와 강한 체력은 사냥, 농사, 전쟁에 어울렸다. 신체적 차이로 말미암은 역할 분담은 자연스럽게 성별 문화를 형성했고, 이는 다시 오랜 시간 동안 학습되어 성별 고정관념으로 발전했다. 남성과 여성의 역할은 명확히 구분됐고, 여성스러움과 남성스러움은 의식적·무의식적 유산으로 내려왔다. 여성스럽지 못한 여성과 남성스럽지 못한 남성은 어떤 행태로든 부정적 평가, 압력, 처벌 등을 통해 전통적인 성별 역할로 돌아갈 것을 종용받는다.

성별 역할과 행동은 문화와 시간에 따라 변하기도 한다. 성평등의식이 강한 문화에서 살아가는 사람들은 그렇지 않은 문화의 사람들보다 성별 고정관념이 약하다. 여성의 남성 중심적 직업(정치, 최고경영자, 건축업, 조선업 등)으로의 진출, 남성의 여성 중심적 직업(간호사, 미용업, 패션, 의상)으로의 진출, 성별 평등에 대한 남녀 모두의 부정적 견해 등은 현재진행형 사회·문화 현상이다.

진화이론은 환경에 대처하고 적응하고자 인간이 발달시킨 진화프로그램에 초점을 맞추어 성별 차이를 설명한다. 남성의 짝짓기 본능은 사랑을 먼저 고백하게 하고 경쟁자에게 위협을 가하기 위해 웃는 표정을 삼가는 행동을 낳았다. 남성의 숫자가 많은 사회일수록 남성의 저축률은 떨어지고 부채율은 상승하는 현상(경쟁자를 물리치기 위해), 여성에게 보이기 위한 과시성 소비행태, 불황기에도 수그러들지 않는 여성들의 미용품 구입(남성을 유혹하기 위한), 남성에게 매력적으로 보이기 위한 치장 등은 일상 속에 숨어 있는 짝짓기 본능이다.

짝짓기 본능은 또한 남성들의 공격성, 과격성, 위험 추구와도 관련이 있다. 공격적이고 위험에 덜 민감한 남성의 사회적 지위나 자존감이 그렇지 않은 남성보다 높다. 짝짓기 본능과 상관없이 발달한 진화적 성별 특성도 많다. 여성은 아이를 보호하기 위해 외부인의 표정에서 감정을 읽는 능력을 발달시켰다. 아이에게 해가 될 수 있는 존재를 빨리 파악하는 것이 아이의 생존과 직결되었기 때문이다. 아이를 헌신적으로 돌보는 진화적 특성은 여성이 남을 배려하는 직업에 더 적합한 존재가 되게 했다.

남성 호르몬과 여성 호르몬이 성별 차이를 결정한다는 주장도 만만치 않다. 남성 호르몬인 테스토스테론은 자연스럽게 남성 중심적 성향(예: 남자 아이들이 자동차를 가지고 노는 것)을 발전시키고 여성 호르몬인 에스트로겐은 여성을 여성스럽게(예: 여자 아이들이 인형을 가지고 노는 것) 만든다. 호르몬이 성별 차이를 결정한다는 증거는 남성 호르몬을 과다하게 가지고 태어나는 여아들이 남성 중심적 성향을 보여 남자 아이들이 흔히 가지고 노는 장난감을 선호하는 데서도 찾아볼 수 있다. 과다한 남성 호르몬 분비는 공격성을 증가시키지만 시공간 감각 능력을 향상한다는 연구도 있다. 뇌과학 연구에 의하면 남성은 좌뇌와 우뇌를 분리해서 사용하는 반면, 여성은 통합해서 사용하기 때문에 남성은 집중이 요구되는 과업, 여성은 동시다발적 관심이 필요한 작업에 더 우수한 수행 능력을 보인다.

최근 스포트라이트를 받고 있는 선택이론은 앞의 세 이론과 달리 사회문화적·유전적·생물학적 특성에 초점을 맞추기보다는 남녀가 정보를 처리하는 과정에 관심을 둔다. 여성은 남성에 비해 더 많은 정보를 통합적으로 분석하고 처리하는 데 익숙하다. 그래서 섬세한 비언어적 단서를 더 잘 캐치하고 해석한다. 인내심과 민감성, 배려, 종합적 판단이 필수적인 의료 관련 직업에 여성이 더 많이 활동하는 것은 우연이 아니다. 직장 상사로서의 여성은 과업 자체보다는 사원들에게 초점을 맞춘 지도력을 발휘한다. 남성은 정보를 보다 선택적으로 이용하기 때문에 의사결정 시 이용하는 정보의 양이 여성보다 적다. 또한 정보를 처리하고 분석할 때 어림짐작에 더 많이 의존하는 경향이 있다. 선택이론의 관점에서 성별 차이는 여성과 남성의 정보 수집, 분석, 처리 성향에서 비롯된다.

위 이론들의 결과를 요약하면 여성은 주변과의 조화를 추구하고, 자신뿐만 아니라 타인의 복지에 관심이 많고, 위험에 대한 회피 성향이 강하고, 부정적인 상황이나 감정에 더욱 민감하게 반응하지만 신중하게 대처하고, 유혹에 강하고, 많은 양의 정보를 보다 심층적 및 종합적으로 처리하며, 섬세한 상황변화의 단서를 인지하고 해석하는 능력이 탁월하다. 반대로 남성은 주도적으로 주변 환경을 이끌기를 원하고, 자기중심적·주관적이고, 위험회피 성향이 약하고, 부정적인 상황이나 감정에 둔감하고, 화를 잘 내고, 유혹에 약하고, 정보 처리와 분석 시 어림짐작에 많이 의존하며, 상황변화에 대한 반응이 느리다.

성별 차이는 우리가 생각하는 것보다 다양하고 광범위하다. 성별 차이를 이해하는 것은 부부간의 대화와 같다. 대화 없는 부부가 화목할 리 없듯이 성별 차이의 이해가 없는 직장, 조직, 사회, 더 나아가 국가는 불안정할 수밖에 없다. 성별이해지능을 높이는 것은 단순히 우리가 다르다는 것을 인지하고 양적 평등을 이루는 것이 아니다. 차이에서 오는 긍정적 에너지와 시너지를 극대화하는 것이 궁극의 목적이다. 성별 차이는 숨기고 없애야 할 단점이 아니라, 드러내고 활용해야 할 인류의 소중한 자산이다.

곰곰이 되짚어 생각해 보기

1. 성별이해지능(GI)이란?
2. GI를 향상하기 위해 성별 차이의 원인과 결과를 사회문화적, 진화적, 뇌과학적, 정보 처리 관점에서 바라보는 것이 필요한 이유는?
3. 성별 차이를 설명하는 네 가지 이론은 무엇인가?
4. 네 가지 이론은 각각 성별 차이를 어떻게 설명하는가?
5. 네 가지 이론의 결과를 요약해 보자.
6. GI를 높이려는 궁극적 목적은 무엇인가?

40.
소비가 미덕이면
절제는 미학이다

- 계획은 절제와 인내 요구
- 쓰고 귀찮은 자기통제가 달콤하고 활기찬 미래를 여는 단초
- '생각이 행동 지배', 헛된 구호 아니야!
- 절제의 미학 필요

　　자기통제는 보통 나쁜 습관을 버리고 유혹을 뿌리치며 충동적 행동을 억누르는 능력으로 묘사된다. 미래의 내가 현재의 나를 인도하려는 시도로 보기도 한다. 미래의 내가 현재로 올 수 있다면 일어날 일을 이미 알고 있으므로 현재의 나보다 월등히 나은 의사결정을 할 수 있다. 따라서 미래의 내가 하는 말을 거스르는 것은 올바른 판단과 최상의 선택을 포기한다는 의미이기도 하다. 물론 현재와 미래를 오가는 시간여행이나 미래를 완벽하게 예측하는 초능력이 존재해야 가능한 얘기지만 자기통제의 역할을 간명하게 설명하기에는 안성맞춤이다.

　　자기통제가 더 나은 미래의 나를 만드는 데 도움이 된다면 합리적 인간은 자기통제를 하는 습관을 들여 항상 최적의 선택을 하는 게 맞다. 그

러나 현실에서 자기통제는 생각보다 쉽지 않다. 예를 들어, 업무, 과제, 가사, 또는 공부를 할 때 계획에 따른 시간분배를 통해 일을 나누어 처리하는 것이 정신적으로나 육체적으로 바람직한 습관이지만 사람들은 이를 자꾸 뒤로 미루려고 한다. 발등에 불이 떨어져야 허둥지둥 처리하는 모습은 남녀노소 할 것 없이 주변에서 흔히 볼 수 있는 현상이다.

행동생애주기가설(behavioral life-cycle hypothesis)에 따르면 우리가 하는 '계획'과 '실행'은 항상 갈등 관계에 있다. 대부분 계획은 절제와 인내를 요구한다. 절제와 인내가 충분하지 않으면 계획은 실행되기도 전에 수포로 돌아가기 일쑤다. 재무 행위도 이와 매우 흡사하다. 풍요롭고 편안한 은퇴 후 생활을 위해 저축이 권장된다. 그러나 대부분 저축계획은 걱정 없는 노후를 보장할 만큼 충분히 실행되지 않는다.

어린 시절의 절제가 청소년기, 청년기, 성년기, 장년기에 걸쳐 긍정적인 사회적 특성을 나타낸다는 연구도 많다. 그중에서도 널리 회자하는 것이 유치원생을 대상으로 절제 테스트를 한 스탠퍼드대 미셸 교수팀의 1972년 실험이다. 실험에 참여한 어린이들은 작은 과자 하나가 놓인 책상으로 안내된 후 "지금 과자를 먹어도 좋습니다. 그러나 15분을 기다리면 지금 책상에 놓인 과자보다 더 많은 과자를 먹을 수 있습니다."라는 설명을 듣고 책상 위의 과자와 함께 홀로 남겨진다. 실험에 참여한 어린이의 67%가 당장 책상 위에 있는 맛있는 과자의 달콤한 유혹을 이기지 못해 더 많은 과자를 먹는 데 실패했다.

미셸 교수팀은 실험에 참여한 어린이들의 삶을 50년 이상 추적하여 놀라운 결과를 발견한다. 어린 시절 유혹을 물리쳤던 아이들이 그렇지 못한 아이들에 비해 높은 SAT 점수, 교육 성취도, 자존감, 스트레스 해소 능력을 보였다. 반면 마약중독률과 비만도 지수는 그렇지 못한 아이들에 비해 낮았다. 후속 연구들에서도 비슷한 결과가 나왔다. 절제 능력(자기통제 능력)이 우수한 어린이들이 성장해서 더 나은 건강 상태와 더 높은 사회적 지위를 누렸다. 범죄자가 될 확률은 낮았고 주택소유주가 될 확률은 높았다. 절제가 지능지수(IQ)보다 미래의 학업능력을 예측하는 데 더 탁월하다는 연구도 있다. 그렇다면 절제와 재무 행위 간의 관계도 비슷하지 않을까? 스웨덴 린셰핑대의 스트롬배크 교수팀이 궁금해하고 탐구한 질문이다.

연구팀은 행동생애주기가설을 재무 행위에 적용해 볼 목적으로 2016년 5월에 20~75세 연령의 스웨덴 국민 2,063명을 대상으로 실험을 진행했다.

피실험자들은 재무 행동 척도를 측정하는 여러 질문에 응답하는 형식으로 실험에 참여했다. 연구팀은 피실험자를 대상으로 자기통제(절제)가 저축성향과 재무의사결정에 대한 만족도(재무만족도), 재무안정성에 미치는 영향을 평가했다.

결과는 행동생애주기가설의 예측과 비슷했다. 자기통제력이 강할수록 저축성향은 높았다. 또한 자기통제가 약한 그룹에 비해 공과금 적시 납부, 충실한 비용관리, 분별 있는 소비행위, 신용카드 사용료 매월 정산, 은퇴를 위한 대비, 적극적 투자활동(증권투자) 등의 건전한 재무 행위를 하고 있었다. 절제하는 생활에 익숙한 사람들은 경제적 어려움에 부닥쳤을 때도 훨씬 안정적으로 대처하는 모습을 보였다. 또한 자신의 현재나 미래 경제상황이 더 안정적일 것이라는 확신이 강했다.

흥미로운 부분은 자기통제 능력과 더불어 중요한 심리적 요인으로 간주되는 낙관주의와 신중한 사고도 저축성향, 건전한 재무 행위, 재무안정성과 불확실성 대처 능력을 향상하는 것으로 나타났다는 점이다. 생각이 행동을 지배한다는 말이 헛된 구호가 아닌 듯싶다.

약이 되는 말은 쓰고 독이 되는 말은 달다고 한다. 도움이 되는 말은 듣기도 싫을 뿐만 아니라 실천하기는 더욱 어렵다는 뜻일 거다. 실수를 되풀이하지 말라고 미래에서 온 나의 충고는 쓰다. 쓰고 귀찮은 자기통제가 결국은 달콤하고 활기찬 미래를 여는 단초의 역할을 할 수 있다.

절제가 항상 긍정적 효과를 보는 것은 아니다. 그렇다고 충동에 충실한 삶이 유난히 자유롭지도 않다. 그래서 동서고금을 막론하고 중용과 조화 그리고 균형이 최고의 덕목이 됐나 보다. 전 세계가 소득 주도 성장을 외친 지 오래다. 그러나 균형은 한쪽이 다른 쪽을 일방적으로 이끌어 이루는 것이 아니다. 양쪽이 서로의 사정을 충분히 이해하고 고려해 만들어 내는 절제의 미학이다.

곰곰이 되짚어 생각해 보기

1. 자기통제란?
2. 행동생애주기가설에서 '계획'과 '실행'은 어떤 관계이며 그 관계로 인해 발생하는 현상을 재무 행위의 예를 들어 설명해 보자.
3. 절제 능력(자기통제력)이 우수한 어린이들이 성장하면서 보인 특징을 요약해 보자.
4. 자기통제 능력이 저축성향과 재무의사결정에 대한 만족도(재무만족도), 재무안정성에 미치는 영향을 평가해 보자.
5. 자기통제 능력과 더불어 저축성향, 건전한 재무 행위, 재무안정성과 불확실성 대처 능력을 향상하는 데 이바지하는 심리적 요인은 무엇인가?
6. 절제의 미학이란?

41.
화폐환상의 함정에서
빠져나오려면

- 화폐환상은 명목상 가치와 실질적 구매 가치 혼동하는 인지 오류

- 감정적 언어보다는 경제적(비감정적) 용어로 설계되고 공시된 투자정보가 이성적 판단과 거품 없는 안정적 시장경제 견인

- 화폐환상 사라지면 주택시장 거품 제거 가능

화폐환상(money illusion)이란 사람들이 화폐가치를 평가할 때 명목상의 가치와 실질적 구매 가치를 혼동하는 인지적 오류를 말한다. 인플레이션을 고려한 복잡하고 어려운 연산을 하기보다는 간단하고 쉬운 어림짐작(직관)에 의존해 부의 가치를 측정하려는 사고의 한계를 일컫기도 한다. 예를 들어, 연봉이 지난해보다 500만 원 올랐을 때 구매력도 500만 원 가치만큼 커졌다고 기뻐한다면 화폐환상의 오류를 범할 가능성이 농후하다. 인플레이션을 무시했기 때문이다.

화폐환상은 특히 유동성과 거래 횟수가 낮고 거래비용이 높은 부동산시장에서 흔히 찾아볼 수 있다. 그래서 주택시장의 거품과 폭락의 주요원인으로 꼽히기도 한다. 주택시장에서 화폐환상은 구매자로 하여금 재

정 능력 이상의 주택을 사도록 자극하고, 미래의 주택가격이 꾸준히 상승할 것이라는 착각에 빠지게 한다. 이를 해결하는 한 방법은 우리에게 화폐환상을 일으키는 '시스템 1(직관)'의 발현을 억제하고 '시스템 2(이성)'를 활성화하는 것이다. 시스템 2의 활성화는 의사결정자에게 영향을 미치는 가치 관련 정보가 어떻게 기술되느냐에 의해 결정적 영향을 받는다.

미국 윌리엄앤드메리대의 세일러 교수는 1,865가구의 미국 주택소유주들에게 세 가지 실험을 통해 주택시장에 만연한 화폐환상의 증거와 화폐환상을 효과적으로 제어하는 방법을 제시했다. 첫 번째 실험에는 두 명의 가상 인물이 등장한다. 앤과 바버라는 1년 차이를 두고 같은 대학을 졸업했고 졸업과 동시에 비슷한 출판업 관련 회사에 취직했다. 앤의 초봉은 5만 달러였다. 두 번째 해에 앤은 연봉의 2%(즉 1,000달러)를 추가로 받았다. 그해에는 인플레이션이 0%였다. 바버라의 초봉도 5만 달러였지만 그녀의 연봉은 둘째 해에 5%(2,500달러)가 증가했다. 같은 해 인플레이션은 4%였다. 이러한 가정적 상황에 대한 설명을 들은 후에 주택소유주들은 두 가지 질문을 받는다. (1) 둘째 해에 앤과 바버라 중 누가 더 큰 경제적 이득을 얻었는가? (2) 둘째 해에 누가 더 행복하겠는가?

첫 번째 질문에는 응답자들의 이성적 평가와 판단을 자극하려는 의도가, 두 번째 질문에는 응답자들의 감정에 호소하려는 의도가 각각 숨어 있다. 인플레이션을 고려한 정확하고 이성적인 판단은 앤의 연봉이 바버라의 연봉보다 더 높은 실질 가치를 가지기 때문에 앤이 바버라보다 더 행복해야 한다는 것이다. 앤의 경우 인플레이션이 제로이기 때문에 2년 차에 그녀의 구매력은 연봉과 같은 5만 1,000달러다. 바버라의 경우 인플레이션 4%(2,000달러)를 제하면 실질 구매력은 5만 500달러($52,500-$2,000=$50,500)가 된다. 명목상으로 바버라는 앤보다 더 높은 연봉을 받지만 실제로는 앤보다 더 낮은 구매력을 갖는다.

응답자들은 첫 번째 질문에 답할 때 훨씬 더 높은 정확도(66% vs. 56%)를 보였다. 여기서 정확도는 앤의 경제적 이득과 행복이 더 크다는 응답을 한 주택소유주들의 비율을 나타낸다. 더 흥미로운 결과는 질문의 순서를 바꾸었을 때 나타났다. 첫 번째 질문이 먼저 주어졌을 때 응답자들의 정확도는 두 번째 질문에 먼저 답할 때보다 높았다. 이는 질문의 순서가 정확도에 영향을 미치며, 더 나아가 감정에 호소하는 두 번째 질문이 화폐환상과 밀접한 관계가 있다는 것을 의미한다. 다시 말하면 이성적 질문은 화폐환상 현상을 줄일 수 있다는 뜻이기도 하다.

두 번째 실험은 현금을 이용한 주택구매 상황이다. 마이크, 짐, 톰은 각각 20만 달러의 유산을 물려받았고 그 돈으로 즉시 주택을 구매했다. 그리고 1년 후에 각기 다른 조건으로 매도했다. 마이크는 23%p 떨어진 가격(15만 4,000달러)에 집을 팔았고 당시에는 25%의 디플레이션이 있었다. 짐은 물가의 변화가 전혀 없는 시기(인플레이션이 제로)에 구입 가격과 동일한 가격(20만 달러)에 매도했다. 톰의 경우는 인플레이션이 25%에 달한 때에 23%p의 이윤을 더한 가격(24만 6,000달러)을 받고 주택을 양도했다.

이 경우 명목상의 가치에 의하면 톰이 가장 높은 이윤을, 마이크가 가장 낮은 이윤을 얻었고, 인플레이션을 고려한 실질 가치에 의하면 그 순서는 반대가 된다. 첫 번째 실험과 같은 두 가지 질문이 주어졌을 때, 질문의 순서와 관계없이 평균 80%를 웃도는 응답자가 톰의 이윤이 가장 높고 가장 행복한 소유주라고 답했다. 반대로 마이크는 가장 큰 손실을 본 가장 불행한 소유주로 평가됐다. 실제로는 이와 반대인데도 말이다. 화폐환상은 광범위하게 그리고 깊숙이 자리 잡고 있다. 처음 실험과 마찬가지로 감정적 질문은 화폐환상을 악화시키고 이성적 질문은 그것을 약화시키는 결과가 나타났다.

한 가지 흥미롭고도 위안이 되는 설문조사 결과는 92.7%의 실험참가자가 적극적이든 소극적이든 어느 정도 이성적 판단을 위한 노력을 한다는 것이다. 비록 우리가 화폐환상으로부터 자유롭지는 않지만, 우리에게 이를 완화할 수단과 의지가 있음은 다행이 아닐 수 없다. 우리는 여전히 부족하고 어리석지만 덜 부족하고 덜 어리석을 가능성은 항상 열려 있다.

가치 관련 정보가 시스템 2를 자극할 수 있는 경제적 설명으로 설계되

고 정보 처리자인 우리가 직관을 배제하려는 의도적 노력을 한다면 화폐
환상의 함정에서 빠져나옴은 물론 주택시장에서의 고질적인 거품현상을
잠재울 수 있을 것이다. 세일러 교수의 연구가 비록 주택시장에 초점이 맞
추어져 있지만 주식, 채권, 그리고 농·수·광산물 시장에도 적용될 수 있
는 개연성은 충분하다. 모든 시장이 인플레이션의 영향 아래에 있기 때문
이다. 더불어 금융기관들이 투자 관련 정보를 감정적 언어보다는 경제적
(비감정적) 용어로 설계하고 공시한다면 투자자의 이성적 판단을 견인하여
거품 없는 안정적 시장경제의 건설에 한 걸음 더 다가설 수 있지 않을까?

곰곰이 되짚어 생각해 보기

1. 화폐환상이란?
2. 주택시장에서 화폐환상은 어떤 작용을 하는가?
3. 첫 번째 실험에서 앤과 바버라의 명목 구매력과 실질 구매력을 계산하는 과정을 설명해 보자.
4. 두 번째 실험에서 마이크, 짐, 톰의 명목 이윤(혹은 손실)과 실질 이윤(혹은 손실)을 계산하는 과정을 설명해 보자.
5. 화폐환상에서 빠져나오는 방법을 기술해 보자.

4부 부가가치 의사결정과 넛지

42.
카지노에서 생긴 일

- 도박사의 오류는 이전의 빈도가 이후의 성공확률에 영향 미친다는 인지 오류
- 여성보다 남성에게서 훨씬 강한 오류
- 남녀 간의 차이가 금융시장 발전 방향 암시
- 성별 분산투자 적극적으로 활용해야!

　　최근 몇몇 연구에 따르면 여성은 남성보다 편향된 믿음을 갖기 쉽고 정보를 처리할 때 전통적인 확률법칙에 어긋나는 경우가 더 빈번하다고 한다. 그렇다면 일반적으로 여성이 남성보다 더 자주 인지적 오류를 범한다고 봐야 할까? 적어도 도박사의 오류 측면에서 바라보면 아닌 듯싶다. 도박사의 오류(gambler's fallacy)란 남녀 구분 없이 나타나는 일반적 인지 오류로 알려져 있다. 예를 들어, 사람들은 동전이나 구슬(룰렛)로 도박을 할 때 이전에 연속으로 나왔던 동전의 면이나 구슬이 멈추어서 가리킨 숫자가 다시 나올 확률이 낮다는 믿음을 가지고 빈번한 면이나 숫자에 돈을 거는 것을 꺼리는 비이성적인 행동을 한다. 비이성적인 이유는 동전이나 구슬 던지기 게임은 앞/뒷면 또는 다른 숫자가 나올 기회가 독립적이기

때문에 이전의 빈도가 이후의 성공확률에 아무런 영향을 끼치지 않기 때문이다. 동전의 앞면이 10번 연속으로 나온 뒤라도 뒷면이 나올 확률은 여전히 앞면이 나올 확률과 같은 50%인 것이다. 지금까지 로또에 한 번도 당첨된 적이 없다고 해서 미래의 당첨 확률이 높아지지 않는 것과 같은 이치다. 도박사의 오류에서 풀리지 않는 의문 중 하나가 여성과 남성의 차이다.

덴마크에는 우리나라의 나눔로또와 비슷한 로또 제도가 있다. 이 로또는 36개의 번호(1번부터 36번까지)가 적힌 작은 볼 7개를 무작위로 뽑아 매주 토요일 당첨자를 발표한다. 7개의 번호를 모두 맞히는 사람이 최고 당첨자가 된다. 최고 당첨금액의 평균은 53만 4,000유로(약 7억 3,000만 원)다. 인터넷 로또를 즐기는 방법은 크게 세 가지인데, 첫째로 본인이 직접 7개

의 번호를 선택하는 방법, 둘째로 로또 주관기관이 7개의 숫자를 자동으로 선택하게 하는 방법, 셋째로 본인이 8개의 번호를 선택한 후 주관기관이 이 숫자들로부터 무작위로 7개의 숫자를 선택하게 하는 방법이다. 마지막 방법을 시스템 로또라고 하는데, 시스템 로또를 즐기는 사람들은 그렇지 않은 사람들보다 이전의 로또 결과에 더 민감하기 때문에 도박사의 오류를 검증하기에 더 적합한 그룹이라고 알려져 있다.

네덜란드 틸뷔르흐대 연구진은 2005년도 후반기 28주 동안에 인터넷으로 도박을 즐긴 덴마크 사람들을 대상으로 도박사의 오류 실험을 진행했다. 시스템 로또 게이머들의 강한 도박사의 오류 성향은 실험에서 잘 드러났다. 첫 번째와 두 번째 방법을 선택한 게이머들은 36개의 숫자 중에서 평균 29개의 숫자를 사용했지만, 시스템 로또 게이머들은 평균 14개의 숫자만을 이용했다. 또한 시스템 로또를 하는 사람의 약 85%가 남성이고 15%가 여성이었다. 남성이 인터넷 도박에 더 적극적이라는 증거다. 여성의 약 20%, 남성의 18%가 28주 연속으로 게임을 했고, 5주 연속 또는 그 이하로 로또를 즐긴 여성은 32%, 남성은 38%였다. 평균적으로 여성은 남성보다 1주 정도 더 길게 연속 게임을 즐겼다. 연속으로 로또를 즐기는 패턴에 성별의 차이가 확연히 존재함을 보여 준다.

회귀분석의 결과는 더욱 세밀한 남녀 간의 차이를 나타냈다. 남성은 전주에 로또 주관기관에 의해 배합된 숫자를 피하려는 경향을 강하게 보였고, 전주에 선택된 숫자에 대한 베팅 확률은 여성보다 현저히 낮았다. 이는 본인이 전에 베팅한 번호를 의식적으로 피했다는 것을 뜻한다. 실제로 남성은 여성보다 전주에 선택된 숫자와 같은 번호를 택할 확률이

14.6%p 낮았다. 반대로 여성은 전주에 선택된 숫자와 선택되지 않은 숫자에 차별을 두지 않았다.

남녀의 차이는 많은 분야에서 관찰되고 있다. 미국에서는 성별이해지능(GI)이라는 주제가 새로운 블루오션으로 떠오른 지 오래다. 도박사의 오류에서 관찰된 남녀 간의 차이는 특히 금융시장의 발전 방향을 암시한다. 왜냐하면 금융시장의 많은 상품이 로또와 비슷한 성격을 지녔기 때문이다. 전통적으로 남성에게 적합한 직업으로 여겨져 온 각종 증권 및 투자 업무에서 도박사의 오류는 필연적이고 치명적 실수로 이어질 수 있다. 이제 성별 분산투자도 주목받아야 할 분야다.

곰곰이 되짚어 생각해 보기

1. 도박사의 오류를 예를 들어 설명해 보자.
2. 시스템 로또를 즐기는 사람이 그렇지 않은 사람보다 도박사의 오류를 검증하는 데 더 적합한 이유는 무엇인가?
3. 시스템 로또 게이머들이 도박사의 오류 성향이 더 강하다는 증거를 제시해 보자.
4. 도박사의 오류를 범하는 남녀 간의 차이를 실증분석 결과를 가지고 기술해 보자.
5. 도박사의 오류에서 관찰된 성별 차이가 금융시장의 발전 방향을 암시하는 이유를 설명해 보자.

43.
노후 자금 전략, 지각된 숙달이 출발점

- 재무적 자기효능감은 재무적 목적 성취를 위한 구체적 계획, 전략, 실행에 대한 총체적 자신감
- 개별 성격특성과 복합 성격특성으로 개선 가능
- 개별특성 중에서는 개방성이 재무적 자기효능감 증가에 가장 큰 기여
- 복합특성인 지각된 숙달이 재무적 자기효능감에 가장 강력한 영향력
- 개별특성은 복합특성으로 융합되면 그 독립적 영향력 희석

은퇴를 앞둔 사회인에게 퇴직 후 삶은 기대 반 걱정 반이다. 긴장과 스트레스의 반복이던 일상에서 벗어나 평소 선망만 하던 활동을 시간과 장소의 구애 없이 즐길 수 있다는 상상만 해도 고단했던 삶을 보상받는 느낌이다. 그러나 시간과 건강이 충분하다고 꿈꾸던 버킷리스트를 모두 실행에 옮길 수 있는 건 아니다. 경제력이 뒷받침되지 않으면 이룰 수 없는 희망도 많다. 그래서 대다수 예비 은퇴자의 재정 상태가 빈곤하다는 현실은 불편할 수밖에 없다. 버킷리스트에 담긴 기대와 희망은 언제든 고문이 될 수 있다.

안정적이면서 부족하지 않은 은퇴자금을 확보하는 것은 생각보다 쉽지 않다. 현재의 소비 욕구를 억제하고 미래를 위해 저축을 하는 행위는

경제적 관점뿐만 아니라 심리적 관점에서 볼 때 도달하기 힘든 목표다. 불확실한 미래의 안락함을 위해 현재의 즐거움과 재미를 참는 데서 오는 심리적 저항은 예상보다 훨씬 거세다.

현재와 미래, 소비와 저축 사이의 치열한 심리적 경쟁 그리고 이로 인한 딜레마를 해결하고 윤택한 은퇴 후 삶을 영위하려면 재무 상황을 스스로 관리하고 통제해야 한다. 이를 자기 규제(self-regulation)라고 한다. 정확한 저축목표와 저축원칙을 세우는 행위를 예로 들 수 있겠다. 자기 규제가 성공하기 위해서는 목적 성취를 위한 구체적 계획, 전략, 실행에 대한 총체적 자신감인 자기효능감(self-efficacy, SE)이 충만해야 한다. 그리고 자기효능감을 연금저축, 부의 축적, 자산운용 등의 재무관리 활동에 적용한 개념이 재무적 자기효능감(financial self-efficacy, FSE)이다. 불행히도 FSE는 나이가 들수록 쇠퇴한다. 다시 말해, 은퇴 후 풍요로운 삶을 위해 가장 적극적인 저축행위를 해야 하는 시기에 재무관리 능력에 대한 자신감은 매우 낮은 상태가 된다. 인구 고령화가 급속도로 진행되는 상황을 고려할 때, FSE를 제고할

수 있는 경제적·심리적 요인을 밝혀내는 일은 매우 중요하다. 미국 텍사스공과대 아세비도 교수팀은 은퇴의 불안과 공포에 시달리는 예비 은퇴자들에게 인간의 심리적 특성을 잘 이해하고 활용하면 FSE를 향상해 희망 고문을 피할 수 있다는 희망의 메시지를 전한다.

FSE가 회복탄력성, 통제력, 정서 등 심리적 요인에 영향력을 행사함으로써 재무의사결정과정에 적극적으로 관여한다는 선행연구에 착안하여 아세비도 교수팀은 은퇴를 목전에 둔 미국 시민 2,068명의 심리적 특성을 분석하여 FSE와의 상관관계를 밝히려는 연구를 진행했다. 연구팀은 개별적 성격특성과 복수의 성격특성이 융합해 표출되는 복합특성이 FSE의 증감에 결정적 역할을 한다고 믿고, 성격특성과 복합특성이 FSE에 영향을 미치는 11가지 가설을 검증했다.

성격특성은 행동과학에서 개방성, 성실성, 외향성, 친화성, 신경 과민성으로 분류된다. 각 특성의 강약은 보통 리커트 척도라고 불리는 분류법에 따라 측정된다. 두 가지 또는 그 이상의 개별적 성격특성이 서로 결합하면 성공에 대한 지각된 숙달(perceived mastery), 긍정 정서, 부정 정서, 과업 지향성 등의 복합특성을 형성한다.

연구 결과, 두 가지 성격특성이 두드러진 효과를 보였다. 은퇴자금 확보와 같은 어려운 재무적 도전에 직면할 때, 창의적이고 개방적인 성향을 지닌 개인들이 보수적이고 폐쇄적인 사람들보다 더 다양한 대안을 검토, 분석, 적용하고 재무관리를 더욱 조심스럽고 치밀하게 하는 성향을 보였다. 새로운 아이디어나 활동에 적극적인 성향을 나타내는 개방성이 한 단계씩 높아질수록 FSE가 증가할 가능성은 49%p씩 증가했다. 분노, 우울,

불안과 같은 불쾌한 감정을 쉽게 느끼는 성향인 신경 과민성은 예상대로 FSE에 부정적인 영향을 끼쳤다. 신경성이 높아질수록 FSE가 개선될 가능성은 39%p씩 감소했다.

자신감, 결단력, 추진력을 나타내는 복합특성인 지각된 숙달은 연구에 포함된 심리적 요인 중 가장 강력한 영향력을 발휘했다. 지각된 숙달이 한 단계씩 오를 때마다 FSE는 54%p씩 향상됐다. 긍정 정서와 과업 지향성도 각각 50%p와 26%p의 FSE 개선 효과를 보였다. FSE를 높이려면 삶의 밝은 면에 초점을 맞추고 계획한 일, 주어진 일에 최선을 다하는 버릇을 키워야 한다.

반면에, 부정 정서의 증가는 FSE를 48%p 떨어뜨리는 결과를 초래했다. 비관적인 감정이 좋은 결과로 이어진다는 생각 자체가 비상식적이다. 주목할 만한 것은 개방성과 신경 과민성의 유의한 영향력이 복합특성과 섞이면 사라졌다는 점이다. 개별적 성격특성은 복합특성으로 융합되면 그 독립적 영향력이 희석되는 듯하다.

은퇴 후 안락한 삶을 갈망하는 예비 은퇴자들은 소비와 저축 사이의 심리적 딜레마와 재무관리 능력 결핍이라는 버거운 과제와 도전에 직면한다. 현실을 탓하며 가볍게 넘기기에는 은퇴 후 삶에 필요한 경제적 규모는 거대하고 갈 길도 멀다. 인간적인 노후를 영위하고 존엄한 죽음을 맞이하기 위해서는 한참이나 부족한 노후 자금을 확대하기 위한 노력이 절실하다. 모든 일은 마음먹기에 달렸고[일체유심조(一切唯心造)] 마음만 먹으면 무엇이든 할 수 있다는 지각된 숙달이 그 출발점이 될 수 있다. 아는 것에 멈추면 마음을 맴도는 지식에 그치지만, 아는 것을 행하면 힘이 된다. 나와 세상을 변화시키는 에너지가 바로 이것 아닐까?

곰곰이 되짚어 생각해 보기

1. 안정적이면서 풍족한 은퇴자금을 확보하는 것이 생각보다 쉽지 않은 이유는 무엇인가?

2. 자기 규제를 정의하고 그 예를 들어 보자.

3. 자기효능감과 재무적 자기효능감(FSE)이란?

4. 개별적 성격특성인 개방성과 신경 과민성이 FSE에 미치는 영향을 기술해 보자.

5. 개별적 성격특성이 결합해 만들어진 네 가지 복합특성은 무엇인가?

6. 네 가지 복합특성이 FSE에 미치는 영향을 서술해 보자.

7. 개별적 성격특성과 복합특성을 동시에 고려하여 FSE 개선 가능성을 분석했을 때 나타난 주목할 만한 현상은 무엇인가?

8. 안락한 은퇴 후 삶을 열망하는 예비 은퇴자에게 소비와 저축 사이의 심리적 딜레마와 재무관리 능력 결핍은 버거운 장애물이다. 이를 극복하기 위한 노력의 좋은 출발점이 될 수 있는 특성은 무엇일까?

44.
여성이 참여하면
기업가치와 주주권익 개선된다

- 여성 인재 사회 진출이 주요 경쟁국이나 다른 OECD 국가에 비해 현저히 저조
- 여성 이사 참여로 인수합병 가치 창출과 주주권익 보호 향상
- 여성의 가치 창조적이고 권익 보호적 성향을 기업활동에 국한하는 건 자원 낭비

기업의 인수합병은 론스타와 포스코 사태나 삼성물산과 제일모직 합병과정에서의 재무적 투자자(엘리엇)와 삼성 간의 신경전 등을 통해 우리에게 익숙한 화젯거리가 됐다. 흥미로운 점은 굵직굵직한 인수합병 소식의 대부분이 부정적이라는 점이다. 론스타는 먹튀 논란을 일으킨 후 우리나라 정부와 SID 소송을 진행해 2022년 8월 말에 3,000억 원에 달하는 배상 판결을 받아 냈다. 포스코는 2011~2015년 기간 인수합병이 주주권익에 반하는 행위였다는 의혹으로 검찰의 수사를 받았다. 삼성물산과 제일모직 합병 건은 시너지 측면보다는 승계와 연관된 것 아니냐는 시각이 부각됐다.

이러한 흐름과 무관하지 않게 학계의 인수합병 관련 연구도 전반적으

로 부정적이다. 인수합병의 70% 이상이 기업가치 창출에 실패하고 그 원인으로 경영자의 자기과신, 과다한 인수대금, 미숙한 준비과정, 전문인력의 부족, 사후 통합 미숙 등 다양한 요인이 제시됐다. 행동재무학자와 행동경제학자들은 자기과신을 비롯해 과다한 인수대금을 유발하는 심리적 요인에 관한 광범위한 연구를 진행해 오고 있다.

캐나다 브리티시컬럼비아대 연구팀은 인수합병의 주요 실패 원인 중 하나인 과다한 인수대금과 성별과의 관계를 자기과신과 주주권익 보호의 관점에서 조명했다. 여성 인재의 사회 진출이 주요 경쟁국이나 다른 OECD 국가에 비해 현저히 저조한 우리 사회 전반에 경종을 울릴 만하다.

1997년부터 2009년 사이에 S&P 1500 지수에 속한 기업들의 인수합병 사례를 조사한 바에 따르면, 인수합병을 논의하고 결정하는 이사회의 크기는 평균 10명 정도이고 이 중에서 여성 이사의 참여 비율은 10%를 약간 밑돌았다. 눈에 띄는 경향은 기업의 이사회에 여성 이사의 수가 많을 수록 인수합병의 제안 빈도가 감소했다는 것이다. 기업의 이사회에 여성 이사의 수가 한 명 증가할 때마다 인수합병 제안 건수는 7.6%p 감소했다. 여성 이사가 전혀 없는 이사회일 경우 100건이던 인수합병 제안이 여성 이사 한 명의 참여로 말미암아 92.4건이 된다는 의미다. 이사회 구성의 성별 다양화는 신중한 인수합병으로 이어지는 듯하다.

더욱 주목해야 할 점은 여성 이사의 증가가 인수합병의 수적 제한에 국한된 것이 아니라 인수합병 가격에도 큰 영향을 미친다는 것이다. 이사회에 여성 이사 한 명이 추가로 참여할 때마다 인수합병 프리미엄은 그렇지 않은 경우보다 15.4%p 감소했다. 한 명의 여성 이사는 인수합병 시 1,000억의 프리미엄을 846억으로 낮출 수 있다는 뜻이다. 이러한 결과는 여성이 남성에 비해 일반적으로 자기과신의 정도가 덜 심하다는 이전의 연구 결과를 뒷받침한다. 다시 말해, 인수합병의 분석, 평가, 판단 시 자기과신으로 말미암은 과다한 프리미엄을 줄이려면 의사결정과정에 더 많은 여성을 참여시키는 게 바람직하다.

하지만 여성 이사 구성비가 인수합병 프리미엄에 미치는 긍정적 현상은 인수대상 기업에서는 나타나지 않았다. 아마도 인수가격에 대한 정보 비대칭이 심각하지 않기 때문으로 판단된다. 즉 인수대상 기업의 가치 불확실성은 인수기업 관계자들에게는 매우 높지만 대상기업의 내부 관계자들에게는 상대적으로 경미한 수준이라 성별로 인한 인수합병 의견 차이가 미미한 것으로 추측된다.

더불어 여성 이사는 남성 이사보다 본연의 역할 중 하나인 기업활동 감시를 더 적극적으로 수행하며 이사회 안건에 대해 더욱 심사숙고하는 모습을 보였다. 이러한 요인은 기업문화와 최고경영자의 경영 스타일에 영향을 미쳐 부가가치를 창출하는 의사결정을 보다 신중하게 유도하고 궁극적으로 주주권익의 향상에 이바지한다.

여성의 사회 진출이 글로벌 추세이고 인수합병이 기업의 생존과 발전을 위한 필수적 경영전략인 상황에서 여성 이사가 인수합병의 가치 창출과 주주권익 보호에 이바지한다는 사실은 매우 중요하면서도 고무적이다. 그리고 여성의 가치 창조적, 권익 보호적 성향을 기업활동에만 국한 짓는 것은 자원 낭비다. 정치, 사회, 문화에 고루 확대돼야 한다. 가치 창출과 주주권익 증대의 열쇠는 오랫동안 우리 곁에 있어 왔다. 등잔 밑이 어두웠을 뿐이다.

곰곰이 되짚어 생각해 보기

1. 기업의 인수합병이 부정적 뉘앙스를 풍기는 경우가 종종 있다. 실제 사례를 몇 가지 들어 보자.
2. 학계의 인수합병 관련 연구도 전반적으로 부정적이다. 부정적인 연구 결과의 몇 가지 예를 제시해 보자.
3. 이사회 구성의 성별 다양화가 신중한 인수합병으로 이어진다는 사례 조사 결과를 제시해 보자.
4. 여성 이사의 증가가 인수합병 제안 건수의 감소에 국한된 것이 아니라 인수합병 가격에도 큰 영향을 미친다는 증거를 제시하고, 그 의미를 설명해 보자.
5. 여성 이사 구성비가 인수합병 프리미엄에 미치는 긍정적 현상이 인수대상 기업에서는 나타나지 않는 이유를 추측해 보자.
6. 여성 이사의 증가가 주주권익 보호에도 이바지한다는 주장을 뒷받침하는 연구 결과는 무엇인가?

45.
여성과의 협업으로 자기과신과
과도한 주식 매매 행태를 바로잡는다

- 자기과신은 빈번한 주식거래의 주요 원인 중 하나
- 남녀 간 자기과신의 정도와 거래 빈도 큰 차이
- 남녀 간 협업으로 과도한 거래로 말미암은 손실 희석
- 융합과 통합의 시대에 남녀협업도 거스를 수 없는 대세

오늘도 수많은 투자자는 주식을 거래하느라 분주하다. 날마다 수조 원에 이르는 수억 주의 주식이 옛 주인을 뒤로하고 새 주인을 만난다. 현금이 꼭 필요해서 주식을 팔거나 장·단기 투자 목적으로 사들인 주식을 몇 개월 또는 몇 년 보유한 뒤 매매차익을 실현하기 위해 이루어지는 거래는 주식시장의 순기능과 이윤추구라는 측면에서 자연스럽고 당연한 현상이다. 그러나 하루라도 거래를 하지 않으면 나에게 올 수익이 남들에게 가는 양 초조해하는 투자자와 오르는 주식을 보며 나도 더 늦기 전에 동참해서 재미를 봐야지 하는 조급한 투자자도 부지기수다. 주식을 자주 사고파는 것이 수익을 늘리는 데 별 도움이 되지 않는다는 것은 다수의 연구에 의해 이미 밝혀진 사실이고 투자자 본인의 거래 경험을 통해서도 쉽

게 확인할 수 있는 주식시장의 불편한 진실이기도 하다.

그런데 우리는 왜 아직도 필요 이상의 주식거래를 멈추지 못하고 같은 실수를 반복하는 것일까? 우리 안의 어떤 메커니즘이 우리를 거래중독에서 헤어 나오지 못하게 하는 걸까? 중국 항저우 저장대의 연구진은 이성적이고 합리적 사고에 반대되는 개념인 직관적 판단과 선택에 결정적 역할을 미치는 자기과신이라는 오래된 편향을 가지고 상식을 벗어난 투자자의 과도한 주식 매매 행태를 재조명하고 여성의 급속한 사회 진출과 경제적 역할증대라는 글로벌 추세를 감안하여 자기과신과 주식거래에서의 성별 차이를 분석하여 신선한 해결책을 제시했다.

미국의 저명한 재무학자인 바버와 오딘의 연구에 의하면 주식거래를 빈번히 하는 개인투자자들의 평균수익률(11.4%)은 주식시장 전체의 평균수익률(17.9%)의 63.7%에 불과했으며, 자신이 보통의 투자자보다 뛰어나다고 확신하는 편향, 즉 자기과신에 크게 기인하는 것으로 나타났다. 더 나아가 남녀 간 거래 빈도의 차이를 보았더니 남성이 여성보다 훨씬 자주 소유주식을 변경하는 것으로 나타났다. 수치로 표현하자면 여성이 100번의 거래를 할 때 남성은 145번을 거래하는 것으로 조사됐다. 남성들의 이러한 과도한 거래는 그들의 평균수익률을 연평균 2.65%나 낮추는 결과를 초래했다.

주식의 매도와 매수를 위해서는 시간과 노력의 투자가 필수적이다. 주식을 사고팔아야 하는 이유는 논리적으로 설명할 수 있어야 하고 타당한 증거로 뒷받침되어야 한다. 궁극적으로 주식의 매매는 투자수익률을 증대시키는 역할을 하는 것이 이치에도 맞다. 금쪽같은 시간을 들여 땀 흘려 노력한 결과가 수익감소라면 근본적인 원인이 무엇인지 그리고 어떤 대책을 세워야 하는지 고민하는 것이 순리일 것이다.

연구팀은 저장대 학생 110명(남학생 44명, 여학생 66명)을 대상으로 2013년 설문조사를 실시했다. 조사내용을 보면 먼저 개인별 자기과신의 정도를 측정하기 위해 "당신을 포함한 10명의 주식투자자 중에서 당신보다 더 높은 수익을 올릴 투자자의 수는 몇 명일 것으로 생각하는가?"라는 질문에 대한 답을 요구한다. 자신이 최고라고 생각하는 사람은 0이라고 적을 것이고, 자신이 최하위일 것이라고 예상하는 사람은 9라고 적을 것이다. 전자는 자기과신이 심한 사람이고, 후자는 자신감이 매우 결여된 사람이라고 볼 수 있다. 따라서 4.5는 자기과신의 정도가 평균이라는 의미가 된다. 다시 말하면 적어 낸 숫자가 4.5보다 작으면 자신이 평균 이상이라는 자신감을 보이는 것(자기과신)이고 반대로 4.5보다 크면 자신이 평균 이하라는 겸손함(자기과신의 반대 개념)을 나타내는 것으로 간주할 수 있다. 연구팀은 이렇게 4.5를 기준으로 참여자들을 자기과신 그룹과 비(非)자기과신 그룹으로 나누었다. 이후 대학생 투자자들에게는 같은 액수의 투자금과 주식을 주고, 정해진 시간 안에 각자에게 지급된 개인 컴퓨터의 주식 매매 플랫폼을 이용해 주식을 거래하도록 했다. 이때 주식거래의 빈도는 컴퓨터가 자동으로 계산했다.

실험 결과는 예상했던 대로 투자자의 일반적 거래 행태를 여실히 드러냈다. 자기과신 그룹은 비자기과신 그룹보다 30% 이상 더 활발히 거래했다. 즉 비자기과신 그룹이 10번을 거래하면 자기과신 그룹은 13번을 거래했다. 자기과신의 정도도 남성이 여성에 비해 현저히 높았다. 여학생들의 자기과신 평균 점수는 자기과신과 비자기과신을 분류하는 기준인 4.5보다도 작은 4.3이었던 반면 남학생들의 자기과신 평균 점수는 5.2를 기록했다. 더욱이 남학생과 여학생 사이에 관찰된 주식의 거래 빈도 차이는 자기과신 그룹과 비자기과신 그룹의 거래 빈도 차이를 가볍게 넘어섰다. 여학생이 66회 거래를 할 때 남학생은 약 96회를 거래하여 그 현저한 차이를 실감하게 했다.

저장대 연구팀의 실험 결과는 빈번한 주식거래의 주요 원인 중 하나가 자기과신이며, 남녀 간에는 자기과신의 정도와 거래 빈도에서 큰 차이가 실제로 존재한다는 것을 간단명료하게 보여 준다. 의미 있는 발견이다. 하지만 더 중요한 것은 우리가 어떻게 이러한 차이를 활용하느냐가 아닐까 싶다. 차이를 줄이거나 없애는 것은 거의 불가능에 가까운 일이지만 차이를 활용하여 실보다 득이 많게 하는 것은 사고의 전환 등을 통해 의외로 간단히 실현될 수 있다. 당장 남녀 간의 협업은 자기과신의 정도를 거의 평균에 가깝게 끌어내릴 가능성이 충분하다. 포트폴리오 관리 시 여성의 참여를 활성화하면 과도한 거래로 말미암은 근거 없는 손실도 희석하는 효과를 꽤 빠르게 볼 수 있을 것이다. 융합과 통합의 시대에 남녀 협업도 거스를 수 없는 대세가 되어 가고 있다.

곰곰이 되짚어 생각해 보기

1. 빈번한 주식거래로 인해 발생하는 불편한 진실을 바버와 오딘의 연구 결과를 토대로 논의해 보자.
2. 주식의 매도와 매수를 위해서 꼭 필요한 요소와 반드시 거쳐야 하는 과정은 무엇인가?
3. 자기과신 그룹과 비자기과신 그룹 간 거래 행태의 차이를 기술해 보자.
4. 여성과 남성 간 자기과신의 차이와 거래 행태의 차이를 서술해 보자.
5. 주식투자에서 남녀협업이 중요한 이유는 무엇인가?

46.
예측부가가치 높이려면
편향과 싸워라

- 예측을 제대로 하려면 편향 회피해야!
- 아는 것은 힘이지만 '모른다는 것을 아는 것'은 지혜
- 예측은 감각이나 직관 아닌, 성공·실패 경험 분석과 이해로 얻어지는 통찰력으로 해야!

우리의 일상은 판단과 의사결정의 연속이다. 판단하고 결정하려면 그 대상에 대한 예측이 필수다. 특히 기업 입장에서 수요와 매출, 그리고 그에 따른 생산량을 예측하고 사업계획안을 마련하는 것은 기업의 생존, 혁신, 성장과 직결된다. 다행히 인공지능과 같은 과학기술의 발전에 힘입어 예측력도 급속도로 발전하고 있다. 그러나 예측이 불확실한 미래에 대한 기댓값을 추정한다는 점과 예측의 주체가 편향에 휩쓸리기 쉬운 인간이라는 사실은 기술이 넘어야 할 큰 장애물이다. 미래의 불확실성은 관리하고 통제할 수 있는 영역이 아니므로 일단은 차치하고 예측을 왜곡하는 편향의 정체를 밝혀 그 영향력을 억제할 전략 마련이 급선무다. 글로벌 경영컨설팅 기업인 노스파인드파트너스(NorthFind Partners)의 창립자이자

CEO인 조너선 카렐스는 16가지 편향과 예측 간의 상관관계를 분석해 그 중 예측에 결정적 영향을 미치는 네 가지 편향을 추출하고 그에 대한 구체적 대처법을 제시했다.

연구팀은 남·북미 아메리카, 유럽, 아프리카, 중동, 아시아태평양 지역에 거주하는 500명의 예측 전문가(82%)와 일반인인 비전문가(18%)를 대상으로 예측 관련 설문조사를 실시해 16가지 편향이 예측 과정에 얼마나 개입하는지를 비교·분석했다. 예측 전문가의 예측 경력은 1년부터 5년 이상까지 다양했고 개인들은 예측 경력이 전무했다.

연구 결과, 검증 대상인 16가지 편향 중 예측에 두드러진 영향력을 행사한 편향은 (1) 자기과신, (2) 방향성 편향(directional bias), (3) 클러스터 오류(cluster illusion), (4) 프레이밍 효과 등 네 가지로 밝혀졌다.

예측 시 자기과신 편향의 유무와 강도는 참가자들이 평소에 접하지 못하는 희귀하고 난해한 질문을 통해 측정됐다. 예를 들어, 참가자들은 이집트 아케나톤 왕이 태어난 해와 명왕성의 직경을 90%의 확신이 반영된 구간 추정치(interval estimate, 모집단의 특성을 나타내는 모수를 표본 추출할 때 모수가 포함돼 있을 것으로 추측하는 구간)로 예측했다. 정답을 포함하지 못해 예측이 빗나간 구간 추정치를 써낸 대상자는 전체의 3분의 2에 달했다. 이는 예측 경험과 무관하게 광범위한 자기과신 편향이 드러났다는 뜻이다. 자기과신은 시간과 공간, 남녀노소, 계층, 문화, 지역과 국가의 경계를 무색하게 한다. 특히 예측 전문가가 자기과신적 예측을 할 확률은 비전문가에 비해 10%p 이상 높았다. 동시에 예측 경험이 쌓일수록 자기과신의 정도가 감소하는 더닝-크루거 효과(Dunning-Kruger effect)는 예측 전문가들에게서만 관찰됐다. 5년 이상의 예측 경험을 가진 전문가의 평균 자기과신은 1년 이하의 예측 경험을 가진 전문가의 80% 수준에 그쳤다.

패턴이 존재하지 않는 랜덤 자료에서 패턴을 찾으려는 성향을 클러스터 오류라고 한다. 컨설팅 현장에서 다양한 클라이언트와 일하는 예측 전문가들이 종종 통계적 알고리즘이 제시하는 최선의 해결책을 무시하고 자신들의 주관적 예측에 의존하는 경향은 클러스터 오류와 밀접한 관계가 있다. 실험에서 참가자들은 랜덤 자료로부터 생성된 산포도와 막대그래프를 보고 패턴을 찾는 과제를 수행했는데, 약 3분의 2의 참가자들이 패턴을 발견했다고 응답했다.

의사결정에 가장 강력한 영향을 미치는 편향 중 하나로 정평이 난 프레이밍 효과는 똑같은 자료라도 제시되는 방식에 따라 사람들의 판단과 선택이 달라지는 현상을 일컫는다. 예를 들어, 요구르트의 지방함량 표시를 '20% 지방'으로 하는 것보다 '80% 무지방'으로 할 때 매출이 월등히 높아진다. 연구팀은 티버스키와 카너먼 교수가 소개해 잘 알려진 위험선호 실험으로 예측 속에 존재하는 프레이밍 효과를 측정했다. 대상자들에게 문제 상황에 대한 긍정적 프레임(600명 중 200명 생존)과 부정적 프레임(600명 중 400명 사망)을 담은 선택지를 각각 제시했다. 각 프레임에서 대상자들은 위험회피적 선택이나 위험추구적 선택을 내릴 수 있고 어떤 선택을 하든 그 결과는 동일했다. 실험 결과, 긍정적 프레임에 노출된 참가자의 72%가 위험회피적 선택을 했지만, 부정적 프레임에 노출된 참가자의 78%는 위험추구적 선택을 했다.

또 다른 실험에서 참가자들은 전형적인 재무제표 자료를 보고 기업의 미래를 전망했다(1차 예측). 이후 긍정적이지만 매우 추상적인 두 개의 메시지가 제시됐다. 첫째, 앞으로 6~9개월 이내에 기업이 추가 생산능력을 갖게 될 것이다. 둘째, 매출 담당 부서에 따르면 경쟁기업은 시장에서의 철수를 고려하고 있다. 두 메시지를 접한 후 참가자들은 다시 기업의 미래를 예측했다. 1차 예측보다 긍정적 예측이 3배 이상 증가했고 참가자의 50% 가까이가 1차 예측을 번복했다. 프레임의 작은 변화가 종종 예측의 향방을 좌우한다.

방향성 편향은 합리적인 근거나 이유 없이 사건이나 상황을 과도하게 낙관하거나 비관하는 인지적 성향이다. 참가자들은 특별한 의미가 부여되지 않은 매출 관련 랜덤 시계열 자료를 보고 미래 매출이 어떻게 전개될 것인가에 대한 의견을 "더 나아질 것이다", "더 악화될 것이다" 또는 "현재와 비슷할 것이다"로 답했다. 분석 결과, 90% 이상의 참가자들이 낙관적 또는 비관적 방향에 치우친 예측을 하는 방향성 편향 소유자로 판명됐다. 참가자 중 일부는 판매 및 마케팅 담당자와 매출에 관한 낙관적 또는 비관적 대화를 상상하며 예측을 했는데 낙관적 대화를 상상한 참가자의 낙관적 예측과 비관적 대화를 상상한 참가자의 비관적 예측이 현저히 늘어났다. 이는 프레이밍이 방향성 편향을 증폭시키는 효과를 냈다는 의미다.

연구팀은 이러한 편향의 작용을 추적하고 약화시켜 예측력을 향상할 수 있는 세 가지 방안을 제시했다. 첫째, 예측 수정 시 반드시 근거를 대도록 하는 넛지를 활용하라. 둘째, 다양한 성격 유형을 가진 사람들로 예측 팀을 구성하라. 셋째, 무의식적 편향이 끼치는 해악에 대한 경각심을 끌어올리는 편향 평가, 교육, 훈련 시스템을 구축하라.

편향이 예측에 미치는 영향은 많은 연구에 의해 그 원인과 결과가 규명되고 있다. 예측은 의사결정의 핵심 중 핵심이다. 예측이 없이는 아무런 의사결정도 할 수 없다. 올바른 의사결정을 위해서 정확한 예측이 필수인 것도 당연하다. 그러나 정확한 예측이란 애초에 불가능한 목표다. 미래는 불확실하고 모르는 것투성이기 때문이다. 더구나 예측의 주체인 인간은 수많은 편향의 희생양이다. 불확실성으로 인해 가뜩이나 부정확한 예측은 편향 때문에 더욱 예측불허의 늪으로 빠진다.

늪에서의 탈출은 이러한 현실을 직시하는 데서 시작한다. 세계적인 경영 사상가인 애덤 그랜트의 말처럼 아는 것은 힘이지만 '모른다는 것을 아는 것'은 지혜다. 예측은 감각이나 직관으로 하는 것(reflexive forecasting)

이 아니라 성공과 실패의 경험을 철저히 분석하고 이해하려는 과정에서 얻어지는 통찰력(reflective forecasting)으로 하는 것이다. 이를 위해 예측에 관여하는 팀 구성원의 다양성 확보, 편향의 발현을 억제하는 넛지 활용, 편향에 대한 지속적인 평가, 교육, 훈련이 가능한 예측 시스템 구축은 기본 요건이다. 그래야 예측이 만들어 내는 부가가치(forecast value added)가 플러스가 될 수 있다.

곰곰이 되짚어 생각해 보기

1. 16가지 편향 중 예측에 두드러진 영향력을 행사한 네 가지 편향은 무엇인가?
2. 더닝-크루거 효과란?
3. 클러스터 오류를 설명해 보자.
4. 프레임이 위험에 대한 태도(선호)를 바꾼다는 증거를 제시해 보자.
5. 프레임의 작은 변화가 기업의 미래 전망에 대한 예측 향방을 좌우할 수 있다는 실험 결과를 기술해 보자.
6. 방향성 편향이란?
7. 방향성 편향과 관련한 실험 결과는 무엇인가?
8. 편향의 작용을 추적하고 약화시켜 예측력을 향상할 수 있는 세 가지 방안을 기술해 보자.

47.
프레임의 작은 변화가
기부문화의 혁신을 이끈다

- 기부장려 문구 프레임의 작은 변화가 기부 2배로 활성화
- 프레이밍 효과 활용이 널리 인간을 이롭게 하는 큰 반향

　　투자의 귀재 워런 버핏과 마이크로소프트의 빌 게이츠는 세계적 거부로도 잘 알려졌지만, 번 돈을 사회에 환원하는 존경받는 기부자로서의 명성도 대단하다. 선진국에서는 성공한 기업인뿐만 아니라 많은 개인이 공공의 이익과 복지를 위해 땀 흘려 번 재산을 기부 형식으로 사회에 환원한다. 혜택은 사람답게 살 수 있는 환경과 문화의 발전에 쓰여 사회구성원에게 골고루 돌아간다.

　　2015년 말에 전국의 만 19세에서 59세 사이의 한국인 1,000명을 대상으로 기부 관련 설문조사를 한 결과에 따르면, 응답자의 87%가 한국의 기부문화 수준이 낮다고 평가했고 과반수는 우리나라의 기부문화가 더 발전하지 못할 것으로 생각하고 있었다. 실질적인 기부 수준도 세계 40위

권 밖에 머물고 있어 무역 규모 세계 10위권과 경제 규모 세계 15위권을 무색하게 한다. 선진국에 뒤지는 것은 물론이고 심지어 미얀마, 필리핀, 라오스와 같은 신흥 개발도상국보다도 기부를 적게 한다고 한다. 우리의 뒤처진 기부문화를 어떻게 하면 획기적으로 바꾸어 문화 선진국으로 발돋움할 수 있을까? 유명 연예인들을 활용한 스타마케팅이나 정부 주도의 공익마케팅과 같은 호소형 방법만으로 많은 사람의 마음을 움직이는 것은 역부족이다. 기존의 프레임을 간단하지만, 근본적으로 바꾸어 보고자 하는 혁신적 마인드에서 그 실마리를 찾아보자.

유럽의 주요 국가들을 대상으로 운전자들의 장기(臟器) 기증 현황과 원인을 살펴본 연구가 있었다. 덴마크, 네덜란드, 영국, 독일의 장기 기증률은 모두 30%를 밑돈 반면 오스트리아, 프랑스, 헝가리, 폴란드, 포르투갈은 100%의 장기 기증률을 보였다. 정치, 경제, 문화적으로 융합의 정도가 높은 지역에서 나타난 결과치고는 너무나 큰 격차였다. 원인은 예상 밖에 면허시험장에 비치된 신청양식에 있었던 것으로 드러났다. 장기 기증률이 저조한 나라들의 신청양식에는 "장기 기증을 하시려면 아래 박스에 체크하십시오."라는 문구가 있었고 기증률이 높은 나라들의 양식에는 "장기 기증을 하지 않으시려면 아래 박스에 체크하십시오."라고 적혀 있었다. 서류 양식이라는 프레임의 아주 작은 차이(글자 몇 자)로 기부 의사 결정의 방향을 정할 수도 있다는 교훈을 준 의미 있는 발견이었다.

기부장려를 목적으로 한 비슷한 연구가 스웨덴 린네대 연구팀에 의해 스웨덴 대학생 196명을 대상으로 수행됐다. 이 연구는 아프리카 우간다 어린이들의 생활 수준을 향상할 목적으로 스웨덴에서 2008년도에 설립된

골로몰로(Golomolo)라는 비영리 기부 기관과 공조하여 2015년도에 시행됐다. 참가 학생들은 골로몰로의 기부장려 포스터와 책자, 그리고 골로몰로 기부 관련 특별 메시지를 보고 기부 의사와 기부액을 결정했다. 포스터와 책자에는 일반적인 기부장려 문구인 "여러분의 기부가 변화를 만듭니다." 와 "당신의 기부는 우간다 어린이와 고아들의 교육과 생활 수준 향상을 위해 소중히 쓰입니다."가 적혀 있었다. 기부 관련 특별 메시지는 세 종류로 나뉘었는데 각 학생은 셋 중 하나에만 노출됐다.

첫 번째 메시지는 "20스웨덴 크로나(약 3,000원)를 기부함으로써 골로몰로의 우간다 어린이 지원활동을 도울 수 있다"는 매우 상식적인 정보를 담았고, 두 번째 메시지는 "스웨덴 전체 대학생의 73%가 20크로나를 골로몰로에 기부했다"는 구체적인 정보를, 세 번째 메시지는 "당신이 공부하는 대학교 학생들의 73%가 20크로나를 골로몰로에 기부했다"는 통계치를 제시했다. 첫 번째 메시지는 대부분의 기부 기관에서 일반적으로 사용하는 평범한 메시지이고, 두 번째 메시지는 광범위한 준거 그룹(이 경우는 스웨덴 대학생 전체)의 기부 성향, 세 번째 메시지는 실험참가자들이 속한 그룹(참가 학생들이 재학 중인 대학교)의 기부 성향을 보여 준다. 즉, 두 번째와 세 번째 메시지는 특정 준거 그룹의 기부행위가 나의 기부행위에 미치는 영향을 알아보기 위한 조건으로 사용됐다.

결과는 유럽의 장기 기증 사례처럼 놀라웠다. 같은 학교 대학생과 전국의 대학생 상당수가 골로몰로 기부 운동에 동참했다는 메시지와 함께 기부를 권유받은 학생들은 일반적이고 평범한 메시지에 노출된 학생들보다 기부금을 더 많이 냈고 기부율도 훨씬 높게 나타났다. 구체적으로, 다른 많은 학생이 동참한다는 사실(두 번째와 세 번째 메시지)을 아는 경우에 참가자들은 평균 17.68크로나를 기부할 것이라 답했다. 이는 평범한 메시지만을 접한 참가자들의 평균 기부금인 9.11크로나의 약 2배에 달하는 액수였다. 기부 의사를 밝힌 참가자들의 비율인 기부율도 전자의 경우는 70%에 달한 반면 후자는 43%에도 미치지 못했다.

더욱 흥미로운 결과는 같은 학교에 다니는 학생들의 73%가 기부를 했다는 정보를 듣고 기부를 결정한 실험참가자들의 기부금은 20.78크로나였던 반면 스웨덴 대학생 전체의 73%가 기부를 했다는 사실을 알고 기부한 학생들의 기부금은 14.7크로나였다는 사실이다. 기부율도 같은 대학교 학생들의 동참을 확인한 경우는 80%에 가까웠지만, 대학생들의 전반적인 참여율을 확인한 경우는 60% 정도의 학생들만이 기부에 참여하겠다고

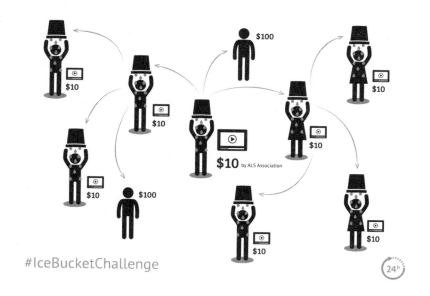

#IceBucketChallenge

밝혔다. 동료집단의 동참, 특히 가까이 있는 동료들의 동참을 확인하는 것만으로도 기부 참여와 기여도를 크게 향상할 수 있다는 의미다. 다시 말해서, 기부장려 문구라는 프레임에 작은 변화를 주는 것만으로도 기부를 2배로 활성화할 수 있다는 가능성을 확인한 결과라 하겠다.

　2014년에 '아이스 버킷 챌린지'라는 사회운동이 큰 관심을 끌었다. 근위축성측색경화증(amyotrophic lateral sclerosis, ALS: 일명 '루게릭병')에 관한 관심을 환기하고 기부를 활성화하기 위해 시작된 운동이었는데, SNS를 통해 급격히 퍼져 나가 2014년 ALS 협회로 들어온 기부금 액수가 1억 달러(약 1,200억 원)에 달했다. 한 해 전 모금액인 270만 달러(약 32억 원)에 비하면 실로 믿기 어려운 성과였다. 루게릭병을 앓고 있던 친구를 돕기 위해 이 운동을 시작한 코리 그리핀이라는 미국의 젊은이는 프레이밍 효과를 의식하고 이 운동을 시작했을까? 알았든 몰랐든, 작은 변화로 널리 인간을 이롭게 하는 큰 반향을 일으킬 수 있다면 마다할 이유가 없다. 작은 변화가 필요한 곳이 어디 있는지 모두 함께 눈에 불을 켜고 찾아볼 일이다.

곰곰이 되짚어 생각해 보기

1. 대한민국 기부문화의 현실은 어떠한가?

2. 오스트리아, 프랑스, 헝가리, 폴란드, 포르투갈이 100%의 장기 기증률을 보인 이유는 무엇인가?

3. 스웨덴 대학생을 대상으로 한 골로몰로 기부장려 연구에서 사용된 세 가지 메시지별 기부금과 기부율을 기술해 보자.

4. 골로몰로 기부장려 연구의 결과가 주는 교훈은 무엇인가?

5. 아이스 버킷 챌린지 운동의 성과와 의의는 무엇인가?

48.
에너지 혁명은
넛지로부터

- 넛지는 옆구리를 살짝 찌르는 정도의 자연스러운 자극
- 넛지의 원리가 전기수요를 줄이는 데 매우 효과적
- 넛지는 자율적 선택과 참여 기반으로 지속 가능한 효과

베스트셀러 《넛지(Nudge)》의 저자인 시카고대 리처드 탈러 교수는 2017년 노벨경제학상을 수상했다. 탈러 교수가 넛지의 개념을 체계화·대중화하는 데 기여한 공로는 크지만 그렇다고 넛지가 완전히 새로운 아이디어는 아니다. 이메일을 제목 없이 보내려고 하면 "제목 없이 이메일을 보내시겠습니까?"라는 알림창 덕에 제목 없는 이메일을 보내는 실수를 모면한다거나 컴퓨터의 파일을 지우려고 '삭제' 버튼을 누르면 "선택하신 파일이 영구적으로 지워집니다. 진행하시겠습니까?"라는 메시지 덕에 소중한 파일의 영구 소멸을 예방하는 것도 넛지에 해당한다.

요즘 남자 화장실의 변기 하단부에는 파리가 많이 그려져 있다. 그러나 이 작은 변화로 화장실이 훨씬 청결해졌다는 것을 아는 사람은 드물

다. 미국 텍사스주의 고속도로를 달리다 보면 "Don't mess with Texas(텍사스를 쓰레기로 더럽히지 마시오)"라는 표지판을 자주 볼 수 있다. 2006년 미국인이 가장 사랑하는 표어로 선정되기도 한 이 캠페인 문구는 텍사스주 쓰레기 투기량을 획기적으로 줄인 일등 공신이다. 이처럼 넛지는 이미 일상의 여러 분야에서 우리가 올바른 판단과 선택을 하도록 그 본연의 임무를 충실히 수행하고 있다.

아일랜드 트리니티대의 코스모 교수팀의 연구는 넛지의 영역을 에너지 분야로 확대했다. 10여 년 전만 해도 매년 여름과 겨울의 전력수급난, 발전기 고장, 전기요금 인상 등으로 불편을 겪는 사람이 많았다. 이에 대한 해법을 찾고자 정부는 주로 전력공급의 확대 방안에 골몰했다. 신재생에너지와 청정에너지의 공급을 늘려 환경파괴의 주범인 화석연료 사용을 줄이는 정책, 체르노빌과 후쿠시마 사태에서 나타났듯 사고 시 치명적인 결과를 가져오는 원자력 발전을 줄이는 에너지 전환정책이 여기에 해당한다.

전력이 생산되는 방법을 원천적으로 바꿔서 전기공급과 소비 문제를 해결하는 공급 측면의 접근법도 필요하지만, 전기를 효율적으로 사용해서 전기소비량을 줄이는 수요 중심적 정책도 마련할 필요가 있다. 이는 전력

생산에 들어가는 막대한 고정비용이나 환경파괴와 건강위험 등에 따른 사회적 비용을 발생시키지 않는 고효율 대안이기 때문이다.

코스모 교수팀은 넛지의 원리가 전기수요를 줄이는 데 매우 효과적일 것으로 봤다. 5,000여 아일랜드 가구를 대상으로 진행된 연구에서 이들은 시간대별로 전기료를 차별적으로 부과하는 것과 전기소비량 및 비용에 관한 정보를 제공하는 것이 피크타임(오후 5~7시)의 전기 사용 행태에 미치는 영향을 분석했다. 예상대로 피크타임에 더 비싼 전기료를 부과하면 피크타임의 전기소비량이 현저히 감소했다. 피크타임의 전기소비량이 줄었다고 다른 시간대의 사용량이 증가하지는 않았다. 단순히 전기료를 차별적으로 부과하는 정책만으로 전기소비량을 줄인 것이다.

또한 전기료 고지서를 한 달에 한 번 받는 가정이 두 달에 한 번 받는 가정보다 피크타임 전기소비량이 적었다. 차별적인 전기료 부과정책으로 인한 전기소비량 감소 효과를 더욱 높이는 방법은 실시간으로 전기사용량과 비용을 소비자가 볼 수 있게 하는 것(in-home display, IHD)이었다. 한 달이나 두 달에 한 번 고지서를 받을 때보다 IHD를 통해 실시간으로 전기 사용 및 비용 정보를 볼 때 피크타임 사용료를 조금만 올려도 훨씬 큰 전기료 절감 효과가 나타났다. 교육의 효과도 있었다. 교육 수준이 높은 가정이 낮은 가정보다 피크타임 전기사용량을 줄여 더 많은 절약을 했다.

개인이든 기업이든 정부든 항상 무수한 선택의 갈림길에 선다. 현명한 선택은 삶의 질을 향상하는 결과를 가져오지만 우매한 선택은 삶을 피곤하게 한다. 문제는 현명한 선택을 하는 것이 생각보다 쉽지 않다는 것이다. 심리학, 뇌과학, 행동경제학에서 밝힌 인지적·유전적·감정적 오류로 말미암아 우리의 판단과 선택은 최선 또는 최적에서 멀어질 때가 많다. 이러한 필연적 오류는 스스로 다짐한다고 해결되지 않는다. 넛지라는 외적 시스템으로 일깨우고 자율적으로 강제하는 과정이 필요하다. 코스모 교수팀이 보여 준 전기소비 절약 넛지는 한 예에 불과하다.

그러나 넛지와 규제는 구별해야 한다. 넛지는 말 그대로 옆구리를 살짝 찌르는 정도의 자연스러운 자극을 말한다. 관료적 규제로 넛지 효과를 보려 한다면 넛지의 개념을 잘못 이해하고 있는 것이다. 모든 넛지는 자율적 선택과 참여를 기반으로 한다. 그래야 지속 가능한 효과를 만들어 낼 수 있다. 넛지를 잘못 사용하면 가비지(garbage, 쓰레기)가 된다.

곰곰이 되짚어 생각해 보기

1. 넛지의 개념과 특징을 간략히 서술해 보자.
2. 넛지의 실제 사례를 찾아보자.
3. 전력 문제 해결을 위해 공급 측면의 접근법도 필요하지만, 전기를 효율적으로 사용해서 전기소비량을 줄이는 수요 중심적 정책도 마련해야 하는 이유는 무엇일까?
4. 시간대별로 전기료를 차별적으로 부과하는 단순한 정책의 결과를 기술해 보자.
5. 고지서 수신 횟수가 피크타임 전기소비량에 미치는 영향은 무엇인가?
6. 차별적인 전기료 부과정책으로 인한 전기소비량 감소 효과를 더욱 높이는 방법은 무엇인가?
7. 인지적·유전적·감정적 오류에 대처하는 최고의 방법 중 하나는 무엇인가?

4부 부가가치 의사결정과 넛지

49.
넛지로 배우는
선택공학

- 넛지는 강요나 강제 없이 의사결정 효과적 변화 유도
- 인센티브를 활용한 전통적 경제정책보다 비용 대비 효과(가성비) 월등
- 넛지는 저비용, 자율적, 시행하기 쉬운 방법으로 선택을 설계하고 변경하는 '선택공학'

넛지식 간섭은 강요나 강제, 기존의 경제적 유인에 큰 변화를 일으키지 않는 범위에서 사람들의 의사결정을 효과적으로 변화시킨다. 큰 비용을 들이지 않고 사용할 수 있는 수단이기 때문에 이미 정치, 경제, 사회, 문화의 각 분야에서 부지불식간 광범위하게 사용되고 있다. 세금이나 금융비용의 절감을 위해 넛지를 사용하면 인센티브를 활용한 전통적 경제정책보다 비용 대비 효과가 월등하다. 넛지식 접근법이 개인의 행동 변화를 유발하는 데 효과적이라는 연구도 헤아릴 수 없이 많다.

이미 많은 국가의 정부 기관은 넛지 팀을 운용하며 정책 효율성을 높이고 있다. 2010년 영국을 시작으로 오스트레일리아, 독일, 네덜란드, 싱가포르, 그 뒤를 이어 미국도 공식적으로 넛지와 정부 정책을 접목하고 있

다. 넛지식 정책의 목표는 시민들의 비합리적 행동을 강제, 규제, 금지, 경제적 인센티브에 의존하지 않고 변화시키는 것이다. 넛지는 전통적 정책의 고질적인 문제인 고비용과 권위주의를 지양하고 자율, 편리, 저비용을 지향한다. 저비용, 자율적, 시행하기 쉬운 방법으로 선택을 설계하고 변경한다고 해서 '선택공학'이라고도 불린다. 이러한 특징 때문에 넛지 정책은 공통점이 있다. 정책 대상자들이 특별한 노력 없이 쉽게 접할 수 있고 파급 속도가 매우 빠르다. 결과적으로 더 많은 사람이 넛지 정책의 수혜자가 된다.

미국의 넛지 정책 담당 부서인 SBST(White House Social and Behavioral Sciences Team)는 국방 관련 연방정부 공무원들의 퇴직연금 자기부담금을 증대시키기 위해 넛지식 설계를 했다. SBST는 자기부담금을 전혀 내지 않은 80만 6,861명의 국방 공무원에게 자기부담금을 장려하는 이메일을

보냈다. 이메일 캠페인에 들어간 총비용은 5,000달러였다. 캠페인을 시작한 지 한 달 만에 5,200명의 공무원이 자기부담금을 내기 시작했다. 자기부담금 증가액은 140만 달러였다. 1년 후에는 자기부담금 증가액이 800만 달러로 불어났다. 캠페인을 위해 지출한 1달러가 1,600달러의 자기부담금 증가로 연결됐다는 의미다. 당시 시행되고 있던 세금 인센티브가 만들어 낸 자기부담금 증가 효과의 100배 이상에 해당하는 획기적 결과였다.

UCLA 경영대학의 베나르치 교수팀은 SBST와 영국의 넛지 팀인 BIT(The Behavioral Insights Team)에서 중점적으로 시행하는 정책을 중심으로 넛지의 계량화를 시도했다. 이를 위해 최근 해외의 저명한 과학 저널, 경제학 저널, 심리학 저널, 의학 저널에 발표된 다양한 정책의 비용 대비 성과를 산출했다. 산출된 가성비는 여러 논문에 실린 비슷한 정책들의 상대적 평가를 가능하게 했다.

먼저 퇴직연금의 저축률을 높이는 넛지 정책의 효과를 살펴보자. 연구팀은 신입사원이나 공무원들이 입사 후 30일 내 원하는 퇴직연금 저축액을 적어 내도록 하는 넛지식 프로그램의 운영비 대비 저축증가액을 산출했다. 동시에 세액공제, 퇴직연금 저축 장려 캠페인, 보조금 지급, 세금공제 등의 전통적 인센티브 프로그램을 제공하는 회사나 정부의 프로그램 운영비 대비 저축증가액도 계산했다. 넛지식 프로그램에 1달러를 투입했을 때 증가하는 연금저축액은 100달러인 반면, 전통적 프로그램의 연금저축 증가액은 많게는 14.58달러, 적게는 1.24달러에 불과했다.

대학진학률을 높이려는 노력에서도 넛지식 프로그램의 효과는 탁월했다. 미국의 H&R 블록이라는 세무 회사는 저소득계층 사람들의 세금 보고를 도와줄 때 대입을 앞둔 고등학생 자녀들이 대학에 입학하면 받을 수 있는 재정지원의 예상액도 공짜로 산출해 주도록 넛지식 프로그램을 운영했다. 그 결과 이 프로그램을 운영하기 위해 쓴 10만 달러당 153명의 학생이 추가로 대학에 입학했다. 반면에 정부에서 운영 중이던 저소득층 자녀를 위한 교육보조금이나 장학금, 세금공제 등으로 10만 달러를 지출했을 때 늘릴 수 있었던 추가 신입생의 수는 최소 0명에서 최대 3.51명에 그쳤다.

넛지는 에너지절약과 독감 예방 접종률을 높이는 데도 크게 기여했다. 이웃의 전기 사용률과 절전 방법을 기록한 보고서를 이메일로 특정 주거 지역의 주민에게 발송했을 경우, 보고서 작성과 운영에 들어간 비용 1달러가 절약한 전기는 27.3kWh에 달했다. 이는 특정 계절에 절전하면 제공하는 전기료 할인이나 피크타임 절전법 또는 절전제품 장려 프로그램을 통해 아낀 3.41kWh와 14.0kWh의 전기량을 훌쩍 뛰어넘었다. 고용주가 직원들에게 보내는 편지에 "무료 독감 예방 접종 언제 할 것이냐"는 넛지식 질문을 삽입한 결과, 편지를 쓰고 발송하는 데 들었던 100달러의 비용은 직원 12.8명이 새로 예방주사를 맞는 데 기여했다. 하지만 대학생들이 캠퍼스에서 독감 예방 접종을 하면 할인을 해 주거나 독감 예방 접종의 혜택을 알려 주는 교육과 같은 전통적 정책의 경우는 똑같은 100달러 비용을 들여 각각 1.78명과 8.85명의 추가 예방 접종을 이끌어 내는 데 그쳤다.

인기에 영합한 보여주기식, 근시안적 정책이 판을 치는 시대다. 경영진은 자리를 보전하기 위해 과도한 투자와 인센티브에 기반을 둔 경영전략을 남발한다. 정치인은 재선을 위해서 선심성 공약(公約)을 공약(空約)한다.

때로는 명확하고 구체적이고 자극적인 인센티브도 필요하다. 큰 틀에서의 경제정책이나 경영전략은 투명하면서도 상세해야 하고 상벌도 분명해야 한다. 그러나 결국 강이나 바다를 헤치는 배를 움직이는 것은 보이지 않는 바람과 저변에 흐르는 물결이다. 넛지식 프로그램이 보여 준 탁월한 효과는 자연의 법칙과 경제의 법칙이 별개가 아니라는 증거가 아닐까?

곰곰이 되짚어 생각해 보기

1. 선택공학이란?
2. 넛지 정책의 공통점은 무엇인가?
3. SBST가 국방 관련 연방정부 공무원들의 퇴직연금 자기부담금을 증대시키기 위해 시행한 넛지식 설계의 효과를 서술해 보자.
4. 신입사원이나 공무원에게 입사 후 30일 내 원하는 퇴직연금 저축액을 적어 내도록 하는 넛지식 프로그램이 연금저축 증가에 미친 영향을 평가해 보자.
5. 미국의 H&R 블록의 대학 입학 관련 넛지 프로그램의 운영 효과는 어떠했는가?
6. 넛지가 에너지 절약과 독감 예방 접종률 향상에 기여한 사례를 기술해 보자.

——— "불편함을 추구할수록 더 편안해진다."

코너 맥그리거(Conor McGregor)

——— "시행착오를 받아들이는 것은 실수를 용인하는 것, 즉 운이든 오판이든 의사결정의 결과가 예상 밖인 상황을 침착하게 받아들이는 것이다. 그리고 이러한 생각의 경지는 심리적 투쟁을 거쳐 쟁취하는 것이다."

팀 하포드(Tim Harford)

——— "직선(곧은 선)은 많은 사람을 망치는 것으로 악명 높은 착시 현상이다."

빅토르 위고(Victor Hugo)

불편한 진실

UNCOMFORTABLE TRUTH

50.
인식 오류 막으려면
불편한 진실과 마주해야

- 반향실 효과는 생각이 비슷한 사람들끼리만 소통하면서 편향된 사고 강화되는 현상
- 인식적 파급효과는 반향실 효과가 상관관계가 전혀 없는 분야로 확산할 때 발생
- 성향이 같은 사람 더 신뢰하고 비관련 분야 전문성 과대평가
- 팔이 안으로 굽는 것 정상이지만 선택과 판단을 유사성에 맡기는 건 비정상

꾸물꾸물한 하늘을 보며 우산을 챙길까 말까 망설일 때는 날씨 예보에 귀를 기울인다. 기왕에 도움을 받을 바에는 예측력이 높은 정보를 선호한다. 두 번 중 한 번꼴로 틀리는 기상 예측보다는 다섯 번 중 네 번은 맞히는 기상정보에 끌리는 건 당연지사다. 의사결정을 할 때 정보의 정확성 못지않게 중요한 요소가 상호 유사성이다. 정보제공자가 어떤 측면에서 정보이용자와 유사한 성향을 지니면 정보에 대한 신뢰도가 급상승한다. 예를 들어, 다수의 민주당원은 진보성향을 지닌 CNN을 애청하며 국내외 주요 토픽이나 여론의 추이를 파악하고 평가한다. 반면에 공화당원은 보수성향의 폭스뉴스에서 제공하는 시사 정보와 뉴스 분석에 더 많은 관심과 응원을 보낸다.

이러한 현상이 심각해지면 듣고 싶은 것만 듣고 보고 싶은 것만 보는 '반향실(echo chambers) 효과'로 발전한다. 원래 반향실은 방송 연출상 필요한 잔향(殘響)을 만들어 내기 위해 흡음성(吸音性)이 적은 재료로 벽을 만들어 소리가 메아리처럼 되울리도록 만든 방이다. 여기서 파생된 용어인 반향실 효과는 폐쇄된 온라인 공간에서 생각이 비슷한 사람들끼리만 소통하게 되면서 편향된 사고가 강화되는 현상을 가리킨다. 자신과 생각이 비슷한 사람이나 매체로부터 얻은 정보는 액면 그대로 신뢰하고 주변에 전파하지만 그렇지 않은 경우는 별다른 이유 없이 불신하고 거부한다. 그 결과 자신과 같은 목소리가 계속 메아리치며 증폭된다. 최근 사회적 갈등의 원인으로 주목받는 각종 가짜뉴스의 창궐과 급속한 파급이 좋은 예다.

반향실 효과는 타인의 전문성을 평가할 때도 자주 발생한다. 자신과 비슷한 방법으로 주식 가치를 평가하고 투자 여부를 결정하는 사람은 그 밖의 재무 관련 분야에서도 탁월한 수완과 재능을 발휘하리라 예단한다. 실제로 다른 재무 관련 분야에서는 전문성이 없는 경우에도 말이다. 다시 말해서, 한 분야에서의 유사성이 다른 관련 분야에서의 실제 전문성보다 더 중요한 고려사항이 된다. 영국 유니버시티칼리지런던의 마르크스 교수팀은 반향실 효과가 상관관계가 전혀 없는 분야로 확산하는 현상인

인식적 파급효과(epistemic spillover)로 연구 주제를 확장했다. 마르크스 교수 팀은 아마존의 미케니컬 터크 서비스에 자원한 18세 이상의 미국 시민 97 명을 실험참가자로 선정하고 상관관계가 전혀 없는 두 분야(정치와 도형 분류)를 인식적 파급효과의 검증 도구로 활용했다.

연구팀이 고안한 실험은 3단계 과정을 거친다. 1단계에서 참가자들은 204개의 도형을 두 개의 그룹으로 분류한다. 도형을 분류할 때마다 다른 참가자의 정치적 성향과 도형 분류의 정오(맞았는지, 틀렸는지)를 확인할 수 있다. 자신은 맞고 다른 참가자는 틀릴 수도 있고, 자신이 틀리고 타인은 맞을 수도 있다.

2단계는 참가자의 정치적 성향을 묻는 84개의 질문에 "예" 또는 "아니요"로 답하는 과정이다. 이 과정에서 참가자들은 자신과 정치적 성향이 동일한 참가자와 상이한 참가자를 구분할 수 있게 된다. 1단계와 2단계에서 정치적 성향은 네 가지 동물로 묘사돼 자신과 정치적 성향이 같은 참가자들을 시각적으로 확인할 수 있다. 예를 들어, "선거권자 연령을 낮추면 젊은이들이 정치에 더 많은 관심을 가질 것이다."라는 정치적 성향 질문에 "아니요"라고 답했는데 자신과 같이 "아니요"라고 답한 참가자를 코끼리로 표현한다. 이후 코끼리 그림과 함께 보이는 도형 분류 결과는 자연스럽게 정치적 성향이 동일한 참가자의 의사결정으로 간주된다.

이렇게 두 단계의 실험을 거치면 참가자들은 (1) 동일한 정치적 성향을 지니고 도형 분류를 오류 없이 수행한 참가자(A), (2) 동일한 정치적 성향을 가지고 있지만 도형 분류에서 오류를 범한 참가자(B), (3) 정치적 성향은 다르지만 도형 분류 과업은 오류 없이 수행한 참가자(C), (4) 정치적 성향도 다르고 도형 분류 과업도 실패한 참가자(D) 등 크게 네 유형으로 분류된다.

마지막 3단계 실험에서 모든 참가자는 도형 분류의 정확성을 묻는 질문에 답해야 했다. 설문조사 결과, 대다수 참가자가 B그룹 참가자의 도형 분류 성공률이 C그룹 참가자보다 높을 것이라고 착각했다. 실제로는 도형 분류에서 오류를 범했지만 정치적 성향이 자신과 같다는 이유만으로 더 정확할 것이라고 판단한 것이다.

"도형 분류를 할 때 누구로부터 조언을 듣고 싶은가?"라는 질문에도 참가자 중 가장 많은 33%가 A그룹에 소속된 참가자를 선택했고, 이어 B그룹(30%), C그룹(24%), D그룹(13%) 순서로 조언자를 택했다. 과업 수행의 정확성에 상관없이 정치적 성향의 동일성 여부에 더 큰 방점을 두고 있는 사람들이 과반수에 달했다. 심지어 정치적 성향과 도형 분류는 아무런 연관이 없으므로 상관관계가 0이어야 정상이지만 참가자들이 느끼는 상관관계는 0.37이나 됐다. 객관적 도형 분류 수행 능력에 상관없이 정치적 성향이 같은 사람을 더 신뢰하고 비관련 분야의 전문성을 과대평가하는 경향을 여실히 드러내는 결과다.

'내로남불'은 각종 매스컴에 빈번히 등장하는 인기 용어다. 인식적 파급효과의 현실적 단면이다. 이 밖에도 국내외를 막론하고 사회적 이슈가 되고 있는 보호주의, 정치적 양극화, 종교분쟁, 증오범죄, 젠더 및 계층 갈등 등은 현재진행형, 현재발전형 인식적 파급효과다. 지금 우리에게 절실한 건 편안한 붕당 놀음이 아니라 우리가 생산하고 퍼뜨리는 불편한 인식적 오류를 직시하고 인정하며 바로잡는 것이다. 팔이 안으로 굽는 것은 정상이지만 선택과 판단을 유사성에 맡기는 것은 정상이 아니다.

곰곰이 되짚어 생각해 보기

1. 의사결정을 할 때 정보의 정확성 못지않게 중요한 요소는 무엇이며, 그 이유를 예를 들어 설명해 보자.

2. 반향실 효과란?

3. 반향실 효과의 실제 사례를 살펴보자.

4. 인지적 파급효과란?

5. 정치적 성향의 유사성과 도형 분류의 정확성과 관련한 실험 과정과 결과를 간략히 설명해 보자.

6. 정치적 성향과 도형 분류는 아무런 연관이 없으므로 상관관계가 0이어야 정상이지만 참가자들이 느끼는 상관관계는 0.37이었다. 이 결과의 의미를 한 문장으로 해석한다면?

7. 현재진행형, 현재발전형 인식적 파급효과의 예를 들어 보자.

51.
액티브 펀드의 인기,
스마트 머니 아닌 덤 머니 효과

- 액티브 펀드는 '나만 아니면 된다' 식의 투자방식에 익숙
- 액티브 펀드 대부분 패시브 펀드 수익률에 미달
- 액티브 펀드 인기의 7가지 행동경제학적 원인
- 액티브 투자의 저주에서 벗어나는 네 가지 방법

고도의 전문성과 풍부한 경험으로 무장한 펀드매니저가 운용하는 펀드의 사회적 목적은 미래의 불확실성, 노후 불안, 투자에 대한 무지 등으로부터 투자자의 경제적 안정과 복지를 지켜 내는 것이다. 그러나 평균 이상의 이익(알파 또는 초과이익)을 얻으려고 공격적 운용도 마다하지 않는 액티브 펀드(active fund)의 실질적 목적은 사회적 목적과 사뭇 다른 모습이다. 군중보다 한발 앞서 투자하고 한발 앞서 발을 빼는 전략을 수시로 구사하며 불운과 손실은 남의 몫으로 돌리는 '나만 아니면 된다' 식의 투자방식에 익숙하다.

항시 높은 수익을 거둘 만도 하지만 결과는 반대다. 액티브 펀드 대부분은 코스피 200이나 S&P 500 시장지수(market index)를 단순히 모방하는

패시브 펀드(passive fund)의 수익률에 미치지 못한다. 최근 미국과 캐나다의 연구를 종합해 보면 액티브 펀드의 69~95.4%가 시장의 평균수익률을 넘지 못했다. 투자자들은 왜 패시브 펀드에 비해 성과가 절대적 열세인 액티브 펀드에 여전히 그들의 소중한 재산을 맡기는 것일까? 캐나다 뉴브런즈윅대와 마운트세인트빈센트대의 합동연구팀은 액티브 펀드의 투자성적이 저조한 이유와 그럼에도 불구하고 액티브 펀드가 여전히 각광을 받는 원인에 대해 행동경제학적 설명을 제시한다. 연구팀은 먼저 액티브 펀드의 저성과에 결정적 기여를 하는 펀드매니저들의 행태적 성향을 크게 7가지로 정리했다.

첫째, 같은 주식을 비슷한 시간에 집단으로 매입하고 소규모 주식이나 성장주 거래에 집중하는 '무리행동'이다. 무리행동을 자주, 또 많이 할수록 초과이익이 아니라 시장의 평균수익률을 벌 확률은 높아지기 마련이다. 여기에 운용관리비까지 차감하고 나면 평균 이하의 실적으로 전락하기 쉽다. 둘째, 새로운 정보를 접해도 기존 관점을 바꾸지 않으려는 '보수주의편향(conservatism bias)'이다. 이미 마음에 자리 잡은 이전의 판단과 결정은 새로운 정보를 객관적으로 분석하고 반영하는 능력을 현저히 떨어뜨린다. 셋째, 수익을 올린 자산은 서둘러 팔고 손실을 기록한 자산은 계속 보유하려는 '처분효과(disposition effect)'다. 본전이라도 찾아야겠다는 심리(getevenitis)와 자신의 판단이 틀렸다는 것을 인정하지 않으려는 심리는 처분효과를 더욱 강화한다. 넷째, 여러 가지 상황을 고려할 때 매도를 하는 것이 합리적인 경우에도 소유에 대한 애착과 현상을 유지하려는 편향이 맞물려 매도를 미루는 '소유효과(endowment effect)' 및 '현상유지편향(status quo bias)'이다. 소유효과와 현상유지편향으로 인해 적절한 매도시기를 놓친 투자가 좋은 결과로 이어지기는 힘들다. 다섯째, 시장을 이길 수 있다는 '과도한 자신감'과 확률(운)은 자신의 편이라는 근거 없는 '낙관주의'다. 과도한 자신감과 막연한 낙관주의는 빈번하고 무모한 거래로 이어진다. 여섯째, 신의성실의무(fiduciary duty)보다는 주관적인 투자 적합성(suitability)에 근거한 운용이다. 펀드매니저에겐 투자자가 맡긴 자본을 자신의 것과 같이 소중히, 신중히, 성심껏 운용하고 관리할 책임(신의성실의무)이 있다. 이를 경시하고 주관적인 투자 적합성에 의존한 투자를 하면 투자자와 펀드매니저 사이에 심각한 이해충돌(대리인문제)과 대리인비용이 발생한다. 마지막으로, 펀드에 한 푼도 투자하지 않은 채 펀드 의사결정을 주도(no skin in the game)하는 것이다. 이 모든 것이 액티브 펀드가 저성과의 늪에서 빠져나오지 못하게 하는 요인이다.

미국경제연구소(AIER)의 2016년 보고서에 따르면 당시 최악의 뮤추얼 펀드였던 '라이덱스 S&P 500 펀드(Rydex S&P 500 Fund)'의 5년간 수익률은 9.88%였는데 이는 벤치마크 수익률보다 2.67% 낮은 수준이었다. 그런데도 펀드매니저들은 약 2,700억 원의 자금을 굴리며 매년 운용관리비로 약 60억 원을 챙겼다.

　투자자들의 액티브 펀드에 대한 애정은 왜 식을 줄 모를까? 연구팀은 7가지 행동경제학적 원인을 지목한다. 첫째, 운용관리비가 투자자들의 관심을 끌기 어렵게 표시(백분율)되고 부과(자동이체)되도록 프레이밍이 돼 있다. 둘째, 시장에는 운용관리비를 제외하고도 꾸준히 초과이익을 달성하는 소수의 스타 매니저(약 3%)가 존재하는데 자신의 매니저가 스타 매니저가 될 가능성을 과대평가한다. 셋째, 최근 성과가 좋은 펀드를 쫓아다니는 현상(뜨거운 손 편향)이 존재한다. 넷째, 투자의 전체 과정보다는 결과만을 보고 의사결정을 내리는 경우가 빈번하다. 따라서 실력이 아닌 운의 결과까지도 자주 보상하게 된다. 다섯째, "건강과 법률 상담을 위해 의사와 변호사를 찾듯 투자는 투자전문가에게 맡겨야 한다"는 투자전문가들의 말에 곧잘 현혹된다. 여섯째, 종종 펀드의 운용관리비를 성과의 기준으로 생각하고 운용관리비가 비쌀수록 수익률도 높을 것으로 착각한다. 일곱째, 현상유지편향의 영향으로 한번 가입한 액티브 펀드를 갈아타는 것이 생각보다 쉽지 않다.

　미국의 기업인 존 보글은 투자 대행 서비스를 제공하는 액티브 펀드와 같은 금융기관이 부과하는 높은 운용관리비의 맹점을 다음과 같이 일갈한다. "액티브 펀드가 초래하는 위험의 100%를 감수하며 100%의 자금을 제공하는 투자자에게 돌아오는 수익률은 21%인 반면, 0%의 위험, 0%의 자금을 대는 금융기관은 79%의 수익률을 가져간다." 패시브 펀드가 액티브 펀드보다 우월하다는 것은 널리 알려진 사실임에도 여러 가지 심리적 이유로 투자자들은 액티브 펀드의 매력에 빠진다. 탐욕(greed)을 떠올리니 수긍이 간다.

연구팀은 액티브 투자의 저주에서 벗어나는 몇 가지 방법을 제시했다. 첫째, 핵심적인 의사결정 사항을 개별적, 독립적으로 평가하는 과정을 확립하여 편향의 개입을 차단(de-biasing)한다. 둘째, 운용관리비 삭감 노력을 지속해야 하고 운용관리비를 투자자들에게 직접 청구하도록 함으로써 운용관리비에 관한 관심과 경각심을 높인다. 셋째, 신의성실의무를 기준으로 책임과 보상을 평가하고 펀드 운용의 전반에 관한 투명한 정보공개 서약서를 체결한다. 넷째, 펀드매니저 자신도 개인 자본을 펀드에 직접 투자(skin in the game)하게 함으로써 대리인문제를 완화한다. 액티브 투자가 '덤 머니(dumb money)'의 오명에서 벗어나 '스마트 머니(smart money)'로 거듭나길 기대해 본다.

곰곰이 되짚어 생각해 보기

1. 펀드의 사회적 목적과 액티브 펀드의 실질적 목적을 비교해 보자.
2. 액티브 펀드의 수익률과 관련한 불편한 진실을 서술해 보자.
3. 액티브 펀드의 저성과에 결정적 기여를 하는 펀드매니저들의 행태적 성향 7가지를 기술하고 설명해 보자.
4. 액티브 펀드에 대한 투자자들의 식을 줄 모르는 애착의 원인이 되는 7가지 행동경제학적 특성을 설명해 보자.
5. 액티브 펀드가 투자의 저주에서 벗어나는 네 가지 방법은 무엇인가?

52.
가난은 죄가 아니지만
비도덕적 행위로 이끌기 쉽다

- 타인 판단 시 자신의 도덕성 과대평가 경향
- 대다수가 경제적 빈곤이 자신의 절대적 도덕성을 바꿀 수 없다는 믿음 소유
- 경제적 빈곤이라는 공통분모를 가진 타인의 범법행위에 훨씬 낮은 도덕적 기준 적용
- 가난은 비난의 대상이 아니라 함께 대처하고 치유해야 할 불완전한 시스템의 부산물

장 발장은 가난, 배고픔, 그리고 가엾은 조카들을 위해 빵 한 조각을 훔치다가 청춘을 감옥에서 보낸다. 현대판 장 발장은 언론매체나 주변에서 어렵지 않게 접할 수 있다. 빈곤을 탈출하거나 일시적으로 모면하기 위해 감당할 수 없는 부채에 시달리기도 하고 이웃이나 존속에게 위해를 가하는 범법행위를 저지르기도 한다. 생활고에 허덕이는 절대적 빈곤은 부정행위의 충분조건이라 해도 과언이 아니다. 풍족하다고 항상 만족한 것도 아니다. 주변 사람들과 비교해서 부족하다고 느끼는 상대적 박탈감(상대적 빈곤)도 절대적 빈곤 때 느끼는 좌절감에 못지않다. 상대적 박탈감을 채우기 위해 조직적 주식 조작에 참여하기도 하고 뇌물을 주고받는 부정행위를 서슴지 않는다.

　　절대적 빈곤이건 상대적 빈곤이건 빈곤은 우리의 행위에 상당한 영향력을 지녔음이 틀림없다. 사람들은 보통 타인을 판단할 때 도덕성을 중요한 기준으로 삼으며 자신의 도덕성을 과대평가하는 경향을 보인다. 그렇다면 이러한 도덕적 기준과 평가에 빈곤은 과연 어떤 영향을 미칠까?

　　미국 다트머스대 연구진이 이에 대한 답을 찾기 위해 설문조사를 실시했다. 연구진은 평균 연령이 33세인 남녀 124명에게 경제적 박탈감이 도덕적 불감증을 유발하는지, 경제적으로 빈궁한 상황에 있는 사람들의 비도덕적 행위를 경제적으로 풍족한 사람들의 비도덕적 행위보다 관대하게 평가할 것인지에 대해 9개의 척도(1=강한 부정, 9=강한 긍정)를 가지고 답하게 했다.

응답자의 75%가 경제적 빈곤이 비도덕적 행위를 정당화할 수 없다고 했고(평균점수 7.05), 72%는 경제적 빈곤에 처한 경우라도 비도덕적 행위는 풍족한 상태에서 저지른 비도덕적 행위와 똑같이 비난받아 마땅하다고 답했다. 또한 73%의 응답자가 자신에게 경제적 빈곤이 닥치더라도 비도덕적 행위를 하지는 않을 것이라고 자신했다. 결론적으로 설문조사에 참여한 사람들의 절대다수가 경제적 빈곤이 그들이 가지고 있는 도덕성에 대한 절대적 평가 기준을 바꿀 수 없다고 믿었다.

기존 연구와 사회적 관찰로부터 얻은 가설은 설문조사의 결과와 다르게 예측한다. 절대적이든 상대적이든 상관없이 경제적 박탈감은 불안과 고통을 수반하고 이러한 상황에서 벗어나려는 욕구와 행위를 유발한다. 따라서 평상시에는 용납되지 않던 비도덕적 행위를 정당화하는 행태를 보이기도 하고, 비슷한 박탈감을 경험한 사람들의 비도덕적 행위에 대해서는 관대한 성향을 나타낸다. 연구진은 89명의 미국 대학생을 대상으로 한 실험으로 이 가설을 검증했다. 피험자들은 두 개의 연속된 과제를 수행했다.

첫 번째 과제에서는 슬롯머신을 작동하여 이익 또는 비용을 경험하게 되는데, 설계상 피험자들의 반은 2.5달러를 벌고 나머지 반은 2.5달러를 잃게 된다. 이는 경제적 빈곤의 상황을 자연스럽게 만들어 내는 과정이다. 두 번째 과제에서는 컴퓨터 스크린에 보이는 상자 안의 대각선으로 나누어진 좌우 구간 점을 센 후 점이 더 많은 구간을 지적해야 했다. 왼쪽이라고 지적하면 0.5센트를 받고 오른쪽이라고 지적하면 10배인 5센트를 받았다. 보상은 정확성(어느 구간에 더 많은 점이 있는가)과는 상관없이 단순히 응답 수에 비례하여 주어졌다. 즉 거짓말을 하더라도 오른쪽이라 답하면 5센트가 주어지는 식이다. 두 번째 과정을 통해 자연스럽게 부정(비도덕적 행위)을 저지를 수 있는 상황이 만들어졌다.

실험 결과, 참가자들의 경제적 빈곤과 상관없이(즉 첫 번째 과정에서 2.5달러를 번 그룹과 2.5달러를 잃은 그룹 모두) 부정행위는 광범위하게 이루어졌다. 특히 경제적 빈곤의 상황에 부닥친 그룹이 다른 그룹에 비해서 2배 이상의 부정행위를 저질렀다. 이와 같은 부정행위는 실험을 반복할수록 더욱 늘어났다. 더불어 빈곤한 상황이 불공정한 처우에 따른 결과라고 판단되거나 느껴질 때 부정행위가 증가하는 경향을 보였다.

이어지는 실험에서는 경제적으로 빈궁한 범법자와 그렇지 않은 범법자를 재판관으로서 판결하게 했는데, 경제적 빈곤의 상태에 처한 재판관 그룹은 비슷한 처지의 범법자에게 훨씬 관대한 판결을 했다. 특히 범법행위를 불공정한 처우의 결과로 생긴 경제적 빈곤을 타파해 보려는 노력이라고 여겼을 때 더욱 관대해졌다. 우리는 경제적 빈곤이라는 공통분모를 가진 타인들의 범법행위에 훨씬 낮은 도덕적 기준을 적용하는 듯싶다.

가난은 죄도 아니고 비도덕적 행위의 산물도 아니다. 오히려 가난은 도덕적 잣대를 변화시켜 비도덕적 행위를 조장하는 힘으로 작용한다. 가난은 대부분 상황에 의해 주어지고 만들어지고 확대된다. 따라서 비난의 대상이 아니라 함께 대처하고 치유해야 할 불완전한 시스템의 부산물이다. 대처하고 치유하지 않으면 가난은 부정을 낳고 부정은 법질서의 파괴로 이어진다. 누가 법정의 피고가 돼야 할까? 가난은 아니다.

곰곰이 되짚어 생각해 보기

1. 절대적 빈곤과 상대적 빈곤의 차이를 비교해 보자.
2. 빈곤이 도덕적 기준과 평가에 미치는 영향을 알아보고자 실시한 설문조사의 결과를 서술해 보자.
3. 미국 대학생을 대상으로 한 첫 번째 실험 과제의 결과를 기술해 보자.
4. 재판관을 대상으로 한 두 번째 실험 과제의 결과를 설명해 보자.
5. 설문조사와 실험의 결과가 주는 교훈에 대해 생각해 보자.

53.
흩어지면 살고
뭉치면 죽는다?

- 무리행동 이해 및 예방법이 궁극적으로 주식시장 안정 도모하고 효율성 증대
- "뭉치면 살고 흩어지면 죽는다" 주식시장 적용 불가
- 펀더멘털에 기반한 신중한 주식가치평가와 이를 위한 교육 및 거래 정책 확대와 개발 필요
- 거래와 정보의 투명성, 신속성, 정확성, 신뢰성 제고를 위한 혁신적 정책 절실

한때 허니버터칩이라는 과자가 품귀현상을 보이며 소비자의 호기심과 구매 충동을 유발한 적이 있다. 소비자들은 허니버터칩에 대한 구체적 정보(맛, 가격, 영양성분 등)도 없이 사람들의 입소문과 언론의 보도에 의존하여 강한 구매 의사를 나타냈다. 허니버터칩이 상장된 주식이라면 아마도 그 가격상승이 상당했을 것이다. 어디선가 고가에 거래되고 있을지도 모른다. 이처럼 정보에 대한 정확한 분석, 평가, 판단 없이 단순히 다수(절대적 다수 또는 상대적 다수)의 의견에 동조하거나 그들의 행동을 모방하려는 대중심리를 무리행동 또는 군집행동이라 부른다.

무리행동은 주식시장에서 가격결정의 일정 부분을 담당한다고 알려져 있다. 과학적 정보분석보다는 특정 혹은 일반 다수의 견해나 행동을

단순히 모방하고 따르는 현상이기 때문에 긍정적 효과보다는 부정적 효과를 초래하는 경우가 많다. 시장정보에 반응하는 주식가격 자체의 움직임도 매우 불안정하고 불확실한데 여기에 정보에 대한 충분한 고찰이 없는 무리행동이 더해지면 불난 집에 부채질하는 격이다. 주식시장의 안정과 효율을 기대하는 투자자와 금융당국의 주요한 적이기도 하다. 무리행동은 '검은 월요일'이라고 불리는 1987년 10월 세계 증시 대폭락의 한 원인으로도 꼽힌다. 따라서 무리행동을 이해하고 이를 예방하는 방법을 모색하는 것은 궁극적으로 주식시장의 안정을 도모하고 효율성을 증대시키는 길이다.

스웨덴 예테보리대 연구진은 세 가지 실험을 통해서 투자자들의 무리

　5부 불편한 진실

행동을 약화하는 방법을 제시했다. 첫 번째 실험에서 60명의 스웨덴 대학생 참가자는 호황과 불황을 암시하는 시장 신호(5번부터 16번까지의 숫자)를 가지고 시장의 앞날을 예측하는 과제를 수행했다. 12~16의 높은 숫자는 호황, 5~9의 낮은 숫자는 불황을 나타냈다. 호황과 불황을 나타내는 신호는 각각 75%의 정확도를 갖도록 설계되었다. 예를 들면, 시장 신호 '13'이 호황을 정확히 예측할 확률과 '7'이 불황을 정확히 예측할 확률은 모두 75%이다.

시장 신호는 연구진이 미리 배치한 세 명의 공동 예측자에게도 동시에 제공됐다. 실험참가자는 시장 신호와 더불어 공동 예측자의 시장예측도 함께 전달받고, 두 정보를 바탕으로 최종 시장예측을 했다. 세 명의 공동 예측자는 연구진의 보조자들로 항상 두 명이 같은 예측(다수 예측)을, 한 명은 그들과 반대의 예측(소수 예측)을 했다. 즉 두 명이 호황을 예측하면 나머지 한 명은 불황을, 두 명이 불황을 예측하면 한 명은 호황을 예측하는 식이다. 두 명의 공동행동은 과제마다 무리행동을 유도하는 역할을 했다. 대학생 참가자들은 이 사실을 전혀 몰랐다.

참가자는 예측이 적중할 때마다 금전적 보상을 받았는데, 시장 신호에만 의존하여 독립적으로 정확한 예측을 했을 때는 미화로 25센트가 보상으로 주어졌다. 더불어 참가자의 독립적 시장예측이 다수 예측 또는 소수 예측과 같을 때는 각각 50센트의 추가 보상을 받았다. 각 피실험자가 이러한 과제수행을 총 36번 반복한 결과는 예측정확도에 대한 금전적 보상이 주어질 때 무리행동에 대한 유인이 약화했음을 보여 주었다. 다수 예측과의 일관성과 상관없이 피실험자의 예측정확도를 독립적으로 측정했을 때 예측정확도가 65.1%였던 반면, 피실험자가 다수 예측과 똑같은 시장예측을 내놓았을 때의 예측정확도는 60.6%였다.

의사결정의 초점과 무리행동과의 상관관계를 연구한 두 번째 실험에서도 결과는 비슷했다. 실험참가자가 예측의 정확도에 초점을 맞추었을 때, 참가자의 예측과 다수 예측과의 상관관계는 0.31에 불과했다. 반대로 참가자가 다수 예측과 똑같은 예측을 하는 데 초점을 두었을 때 둘의 상관관계는 0.51이었다. 특히 피실험자들이 예측정확도에 더 집중할 때는 현재 주식가격을 예측의 중요 수단으로 사용했다. 이는 참가자들이 무리행동보다는 객관적 가격정보를 예측에 더 많이 반영했다는 뜻이다. 참가자 예측과 주식가격의 상관관계가 정확도에 중점을 두었을 때 0.54인 반면 일관성을 중요시했을 때는 0.39였다. 예측정확도가 강조될 때 무리행동이 상당히 억제되는 듯하다.

세 번째 실험에서 참가자들은 주식가격의 불안정성이 높거나 낮을 때 가상 주식의 일일 종가를 30회(가상의 30일) 예측하는 과제를 수행했다. 주식가격의 움직임이 매우 불안정할 때 피실험자의 예측과 다수 예측의 상관관계(0.5)가 불안정한 경우(0.37)보다 높게 나타났다. 하지만 주식가격이 안정된 패턴을 유지할 때는 그렇지 않을 때보다 참가자가 예측한 종가(closing price)와 시가(beginning price)의 상관관계가 월등히 높게 나타났다(0.8 vs. 0.49). 이는 주식가격의 흐름이 불안정할 때 무리행동 성향이 강화되고, 주식가격이 안정된 흐름을 유지할 때는 무리행동 성향이 약화하여 투자자가 다수 예측보다는 시장가격에 기반을 둔 예측을 한다는 의미다.

연못물은 미꾸라지 한 마리가 흐리게 할 수 있지만, 주식시장은 투자자 한 사람이 혼돈을 조성하기 어렵다. 투자자들이 근거 없는 소문, 주변의 권유, 증권시장의 센티먼트 등에 의해 인지적·감정적 오류를 집단으로 범하게 될 때 주식시장은 기업이나 시장의 성과와 상관없이 요동칠 수 있다. "뭉치면 살고 흩어지면 죽는다."는 주식시장에서는 통하지 않는다.

무리행동의 부정적 측면은 예측정확도에 초점을 맞춘 주가 및 시장예측과 주식시장의 안정화로 어느 정도 상쇄가 가능하다. 무리행동으로 말미암은 주식시장의 폭등이나 폭락을 예방하려면 무엇보다도 펀더멘털(fundamental)[8]에 기반을 둔 신중한 주식가치평가와 이를 위한 교육 및 거래 정책의 확대와 개발이 필요하다. 또한 주식가격의 급격한 변화를 예방하려는 정책적 노력이 시급하다. 현재 우리나라에서 운용되고 있는 시장 안전장치인 서킷브레이커(circuit breaker)나 사이드카(sidecar)[9]는 정책적 노력의 한 예다. 더 나아가 거래와 정보의 투명성, 신속성, 정확성, 신뢰성을 높이는 혁신적 증시 안정화 대책의 마련과 유지에 역량을 집중해야 한다.

---

8 기업의 가치에 영향을 미치는 기본적인 지표를 일컫는 용어로 기업의 매출, 영업이익, 순이익, 현금흐름, 자본구조, 주가순이익비율(PER), 자기자본수익률(ROE), 주가장부가치비율(PBR) 등이 많이 사용된다.

9 서킷브레이커는 주식가격 급등락 시 추가 폭등이나 폭락을 막기 위해 매매를 일시 중단시키는 제도다. 우리나라는 발동 단계가 1~3차로 나뉘어 있고 주식의 현물, 선물, 옵션시장 모두 적용된다. 사이드카는 주식 선물시장의 급등락이 현물시장으로 전이되는 것을 막기 위한 일시 매매 중단 제도다.

곰곰이 되짚어 생각해 보기

1. 무리행동이란?

2. 무리행동이 긍정적 효과보다는 부정적 효과를 초래하는 경우가 많은 이유를 설명하고 부정적 효과의 예를 몇 가지 들어 보자.

3. 첫 번째 실험에서부터 세 번째 실험까지의 결과를 서술하고 그 의의를 논의해 보자.

4. "뭉치면 살고 흩어지면 죽는다"가 주식시장에선 통하지 않는 이유는 무엇일까?

5. 무리행동으로 인한 주식시장의 폭등이나 폭락을 예방하려면 어떻게 해야 할까?

5부 불편한 진실

54.
하면 안 되는 줄 알지만…, 윤리부조화 심리를 윤리 지킴이로

- 윤리부조화는 절대적 윤리기준과 비윤리적 행위 충돌 시 일어나는 심리적 불편
- 윤리부조화는 크게 기대 윤리부조화와 경험적 윤리부조화로 분류
- 기대 윤리부조화는 비윤리적 행위의 유혹 예방하는 윤리 지킴이 역할
- 윤리부조화와 동시에 정당화도 진행하여 '로빈후드 논리' 탄생
- 부정행위가 발생할 때 정당화를 부(不)정당화할 수 있는 '행위에 대한 책임'을 묻는 시스템 개발 필수

국제투명성기구(Transparency International)는 매년 세계 각국의 부패 정도를 부패인식지수라는 통계치로 발표하는데 우리나라는 경제협력개발기구(OECD) 중에서 최하위에 속해 왔고 개선의 여지도 찾기 힘들다. 2017 세계경제포럼(WEF)에서 발표한 국가경쟁력 평가 중 부정부패와 연관된 세부 항목에서도 매우 부끄러운 성적을 기록했다. 세부 항목 중 정치인 신뢰는 137개국 중 90위, 기업경영윤리는 90위, 정책 투명성은 98위, 공무원 의사결정의 편파성은 81위였다.[10]

부정부패는 국제사회에서의 부정적 평판에 그치지 않는다. 반부패 선

10　한국과학기술기획평가원(KISTEP), 2017-2018 세계경제포럼(WEF)의 세계경쟁력보고서.

진국들의 경제공동체인 유럽연합(EU)의 부패로 인한 연간 사회적 비용이 EU의 연간 예산 또는 EU 회원국 전체 GDP의 1%와 맞먹는다고 한다. 부정부패의 원인과 결과를 파악하고 이에 대처하지 않으면 경제성장을 가로막는 보이지 않는 벽을 쌓는 것과 같다. 적과 싸워 이기려면 적과 나를 잘 아는 것이 중요한데, 우리의 대응을 보면 적을 알려는 노력도, 나를 알려는 노력도 모두 부족해 보인다. 비윤리적 행위의 전후 과정을 보여 주는 윤리부조화(ethical dissonance) 현상에 주목해야 하는 이유다.

윤리부조화는 절대적 윤리기준을 지키려는 내적 자아와 비윤리적 행위(거짓말, 뇌물, 사기, 횡령, 차별, 폭력 등)로부터 얻어지는(또는 획득한) 이익이나 만족감이 충돌할 때 일어나는 현상이다. 윤리부조화는 크게 기대 윤리부조화와 경험적 윤리부조화로 나눌 수 있는데, 전자는 비윤리적 행위

를 행하기 전에 일어나는 윤리부조화를 말하고 후자는 비윤리적 행위를 실제로 행한 뒤에 일어나는 윤리부조화를 일컫는다.

기대 윤리부조화는 개인이나 사회로부터 지탄받을 만한 비윤리적 행위에 노출 또는 유혹되었을 때 일어나는 현상이다. 비윤리적 행위를 하지 않았음에도 비윤리적 행위를 했을 때 얻게 될 정신적·물질적 이득을 저울질하는 자신과 절대적 윤리기준에 비추어 용납하기 어려운 비윤리적 행위를 거부하려는 또 다른 자신의 갈등현상이다. 궁극적으로 비윤리적 행위가 가져다주는 이익의 유혹을 이기지 못하고 경험적 윤리부조화의 단계로 넘어가기도 하지만, 비윤리적 행위의 유혹에 빠지기 전에 거치는 갈등과 고뇌로 말미암아 그러한 유혹을 예방하는 윤리 지킴이 역할도 톡톡히 한다. 경험적 윤리부조화는 기대 윤리부조화에서의 심리적 갈등이 사리사욕을 위한 비윤리적 행위로 이어지고 이에 대한 죄책감과 후회를 느끼는 상태다. 기대 윤리부조화든, 경험적 윤리부조화든 일단 윤리부조화의 상태에 접어들면 갈등과 고뇌가 시작되고 이를 해소하기 위한 자기방어적 정당화(justification)가 진행된다.

정당화는 다양한 형태로 은밀히 나타난다. 누구나 선의의 거짓말은 자주 하며 살 것이다. 이웃에서 이사 왔다고 떡을 가져왔는데 맛이 없다고 "참 맛이 없네요." 하고 인사할 사람은 없을 것이다. 살찐 직장 상사를 비만이라고 자극하기보다는 건강해 보인다고 치켜세우며 죄책감을 느끼는 사람도 흔치 않다. 자신만을 위한 거짓말은 용납하기 어렵지만 자신뿐 아니라 타인에게도 거짓말의 혜택이 돌아간다면 얘기는 달라진다. 혜택을 받는 타인이 다수일 때는 더욱 그렇다. 거짓말쟁이라는 지탄의 대상에서 별안간 타인을 배려하는 이타주의자가 되는 것이다. 정치인이나 재벌들이 국민과 국가 경제를 앞세우며 정치적 야망과 경제적 이득을 취하려는 행태도 선의의 거짓말이 의도적으로 적용된 예라고 볼 수 있다. 선의의 거짓말이 더욱 발전된 형태가 '로빈후드 논리'다. 누가 봐도 비윤리적인 행위(예: 폭력)가 사회적 약자가 아닌 갑질을 하는 사회적 강자에게 행해지면 정의로운 행위로 재탄생하기도 한다. 고전소설인 '홍길동전'이나 영화 '베테랑'을 보면 '로빈후드 논리'가 많이 묻어 있다. 로빈후드 논리가 극단적으로 적용되면 인민재판식 행위를 초래할 수도 있다.

비윤리적 행위를 한 뒤에 오는 죄책감을 극복하는 원초적 정당화 방법이 자신에 대한 신체적 처벌이다. 금식이나 금욕을 한다든지 침례나 고해와 같은 죄를 씻는 상징적 행위를 사용하기도 하고 항균제가 포함된 티슈로 손을 닦는 행위로도 죄책감이 경감된다는 연구도 있다. 공격적인 방어기제도 있다. 자신의 비윤리적 행위를 숨기기 위해 다른 이들의 비행을 들추고 비난하는 경우다. 바람직하지도 않고 장려할 일도 아니지만 권력과 지위를 통해 비윤리적 행위를 정당화하려는 현상도 있다. 사람들은 권력을 가지거나 높은 사회적 지위를 가지게 되면 높은 윤리성(도덕성)도 함께 쟁취할 수 있다고 믿는다.

오랫동안 전 세계 영화 애호가들의 사랑을 받아 온 '007시리즈'의 주인공인 제임스 본드는 '살인 면허증'을 가지고 세계평화에 누가 되는 적은 가차 없이 황천길로 보낸다. 민주, 문명사회에서 살인 면허증이란 공개적으로 존재하기 불가능하지만, 우리의 정신세계에는 비슷한 종류의 면허증이 있다. 비윤리적 행위에 대한 정당화의 한 기제로서의 윤리면허증이 바로 그것이다. 과거에 행한 선행은 일종의 윤리 신용(ethical credit)을 제공하고 이는 나중에 저지르는 비윤리적 행위에 대한 면죄부 역할을 한다. 대통령 선거에 출마한 흑인 후보를 지지하는 기업의 인사담당자는 직원 채용 시 흑인을 포함한 소수 그룹을 차별하는 것에 대한 죄책감을 덜 느끼고, 환경친화적 상품을 구매하고 사용하는 사람들은 거짓말에 덜 민감하고, 과거에 기부한 경험이 있는 사람들은 현재 기부에 인색한 경향이 있다.

윤리부조화는 피할 수 없는 불편한 진실이다. 그러나 그 내면에는 윤리적으로 살려는 본능적 바람이 있다. 비윤리적 행위의 유혹에 항상 노출되어 있고 그 유혹에 어렵지 않게 빠지지만, 한편으로는 그러한 행위를 적대시하는 절대적 윤리기준을 가지고 있고 비윤리적 행위를 정당화하려는 안간힘은 역설적으로 우리가 비윤리적 행위를 그만큼 탐탁지 않게 생각한다는 증거이기도 하다. 그래서 윤리부조화 안에는 부끄러운 민낯도 있지만 윤리적 사회에 대한 희망도 공존한다.

비윤리적 행위가 행해지기 전에 그 행위에 저항하고 예방할 수 있는 넛지식 예방법은 부지기수다. 좋은 예로 십계명이나 윤리강령을 기억하는 것만으로도 부정행위가 예방되고 자율적으로 관리비를 지급하도록 마련한 항아리 위에 부릅뜬 두 눈을 그려 넣는 것만으로도 관리비를 속여 내는 사람들이 급감한다. 실제로 부정행위가 발생했을 때 정당화를 부(不)정당화(unjustify)할 수 있는 '행위에 대한 책임'[11]을 묻는 시스템 개발이 필

---

11   '승부의 책임(skin in the game)'과 같은 의미.

수적이다. 이를 위한 정계, 재계, 학계 협력이 절실하다. 부정행위 및 그 정당화를 무력화할 은밀하면서도 광범위한 넛지 시스템이 기업, 관공서, 학교와 가정에서 가동되는 살 만한 미래를 꿈꿔 본다.

곰곰이 되짚어 생각해 보기

1. 대한민국의 부정부패 수준은 어느 정도인지 구체적 통계를 사용해 서술해 보자.

2. 부정부패의 원인과 결과를 파악하고 이에 대처하는 것이 중요한 이유는 무엇인가?

3. 윤리부조화란?

4. 기대 윤리부조화와 경험적 윤리부조화를 비교하여 설명해 보자.

5. 자기방어적 정당화를 예를 들어 설명해 보자.

6. 로빈후드 논리란?

7. 비윤리적 행위를 한 뒤에 오는 죄책감을 극복하는 여러 가지 방어기제를 논의해 보자.

8. 윤리면허증이란?

9. 비윤리적 행위가 행해지기 전에 그 행위에 저항하고 예방하는 방법을 생각해 보자.

10. 실제로 부정행위가 발생했을 때 정당화를 부(不)정당화하는 방법은 무엇인가?

55.
악화는 양화를,
짝퉁은 진품을 구축한다

- 짝퉁 구매 및 사용 경험은 도덕적 혐오와 심리적 반감 유발해 짝퉁과 진품 모두의 소비 및 활용 욕구 저하
- 짝퉁 만연은 고품질 진품 개발과 소비 위축시켜 창조성과 기술 발전 저해

온갖 모조품이 판을 치는 '짝퉁' 시장은 해마다 급속도로 성장하고 있다. 2020년 기준 전 세계 온라인 시장에서 거래된 짝퉁 상품은 약 1,000조 원 규모였고 매년 20%p 성장할 것으로 예측됐다.[12] 짝퉁 상품은 의류, 전자제품, 음료수, 식품, 약품, 담배, 자동차, 비행기 부품에 이르기까지 종류를 불문한다. 모방기술의 발전으로 인해 짝퉁과 진품을 구별하기 어려울 뿐만 아니라 성능 면에서 큰 차이가 없는 경우도 허다하다. 반면에 가격은 현저히 낮다 보니 짝퉁의 인기는 종종 진품을 앞선다.

하지만 짝퉁 상품에 대한 소비자의 시선과 태도는 복합적이다. 진품과

---

12 "1000조원 짝퉁시장, 한국산 'AI 보안관' 떴다", 2021. 02. 09., 중앙일보.

비교해 성능이나 내구성이 떨어질 것이라는 불신이 저변에 깔려 있어 주머니 사정이나 가성비 때문에 짝퉁을 구매해 사용하더라도 어딘가 불안하고 내세우기를 꺼린다. 진품을 만드는 기업에 대한 막연한 미안함 또는 떳떳하지 못한 행위라는 도덕적 회의에 마음이 편치 않다.

실제로 짝퉁이 많이 떠돌수록 진품의 이미지는 훼손된다. 진품이 가진 본연의 기능과 성능을 제대로 발휘하지 못하는 건 당연하고, 진품을 개발하고 판매하는 기업의 수익성 및 지속가능성도 저하된다. 이는 궁극적으로 상품시장의 생태계를 위협한다. 따라서 진품이 인정받는 건전한 상품시장 생태계를 조성하기 위해서는 짝퉁과 진품의 유기적 연관성과 소비자 심리의 중재 역할을 파악하는 것이 중요하다.

Settawat Udom/Shutterstock.com

이스라엘 오노대 아마르 교수팀은 짝퉁에 대한 단순한 인지, 짝퉁을 사용한 경험, 그리고 짝퉁에 대한 심리적 반감이 진품이 가진 본연의 사용 목적과 효과에 미치는 영향을 분석하기 위해 네 가지 실험을 수행했다. 모든 실험은 대학생을 대상으로 실시됐고 실험참가자들은 두 개의 그룹으로 나뉘었다. 1그룹은 실험에서 사용하도록 제공된 상품이 짝퉁이라는 안내를 받았고, 2그룹은 1그룹과 동일한 상품을 사용했지만 사용한 상품의 진위에 대해 아무런 정보를 받지 못했다. 다시 말해, 1그룹에 속한 학생들은 자신들이 사용하는 상품을 짝퉁으로 알고 실험에 임했고, 2그룹에 속한 학생들은 상품의 진위를 모른 채 실험에 참여했다.

첫 번째 실험에서 참가자들은 주어진 빈칸을 채워 단어를 완성하는 과업을 수행했다. 빈칸을 채우는 데 사용된 상품은 파카 만년필이었다. 실험 후, 1그룹 참가자들이 완성한 단어들과 2그룹이 완성한 단어들을 비교했는데, 1그룹의 단어들이 '혐오'라는 부정적 의미를 더 쉽게 연상시켰다. 바로 이어진 실험에서 연구팀은 두 그룹의 참가자들에게 빈칸 채우기 과업에 사용했던 만년필을 이마에 올려놓고 중심을 잡도록 했다. 참가자들의 옆에는 만년필을 닦을 수 있는 화장지와 소독제가 놓여 있었다. 1그룹이 사용한 화장지와 소독제의 양이 2그룹이 사용한 양의 2배에 달했다. 도둑이 제 발 저리듯 짝퉁에 대한 무의식적 반감이 화장지나 소독제의 소비를 증가시킨 것은 아닐까?

두 번째 실험에서 참가자들은 마우스를 이용해 컴퓨터 탁구 게임을 했다. 사용하는 마우스를 짝퉁으로 알고 게임에 임한 1그룹의 성적이 2그룹에 비해 현저히 낮았다. 게임 직후에 참가자들은 사용한 마우스가 도덕적 혐오를 유발했느냐는 질문에 답을 했는데, "그렇다"고 답한 참가자 수가 1그룹에 훨씬 많았다. 짝퉁을 사용한다는 것이 썩 기분 좋은 일은 아닌 듯싶다.

세 번째 실험은 파카 볼펜으로 종이 위에 짧은 글을 베껴 쓰는 것이었다. 종이는 가로줄로 구획이 잘 지어져 있었는데 위나 아래 줄을 벗어나 글을 쓰면 베껴 쓰기 오류로 판단했다. 진품인 파카 볼펜을 짝퉁으로 알고 베껴 쓰기를 한 1그룹은 똑같은 과업을 수행했지만 볼펜의 진위에 대한 아무런 정보를 받지 못한 채 베껴 쓰기를 한 2그룹에 비해 2배 이상의 오류를 범하는 노세보(nocebo)[13] 현상이 관찰됐다.

네 번째 실험에서 참가자들은 마우스를 클릭해서 과자를 먹는 컴퓨터 게임을 즐겼다. 실험자는 두 개의 그룹에 두 차례에 걸쳐 동일한 제품이지만 색이 다른 마우스를 지급했는데 1그룹은 1차에 받은 마우스를 짝퉁으로 생각했다. 1차로 마우스를 지급한 직후 1그룹과 2그룹에 마우스에 대한 도덕적 혐오를 기술하게 했는데 예상대로 1그룹의 도덕적 혐오가 2그룹을 크게 앞섰다. 컴퓨터 게임은 2차로 제공된 다른 색의 마우스로 했는데 두 그룹 모두 마우스를 진품으로 믿었다. 실험 결과, 1그룹의 게임 점수가 2그룹의 점수보다 유의미하게 낮았다. 연구팀은 짝퉁에 대한 심리적 반감이 짝퉁뿐만 아니라 진품의 상품 효용성마저 저해한다고 결론지었다.

합법적 짝퉁과 비합법적 짝퉁의 경계선을 가늠하기 어려운 시장 상황

---

13   '플라세보(placebo)'의 반대말로 약에 대한 부정적 믿음이 일으키는 부정적 위약 효과.

을 고려할 때, 짝퉁의 유통을 획기적으로 감소시킬 묘수를 찾는 것은 난제다. 짝퉁은 앞으로도 소비자들의 주변을 맴돌며 진품과 경쟁할 것이다. 짝퉁에 대한 구매 및 사용 경험이 소비자들에게 의식적, 무의식적으로 진품에 대한 윤리적·도덕적 혐오를 유발하고 이는 짝퉁과 진품 모두에 대한 소비 및 활용 욕구를 현저히 떨어뜨린다. 상품이 본연의 기능, 성능, 사용 목적을 성취하지 못한다면 존재의 의미도 퇴색하기 마련이다. 짝퉁의 만연은 훌륭한 품질을 가진 진품의 개발과 소비를 위축시키고 동시에 창조성과 기술의 발전을 방해한다. 악화가 양화를 구축하듯 짝퉁은 진품을 구축한다. 더 나아가 제 살도 깎는다. 이러한 전이 현상이 상품시장 전반에 나타날까 두렵다.

곰곰이 되짚어 생각해 보기

1. 짝퉁 시장의 급성장에 관해 간략히 서술해 보자.
2. 짝퉁 상품에 대한 소비자의 시선과 태도에 관해 간략히 논의해 보자.
3. 짝퉁의 확산이 일으키는 파장 효과는 무엇인가?
4. 첫 번째 실험에서부터 네 번째 실험까지의 과정을 소개하고 결과와 의미를 논의해 보자.
5. 짝퉁의 유통을 획기적으로 감소시킬 묘수에는 어떤 것이 있는지 고민해 보자.

56.
금전적 이해관계 커질수록
'무리 짓는 행동' 강해져

- 무리행동 일으키는 주요 원인은 금전적 이해관계나 투자 규모와 같은 재무적 인센티브
- 무리와 적절한 경제적 거리를 유지하는 지혜 절실

　인간은 사회적 존재이니 어울리며 무리 지어 지내는 건 자연스러운 모습이다. 이웃이 일손이 부족하면 열 일 제치고 돕기도 하고, 마트에서 할인 세일한다고 하면 너도나도 할 것 없이 모여들어 줄을 선다. 친지, 친구, 동료, 조직구성원 간의 단합과 우정, 신뢰를 증진한다는 명목으로 무리 지어 만나는 모임도 부지기수다. 무리 지어 사는 것이 우리의 본성이니 당연한 결과다. 무리 속에서 격려와 위로도 받고 정보도 공유하고 배움과 경쟁을 하며 함께 성장하고 발전하는 순기능도 무시할 수 없다.

　하지만 동전에 양면이 있듯이 순기능이 있으면 역기능도 있기 마련이다. 친구 따라 투자했다가 낭패 본 사연, '핫'한 주식이라는 파다한 소문에 매입해 뼈아픈 대가를 치른 경험, 자신보다 평판과 실력이 좋은 재무

분석가의 예측에 동조하는 현상, 가짜뉴스에 현혹되어 마녀사냥식 여론에 동참하는 행위, 허접한 테마주의 주가가 급상승하는 모습 등 매우 다양한 '무리행동'으로 발현된다. 양 떼가 이리로 저리로 몰려다니는 모양새가 연상된다 해서 '양떼행동' 또는 '양떼효과'라고 부르기도 한다.

그렇다면 우리가 무리행동에 익숙한 이유는 무엇일까? 미국 스워스모어대의 숀 바노트 교수 연구팀은 무리행동을 일으키는 주요 원인으로 금전적 이해관계나 투자의 규모 등과 같은 재무적 인센티브(financial incentives)를 꼽는다. 연구팀은 아마존 미케니컬 터크 플랫폼을 활용해 391명의 참가자에게 두 단계로 이루어진 실험을 실행했다. 1단계에서 연구팀은 참가자들에게 60개의 평범하고 상식적인 객관식 문제를 풀도록 했다. 문제 풀이와 더불어 본인의 대답에 대한 자기 확신(confidence)의 정도[14]도 기록하게 했다. 이후 일주일 후에 실시한 2단계 실험에서도 연구팀은 참가자들에게 첫 단계와 동일한 문제를 제공하면서 문제 풀이와 자기 확신 정도를 기록하도록 했다. 단, 이번에는 문제마다 1단계 실험에서 다수의 참가자가 선택한 답(무리행동을 유발하는 역할)이 무엇인지에 관한

14　자신감으로 해석해도 무방

정보를 함께 제공했다. 동시에 문제마다 금전적 보상(인센티브)을 0달러, 1달러, 2달러, 3달러 등 네 가지 수준으로 나눠 해당 문제의 정답을 맞히면 돈을 주겠다고 했다.

실험 결과, 추가 정보(다수의 참가자가 선택한 답)는 주어지고 금전적 보상이 주어지지 않은 문제를 풀 때 참가자들이 무리행동을 보일 확률은 중립 확률인 50%를 훨씬 상회하는 평균 72.5%를 기록했다. 참가자들이 무리행동을 유발하는 작은 신호에도 적극적으로 반응했다는 뜻이다. 이 같은 무리행동이 일어날 확률은 추가 정보에 더해 정답자에게 금전적 보상을 주겠다는 문제를 풀 때 더 강하게 나타났다. 구체적으로 1달러의 보상을 제시한 문제에서 무리행동이 일어날 확률은 3.8%p 높아졌고, 2달러였을 때는 4.1%p, 3달러였을 때는 5.0%p가 증가했다. 이는 금전적 이해관계가 커질수록 무리 지어 행동하려는 성향이 더욱 강해졌다는 뜻이다. 인센티브에 대한 남녀 간의 차이도 관찰됐다. 보상이 1달러, 2달러일 때 남녀 간의 무리행동에는 별 차이가 없었지만 인센티브가 3달러일 때는 남성이 여성보다 집단적 판단에 더욱 동조하는 성향을 보였다.

자기 확신에서도 남녀는 명확한 차이를 보였다. 남성 참가자들은 1단계 실험에서 여성 참가자들보다 평균 10%p 높은 자기 확신을 보였다. 다수 선택 정보가 제시된 둘째 단계에서는 남녀 모두에서 자기 확신이 상승했지만, 남녀 간 차이는 평균 2.2%p로 현저히 줄었다. 무리행동은 자기 확신을 강화하는 동시에 평준화하는 것으로 보인다. 정답과 오답의 경우 남녀 간 자기 확신의 차이도 분명했다. 정·오답에 상관없이 남성의 평균 자기 확신 점수는 여성보다 약 10%p가 높았다. 많은 선행연구에서 밝혀졌듯 남성의 자기 확신의 정도가 여성에 비해 지나친 면이 없지 않다.

금전적 보상이 증가할수록(금전적 이해관계가 높아질수록) 무리행동이 왕성해지는 상황은 금융시장에서 금전적 이해관계가 높을 때(투자금액이 많아서 잘못된 투자 결정이 큰 손실로 이어지는 경우) 투자자들이 자신의 신념, 정보, 분석에 의존하지 않고 불특정 무리(herd)의 움직임에 휘둘릴 가능성이 크다는 의미와 상통한다. 무리의 판단이 옳으면 바람직한 결과의 도출을 가속하지만 무리가 오판하게 되면 집단적 환상 또는 망상으로 변질돼 더 큰 실수를 유발하고 집단 패닉이나 집단위기로 발전한다. 무리와 적절한 경제적 거리를 유지하는 지혜가 절실하다.

곰곰이 되짚어 생각해 보기

1. 무리행동의 순기능과 역기능을 논의해 보자.
2. 무리행동 실험 결과를 금전적 보상의 유무로 나누어 설명하고 결과의 차이가 주는 시사점을 논의해 보자.
3. 무리행동과 자기 확신의 관점에서 남녀 간의 차이를 서술해 보자.
4. 금전적 이해관계가 커질수록 무리행동이 왕성해지는 상황은 무엇을 의미할까?

57.
주택시장에서의
닻내림 현상

- 높은 제시가격이 높은 매매가격으로 이어지는 경우 다수
- "적절한 제시가격은 얼마인가?"는 여전히 풀기 어려운 문제

　　우리나라 사람들의 부동산(건물, 토지, 주택)에 관한 관심과 사랑은 특별하다. 특히 주택에 대한 애착이 강하다. 주택이 개인투자자의 포트폴리오에서 차지하는 비중이 가장 높음을 생각하면 이상한 현상만도 아니다. 보통 주택의 가치는 개인 순자산의 몇 배에 이른다. 이를 적절한 가격에 사고파는 것은 포트폴리오 관리 측면에서 보면 매우 중요한 투자의사결정이다. 미국의 통계를 보면 주택 판매는 주택소유자의 가장 중요한 금융거래이며 주택소유자의 12%가 평균 2년 남짓한 기간마다 매매한다. 매매 시 가장 중요한 결정이 초기의 제시가격이다. 초기의 제시가격이 최종 매매가격에 결정적 영향을 미친다는 연구는 크게 (1) 효율적 시장, (2) 경매행동(auction behavior), (3) 닻내림 현상(anchoring effect) 세 가지로 요약된다.

효율적 시장에 무게를 두는 연구는 주택 매매가격이 위치나 내·외부의 편의, 위락 시설 등 주택의 특성과 시장의 수요와 공급에 의해 결정된다고 주장한다. 경매 행동 연구는 주택매매를 경매와 동일한 과정으로 바라봐 초기 제시가격을 낮게 책정한 주택은 경매 전쟁(bidding war)이라 불리는 치열한 매매 경쟁을 유발해 결국 높은 매매가격으로 귀결된다고 본다.

닻내림 현상 연구는 주택 구매자들이 매매 결정 전에 제시된 초기 가격을 준거점(reference point)으로 삼는 성향과 이로 인해 합리적 가치평가

를 하지 못하는 인지적 한계에 주목한다. 따라서 높게 제시된 주택가격은 구매자에게 의식적·무의식적인 판단의 준거점 혹은 기준점으로 작용해 닻을 내린 주변에 배가 머물 듯 매매가격도 상대적으로 높아지게 된다. 델라웨어, 뉴저지, 펜실베이니아주의 주택거래 데이터를 사용하여 초기 제시가격과 최종 매매가격 사이의 상관관계를 조사한 연구에 따르면, 이웃의 비슷한 주택들의 평균 매매가격(약 23만 4,000달러)보다 10%p(2만 3,400달러) 높은 가격에 초기 제시가격(25만 7,400달러)을 제시할 경우 최종 주택매매는 10%p 상승 제시 금액분(2만 3,400달러)의 약 0.5~0.7%(117~163달러)만큼 더 높은 가격(25만 7,517~25만 7,563달러)에 체결됐다.

평균 시세보다 20%p(4만 6,800달러) 이상 높은 가격을 제시했을 때는 10%p 상승 제시 금액분(2만 3,400달러)의 0.16~0.22%(374~514달러)만큼 추가

상승한 가격대(28만 1,174~28만 1,314달러)에서 최종 거래가 이루어졌다. 이러한 닻내림 현상은 높은 제시가격을 정당화하는 주택의 특성이나 주변 요인을 찾으려는 확증편향을 동반하기도 한다. 또 다른 재미있는 결과는 닻내림 현상이 압류나 모기지 미지급이 심한 지역에서 더욱 강하게 나타났다는 것이다.

미국의 부동산 중개업자를 대상으로 한 실험도 있다. 펜실베이니아 주 몽고메리 카운티(지방 도시)와 필라델피아 카운티(대도시)에 매물로 나온 10채의 주택에 대한 초기 제시가격(주변 지역 주택들의 중간가격 정보가 주어진 상태에서), 매매가격, 매매 소요 기간을 추정한 결과, 전반적으로 중개업자들은 낮은 제시가격을 더 선호하는 듯 보였다. 실험에 참여한 총 34명의 부동산 중개업자 중 10명이 중간가격보다 낮은 가격을 초기 제시가격(underpricing)으로 추천했고 나머지 24명은 낮은 제시가격과 높은 제시가격(overpricing)을 비슷한 비율로 사용했기 때문이다. 그러나 초기 제시가격과 매매가격과의 상관관계에 관한 질문에는 선호와는 반대로 초기 제시가격이 높을수록 매매가격이 높아질 것이라고 응답했다. 중개업자들의 이율배반적인 행태를 여실히 보여 주는 결과다. 주택거래 수수료와 직결되는 매매의 실현 가능성을 높이기 위해 낮은 초기 제시가격을 추천하지만 실제로는 그리 생각하지 않는다는 것이다. 부동산 매매 전문가들의 본심은 어디에 닻내림하고 있는 것일까?

낮은 초기 제시가격이 의도하는 경매 전쟁이나 부동산 중개업자들이 우려하는 높은 제시가격으로 인한 수요 감소는 현실성이 없는 듯하다. 앞의 연구에 따르면 낮은 제시가격보다는 오히려 높은 제시가격이 주택 판매자의 수익에 도움이 된다. 물론 적절한 제시가격이 얼마인가에 대한 답은 풀기 어려운 문제다. 터무니없이 높은 제시가격은 오히려 거래를 방해할 것이고 낮은 제시가격은 매매차익의 감소로 이어질 가능성이 크기 때문이다. 얼어붙은 부동산 시장을 고려할 때 우리나라 주택 판매자들이 닻내림 효과를 얼마나 효과적으로 활용할 수 있을지는 미지수지만, 초기 제시가격을 지나치게 낮게 책정하는 것이 지혜로운 자산운용법은 아니라는 교훈은 되새길 만하다. 특히 자산가치가 높지 않은 서민들의 부동산 거래 시에 더욱 유념해야 할 듯하다.

곰곰이 되짚어 생각해 보기

1. 주택 매매가격이 효율적 시장이나 경매 행동에 의해 결정된다는 주장을 요약해 보자.
2. 닻내림 현상으로 초기 제시가격과 최종 매매가격 사이의 상관관계를 설명한 연구의 결과를 기술해 보자.
3. 닻내림 현상이 종종 동반하는 편향은 무엇인가?
4. 닻내림 현상이 특히 두드러진 지역의 특징은 무엇인가?
5. 부동산 중개업자들의 이율배반적인 행태를 여실히 보여 주는 실험 결과를 서술해 보자.

58.
인지부조화가 자기 기만적
정보 회피 성향 부추긴다

- 소비자는 선호와 비용의 부조화가 주는 인지적 갈등 극복 수단으로 때때로 필수적인 제품 정보 선택적 회피
- 정보가 가짜일 가능성 클 때 선택적 회피 성향 더욱 강화
- 정보 회피 성향은 과학적 접근법을 방해하거나 불신하게 하는 도구로도 자주 악용

요즘은 기업의 제품이 사회적 책임을 반영하고 있는가가 소비의사결정의 중요한 기준이다. 환경친화적 특성을 강조한 사회적 제품의 뚜렷한 증가세가 이를 방증한다. 이러한 추세는 소비자에게 폭넓은 선택을 제공함과 동시에 소비재와 공공재의 경계를 허문다. 이에 발맞춰 각국 정부는 사회적 기업 및 친환경 제품의 공적 인증 시스템을 도입하고 있다. 공인된 제품에 대한 뜨거운 인기와 더불어 공인되지 않은 사회적 기업과 제품의 난립이라는 부작용도 만만치 않다. 정보 기술의 발전에 힘입어 사회 및 환경친화적 제품에 대한 선호(preference)가 강한 소비자가 자신의 선호에 맞는 제품을 찾아내기는 쉽지만, 사회적 책임을 수행하고 환경을 보호한다는 제품의 주장에 대한 진위 파악은 생각보다 어렵다. 소셜미디어와

전통 미디어 모두 가짜뉴스의 왜곡된 정보 위험에 항시 노출되어 있기 때문이다.

합리적 소비자는 주요 제품 정보를 면밀히 검토·분석하여 그 신빙성을 검증한 후, 소비 만족도를 극대화하는 선택을 한다. 이러한 합리적 행위의 이면에는 정보 획득 비용이 소비자가 허용하는 범위를 넘지 않을 거라는 가정이 숨어 있다. 그러나 실제 소비상황에 처한 소비자는 정보 획득 비용이 허용 범위를 넘지 않더라도 소비 의사결정에 영향을 미치는 중요 정보를 모두 활용하지 못한다. 평소 믿음(선호)과 배치되는 정보는 피하거나 무시하고, 믿음을 뒷받침하는 정보에는 과잉 의존한다. 즉 선택적으로 정보를 회피하거나 취하려는 성향이 강하다. 이러한 선택적 정보 회피 성향은 인지부조화를 피하려는 본능적 특성이기 때문에 회피하기 힘들다.

오스트리아 인스브루크대 연구진은 소비자가 처한 상황을 제품 가격, 정보 획득 구조와 비용에 따라 21가지로 구분하여 소비 성향을 조사한 결과, 소비자 선호와 제품 특성을 일치시키고 소비에 대한 만족도를 높이는 정보를 선택적으로 회피하려는 성향이 선호와 구매 및 정보 획득

비용 간 갈등(인지부조화) 때문에 발생한다는 증거를 확보했다. 연구에는 405명의 대학생이 참여했다. 참가자들은 환경친화적 제품 소비 욕구(선호)가 강한 구매자 관점에서, 제품에 관한 추가 정보공개 여부와 구매 결정을 연속해서 수행했다. 구매 품목은 기후변화 위기를 낮추는 데 도움이 되는 두 개의 환경친화적 제품(A와 B)으로 구성되었다. 두 제품의 가격은 실험을 시작할 때 기본값(default)으로 공개되었지만, 제품 간 가격 차이는 실험 조건에 따라 1.5유로, 3유로, 또는 4.5유로로 달라졌다. 기후 위기 감소 효과는 각 제품이 탄소 배출 감소를 통해 절약하는 경제적 비용(탄소 절감 효과)으로 측정했다. 제품 A는 모든 실험 조건에서 탄소 절감 효과가 3유로로 같았고, 제품 B는 실험 조건에 따라 제로 절감 효과 혹은 6유로로 변했다.

　　탄소 절감 효과에 관한 정보를 획득하는 과정에 따라 실험은 네 가지 조건으로 나뉘었다. 첫 번째 조건은 별도의 정보 획득 과정이 필요 없는 기본 조건이었다. 피험자는 제품 B의 탄소 절감 효과를 실험과 동시에 확인한 후 구매를 결정했다. 두 번째 조건에서는 피험자가 제품 B의 절감 효과를 확인하려면 한 개의 스위치를 눌러야 했다. 스위치를 누를 경우, 50%의 확률로 0 또는 6유로의 절감 효과 정보를 보여 주거나 나머지 50%의 확률로 어떤 정보도 주어지지 않았다. 세 번째 조건에서는 두 개의 스위치를 순서대로 누를 수 있었다. 제1 스위치를 누르면 제품 B의 절감 효과가 제품 A(3유로)보다 높은지(6유로인지), 제2 스위치는 제품 B의 절감 효과가 제품 A보다 낮은지(0유로인지)를 각각 50% 확률로 "그렇다" 혹은 50% 확률로 "모른다"를 표시했다. 표시된 정보는 모두 사실(진짜)이었다. 네 번째 조건은 세 번째 조건과 마찬가지로 두 개의 스위치가 주어졌다. 그러나 "그렇다" 응답 확률이 50%에서 33%로 낮아졌고 이 중에서 25%의 응답이 거짓(가짜)이었기 때문에 정보의 신빙성이 크게 떨어졌다. 두 번째부터 네 번째 조건은 다시 정보 획득 비용의 유무(아예 없거나 0.015유로의 미미한 액수)에 따라 두 개의 하위 조건으로 나뉘어 6개의 실험군을 형성했고, 기본 조건을 포함해 절감 효과 정보와 관련한 실험 조건은 7개가 되었다. 이는 다시 앞서 언급한 제품 간 가격 차이(세 가지)와 결합하면서 총 실험 조건은 21가지가 만들어졌다.

정보 획득 비용(스위치를 누르는 비용)이 없거나 미미하다면(모든 실험 조건이 해당), 합리적 소비자는 항상 스위치를 눌러 제품 B의 절감 효과 정보를 수집해야 한다. 그래야 자신의 환경친화적 소비 선호에 맞는 제품을 선택할 가능성과 소비 만족도가 커지기 때문이다. 그러나 대부분의 경우 소비자는 정보 수집을 회피했다. 제품 A와 B 간 가격 차이가 작은 경우(1.5유로), 두 조건(기본 조건과 정보 획득 비용이 없는 세 번째 조건)의 참가자들은 정보 확인 과정을 거쳐 가격이 비싸도 탄소 절감 효과가 큰 제품을 선택했다. 반대로, 이 외 조건의 참가자들은 탄소 절감 효과를 확인할 수 있는 정보의 획득을 회피하고 가격이 낮은 제품을 선택했다.

더욱 놀라운 결과는 가격 차이가 최대(4.5유로)일 때 모든 조건의 참가자들이 탄소 절감 효과와 상관없이 낮은 가격의 제품을 선택했다는 것이다. 다시 말해서, 제품의 구매 비용 차이가 크면 선택적 정보 회피 성향이 강해졌고 자신의 분명한 선호를 확실히 대변하는(탄소 절감 효과가 더 큰) 제품보다 단순히 저렴한 환경친화적 제품을 선택했다. 선호와 비용 사이에 발생한 인지부조화를 제거하려는 일종의 자기 기만적 행동이다.

또한 보잘것없더라도 정보 획득 비용이 존재하면, 정보 회피 성향이 현저하게 심해졌다(적게는 약 2배, 많게는 약 4배). 정보 획득 비용이 최적의 선택을 돕는 필수적인 정보를 무시하게 하는 자기 기만적인 행위를 부추기는 상황적 요인(평계 요인)임을 암시한다. 추가적으로, 네 번째 조건 참가자들의 정보 회피 성향이 세 번째 조건 참가자들보다 훨씬 강했는데, 이는 가짜 정보로 인한 신빙성 저하가 자기 기만 행위의 심리적 비용을 감소시켜 선택적 정보 회피 성향을 부추겼다는 의미를 내포한다.

소비자는 선호와 비용(구매 및 정보 획득)의 부조화가 주는 인지적 갈등(고통)을 극복하기 위해 때때로 필수적인 제품 정보를 선택적으로 회피한다. 이런 성향은 추가 비용을 들여 채집할 정보가 가짜일 가능성이 클 때 더욱 강해진다. 정보 회피 성향은 과학적 접근법을 방해하거나 불신하게 하는 도구로도 자주 악용된다. 기후변화에 적극적으로 대응하려는 환경 운동을 가짜로 포장하는 역정보(disinformation) 캠페인은 환경운동의 본질을 흐릴 뿐만 아니라, 환경 보호에 대한 무관심을 조장한다. 과학적 정보의 신빙성 저하에 그치는 것이 아니라 과학적 정보를 가짜뉴스로 오인하여 무시하는 상황, 진짜가 가짜가 되고 가짜가 진짜로 둔갑하는 황당무계한 상황을 연출한다. 작금의 갖가지 양극화 현상도 이의 연장선에 있다.

곰곰이 되짚어 생각해 보기

1. 환경친화적 특성을 강조한 사회적 제품의 뚜렷한 증가세는 무엇을 방증하는가?

2. 사회적 책임을 수행하고 환경을 보호한다는 제품의 주장에 대한 진위 파악이 생각보다 어려운 이유는 무엇인가?

3. 선택적 정보 회피 성향이란?

4. 선택적 정보 회피 성향을 회피하기 힘든 이유는 무엇인가?

5. 합리적 소비자는 항상 스위치를 눌러 제품 B의 절감 효과 정보를 수집해야 한다. 실험 결과는 이러한 합리적 기대에 부응하는가? 결과를 기술하여 질문에 답해 보자.

6. 제품 A와 B의 가격 차이가 최대(4.5유로)일 때 모든 조건의 참가자들이 탄소 절감 효과와 상관없이 낮은 가격의 제품을 선택했다는 결과가 의미하는 바는 무엇인가?

7. 보잘것없더라도 정보 획득 비용이 존재하면, 정보 회피 성향이 현저하게 심해지는 결과(적게는 약 2배, 많게는 약 4배)는 무엇을 의미하는가?

8. 정보 회피 성향을 과학적 접근법을 방해하거나 불신하게 하는 도구로 악용하는 사례를 이야기해 보자.

59.
불완전한 정보에
소스라치는 주식시장

- 어제 들었던 주식 뉴스 오늘 다시 듣고 주식 거래하는 건 비합리적
- 투자자는 홍수처럼 밀려드는 정보에 쉴 새 없이 노출되고 합리성 끊임없이 시험당해
- 감각과 감정으로 과장 또는 축소된 정보가 과잉 또는 과소반응 오류 유발

신문에 고용, 물가, 수출 관련 지표나 생의학, IT, 4차 산업의 성장을 예측하는 기사가 뜨면 주식시장이 요동친다. 신문에 보도되는 경제 기사에 반응하는 주식시장은 크게 두 가지 관점에서 이해할 수 있다. 첫 번째 관점은 신문에 기사화된 뉴스를 정보 유통기한이 지난(stale) 죽은 정보로 본다. 왜냐하면 신문 지면에 보도되는 경제 뉴스는 보통 다른 매체, 예를 들면 인터넷, 통신사, 방송사 등을 통해서 먼저 발표된 후 나오는 내용이기 때문이다. 효율적 시장가설에 의하면 주식가격은 주식정보가 발표됨과 동시에 정보의 크기와 방향(플러스 또는 마이너스)에 따라 신속하게 변한다. 만약 지금 막 발표된 주식정보의 가치가 1,000원이라면 주식가격도 1,000원만큼 즉각 상승한다. 따라서 시차를 두고 발표된 동일

한 주식정보에 주식가격이 출렁인다는 것은 효율적 시장가설에 대한 반
증이다.

두 번째 관점은 정보의 불완전성에 주목한다. 처음 보도되는 정보는
보통 불완전한 형태이기 때문에 보충, 수정, 개선 절차를 거쳐 보다 의미
있는 정보로 거듭나는 과정이 필요한데 신문이 이러한 역할을 한다는 것
이다. 다시 말해 신문에 보도되는 경제 기사가 비록 새로운 내용은 아닐
지라도, 기존 정보를 광범위하게 퍼뜨리고 불완전한 최초 정보를 보완해

주식가격에 보다 빠르고 정확하게 반영되도록 돕는 역할을 한다는 관점이다.

　신문 기사에 대한 시장의 반응은 위와 같은 두 가지 관점을 모두 내포하고 있기 때문에 주식시장이 효율적인지, 아닌지를 판단하는 데 어려움이 있다. 만약 두 번째 역할을 떼어 놓을 수 있다면 신문 기사가 주식시장에 미치는 영향에 관한 연구는 효율적 시장가설을 직접적으로 검증할 수 있는 최적의 실험이 될 것이다. 남코네티컷주립대의 버즈 교수는 이점에 착안해서 일간신문에 실린 미국의 실업률 보도가 주식시장에 미치는 영향을 조사하고 효율적 시장가설을 검증했다.

　실업률은 미국의 노동통계청에 의해 매달 첫째 주 금요일 오전 8시 30분에 제공되는 거시경제 정보다. 실업률 발표를 가장 먼저 취재하고 전파하는 매체 중 하나가 연합통신(Associated Press, AP)이다. AP는 미국에서 가장 오래된 세계 유수의 통신사로 120여 개국에 200개 이상의 지점을 중심으로 취재한 정치, 경제, 사회, 문화, 과학 뉴스를 실시간으로 전 세계 신문사나 방송사에 배포한다. 흥미로운 사실은 실업률 정보가 노동통계청의 발표 당일 인터넷매체, 통신매체, 방송사(라디오나 TV)에 보도된 후 하루가 지난 다음에야 비로소 신문에 기사화된다는 점이다. 결국 신문에 보도된 실업률 정보는 실시간 살아 있는 정보가 아니라 하루가 지난 좀비 정보인 셈이다. 그럼에도 불구하고 버즈 교수의 연구 결과에 따르면 주식시장은 오늘 신문에 보도된 어제의 실업률 수치에 따라 오르기도 하고 내리기도 하는 모습을 보였다.

　버즈 교수는 1991년부터 2004년 사이에 389개 신문사에 실린 1만 2,620

개의 실업률 기사 중 하루 전 AP의 기사 내용을 수정 없이 그대로 전한 125개의 기사를 뽑아 분석했다. 신문에 실린 기사는 하루 전 AP 기사를 보충 또는 수정 없이 실어 나르는 과정에 불과하므로 정보의 불완전성 문제가 자연스럽게 제거됐다고 볼 수 있다. 시장이 효율적이라면 실업률이 내포한 정보가치는 하루 전 연합통신의 보도 내용이 인터넷, 통신회사, 방송사 등을 통해 발표되었을 때 완전히 반영됐기 때문에 신문에 보도된 실업률의 정보가치는 제로이고, 주식시장의 반응도 전혀 없어야 맞다. 하지만 효율적 시장가설의 이러한 예측은 보기 좋게 빗나갔다. 주식가격은 신문에 보도된 실업률 정보에 요동쳤다. 기사가 보도된 후 일주일 정도 주식시장의 평균수익률은 계속 상승하는 현상이 나타났다. 그러나 두 번째 주에는 상승이 하락으로 바뀌는 역전 현상(reversal)이 나타났다. 이는 전형적인 과잉반응 현상이다.

실업률이 오른 경우에는 반대로 시장수익률이 첫 주에는 하락하다가 그다음 주에는 상승하는 패턴을 보였다. 역시 과잉반응을 보여 주는 결과다. 투자자들이 경제적 의미가 없는 뉴스에 따라 주식을 사고파는 데 그치는 것이 아니라 지나치게 거래한다는 뜻이다.

실업률의 변화가 알려지는 시점에 주식시장은 들썩인다. 실업률이 오르고 내릴 때 주식시장에 유입될 자금의 양도 달라지기 때문이다. 매우 똑똑한 대응이다. 하지만 어제 들었던 실업률 뉴스를 오늘 다시 듣고 주식을 거래한다는 것은 경제적 관점에서 비합리적이다. 버즈 교수가 발견한 주식시장의 현실이기도 하다. 투자자들은 홍수처럼 밀려드는 정보에 쉴 새 없이 노출되고 그들의 합리성은 끝없이 시험당한다. 감각과 감정으로 과장 또는 축소된 정보가 과잉 또는 과소반응의 오류를 잉태한다. 오류는 인류의 운명이 아닌가 싶다.

곰곰이 되짚어 생각해 보기

1. 신문에 보도되는 경제 기사에 반응하는 주식시장을 이해하는 두 가지 관점을 서술해 보자.

2. 어제 연합통신에 보도된 실업률이 오늘 그대로 각종 신문사의 기사 내용으로 보도되었다. 시장이 효율적이라면 신문 기사 내용에 대한 주식시장의 반응은 어떨까?

3. 역전 현상이란?

4. 과잉반응 현상을 예를 들어 설명해 보자.

5. 주식시장이 과잉 또는 과소반응의 오류를 범하는 이유를 간략히 설명해 보자.

60.
대기오염이 투자 편향과
주식시장 비효율성 부추긴다

- 대기오염은 가장 심각한 환경 위험 중 하나로 건강과 경제에 막대한 손실 초래
- 투자자 인지능력 훼손해 투자 편향 자극
- 주식시장에서 자주 관찰되는 이상 현상과 가격오류도 대기오염 영향권
- 대기오염의 실질적·잠재적 위협 이해하고 분석해야 금융시스템 효율성과 자율적 회복 능력 개선 가능

대기오염은 가장 심각한 환경 위험 중 하나이며 건강과 경제에 막대한 손실을 초래한다. 전 세계 어린이의 93%가 세계보건기구(WHO)가 정한 정상 기준에 미치지 못하는 대기 환경에서 살고 있다. 2015년도 한 해에만 오염된 공기로 인해 전 세계적으로 900만 명이 조기 사망했으며, 이는 AIDS, 결핵, 그리고 말라리아로 인한 사망자 수의 3배이고, 모든 전쟁과 다른 형태의 폭력으로 인한 사망자 수의 15배에 이르는 숫자다. 2016년 세계은행 통계에 따르면 대기오염으로 인한 글로벌 복지 손실이 5조 달러 이상(약 6,000조 원)이고, 글로벌 대기오염 관련 의료비용은 2015년 210억 달러(약 25조 원)에서 2060년 1,760억 달러(약 211조 원)로 8배 이상 증가할 것으로 추정된다. OECD는 2060년에는 노동 생산성의 척도

인 연간 근로 손실 일수가 대기오염으로 인한 병가로 37억 일에 이를 것으로 예상했다.

대기오염의 폐해는 인명과 경제적 손실과 같이 눈에 보이는 영역에만 그치지 않는다. 대기오염 물질은 적혈구 내 헤모글로빈의 산소 전달 능력을 감퇴시켜 집중력, 이해력, 정보 처리 능력을 저하한다. 그리고 이는 판단 오류로 이어져 올바른 판단과 의사결정을 방해한다. 대기오염이 심해질수록 학생들의 평균 성적이 떨어지고, 근로자의 성과가 저하되며, 교통사고 발생률이 올라간다. 재무분석가의 예측정확도를 낮추고 개인 소득을 감소시켜 주식시장에서 투자 편향을 부추기는 원인으로 지목되기도 한다. 가격오류(mispricing)[15]와 밀접한 연관이 있는 개인의 무드 변화를 유발하여 투자의 성패를 결정짓기도 한다.

대기오염이 인간의 건강, 노동 생산성, 기업 의사결정 또는 경제성장에 미치는 영향에 관한 연구는 방대하지만, 금융시장의 효율성에 미치는 영향에 관한 연구는 미비했다. 뉴질랜드 매시대 연구팀은 대기오염과 주식시장 이상 현상(anomalies)과 가격오류 간 역동적 상호작용을 투자전략과 환경정책의 관점에서 조명했다. 그리고 대기오염이 주식시장의 효율성을 저해하는 요인이며 대기오염에 대한 주의(attention) 환기와 적절한 환경정책으로 이를 완화할 수 있음을 실증했다.

연구팀은 뉴욕증권거래소(NYSE), 미국증권거래소(AMEX) 및 나스닥에서 거래되는 보통주로부터 주가, 수익률, 거래량 자료를 수집했고 미시간 소비자심리지수와 시카고선물거래소의 VIX 지수를 사용하여 시장 센티먼트[16]를 측정했다. 또한 미국환경보호국(EPA)의 대기질 시스템(Air Quality System) 공식 웹사이트에서 채집한 대기오염 자료를 바탕으로 대기질지수(air quality index, AQI)를 산출했다. AQI의 범위는 0에서 500까지이며, 숫자가 클수록 대기오염 수준이 높고 건강에 대한 우려가 더 크다는 것을 의미한다.

---

15 자산의 시장가격이 자산의 본질적 가치와 현격한 차이를 보이는 현상, '가격괴리'로도 해석한다.

16 여기서 센티먼트는 어떤 상황, 사건, 의견 등에 대한 심리적 관점이나 태도를 뜻한다. 주식시장 센티먼트는 투자자 집단이 주식시장에 대해 가지고 있는 집합적이고 감정적인 투자 심리를 일컫는다.

금융시장 이상 현상은 주식과 같은 투자자산의 가격이 효율적인 시장의 개념에 반해 움직이는 상황을 의미한다. 따라서 이상 현상을 역이용하면 시장의 평균 수익을 상회하는 비정상적인 수익을 올릴 가능성이 있다. 예를 들어, 순이익가격비율(earnings-to-price ratio)의 차이로 이상 현상이 발생한다면 과거 순이익가격비율이 매우 높았던 주식(저평가 주식)은 매수하고 낮았던 주식(고평가 주식)을 매도하는 롱쇼트 포트폴리오를 구성하여 비정상수익(abnormal return)을 얻을 수 있다. 물론 효율적 시장에서는 이용 가능한 모든 정보가 즉시 자산 가격에 반영되기 때문에 비정상수익을 올리기 어렵다.

연구팀은 순이익가격비율을 포함한 16가지 이상 현상을 바탕으로 가격오류 점수를 산출하고 가격오류에 기반한 롱쇼트 포트폴리오를 구성해 대기오염 수준에 따른 포트폴리오 수익률 변화를 분석했다. 이를 위해 각 이상 현상마다 주식을 10분위 포트폴리오로 분류하고 비정상수익률의 크기에 따라 포트폴리오의 순위를 매겼다. 1순위 포트폴리오(비정상수익률 기준 최상위 10% 주식을 포함한 포트폴리오)는 가장 저평가된 주식의 집합체, 10순위 포트폴리오(비정상수익률 기준 최하위 10% 주식을 포함한 포트폴리오)는 가장 고평가된 주식의 집합체를 이루었다. 결과적으로 각 주식은 16개의 순위를 갖게 되고 이 순위를 결합한 값이 각 주식의 가격오류 점수다. 점수가 낮을수록 저평가, 높을수록 고평가된 주식을 의미한다. 이를 바탕으로 최하위 10%(저평가)에 속한 주식은 사고, 최상위 10%(고평가)의 주식은 파는 롱쇼트 포트폴리오 투자전략을 마련했다.

연구 결과, 대기오염 정도가 상위 20%에 해당하는 고공해(高公害) 기간 롱쇼트 포트폴리오 수익률은 1.87%, 하위 20%인 저공해(低公害) 기간의 수익률은 0.58%를 기록했다. 즉 대기오염 수준의 고저에 따른 롱쇼트 포트폴리오 수익률 차이가 월 1.29%(연 15.48%)라는 뜻이다. 롱쇼트 포트폴리오의 수익률을 종속변수로 하고 AQI를 독립변수로 한 회귀분석 결과도 이와 비슷했다. 대기오염이 매월 1%p 증가할 때 롱쇼트 포트폴리오의 수익률은 3.5%p 상승했다. 이는 주식시장의 이상 현상과 가격오류에 기반한 투자전략이 유효하며 대기오염이 주식시장의 비효율성을 조장한다는 뜻이다. 즉 대기오염이 투자자의 인지능력을 약화하고 투자 편향을 악화시킨다는 간접적 증거이기도 하다.

연구팀은 또한 투자자가 대기오염에 단순히 주의를 기울이는 행위가 대기오염 증감과 주식시장 비효율성과 관련이 있는지를 조사했다. 대기오염에 대한 투자자의 주의 정도는 구글의 검색량지수(search volume index, SVI)를 활용해 수량화했다. 구체적으로, '대기오염', '대기질', 'AQI', '오염물질', '미세먼지', '오존', '이산화질소', '일산화탄소' 등 공해 관련 키워드의 검색 빈도가 잦으면 투자자 주의가 높은 것으로 판단했다.

분석 결과, 오염 관련 구글 검색이 1%p 증가하면 대기오염이 0.79%p 감소했고 롱쇼트 포트폴리오의 수익률은 0.15%p 낮아졌다. 대기오염에 대한 단순한 주의와 관심이 환경 보호는 물론 시장의 효율성을 개선하는 일거양득의 넛지가 될 수 있음을 시사한다. 더불어 대기오염을 개선하기 위한 연방 차원의 프로그램(Clean Air Interstate Rule, CAIR)의 유효성도 검증됐다. CAIR 시행 2년 후, 미국 내 대기오염은 6.75%p 감소했고 롱쇼트 포트폴리오의 수익률은 2.87%p 감소했다. 즉 정부의 환경정책도 대기오염 감소와 시장의 효율성 증대에 중요한 결정요인이다.

대기오염은 최근 수십 년 동안 인류에게 가장 심각한 환경 위협이 됐다. 대기오염이 경제와 건강에 미친 손실은 상상을 초월한다. 특히 대기오염은 투자자의 인지능력을 훼손해 투자 편향을 자극하고 이는 주식시장에서 자주 관찰되는 이상 현상과 가격오류로 이어지곤 한다. 주식시장이 경제 발전의 중요한 척도요 촉매제라는 사실을 고려할 때, 주식시장의 효율성에 대한 대기오염의 실질적·잠재적 위협을 이해하고 분석하는 것은 금융시스템의 효율성과 자율적 회복 능력을 개선하기 위한 필수 전제 조건 중 하나다.

최근 ESG(환경, 사회, 지배구조) 투자와 경영이 각광을 받는 것은 우연이 아니다. 앞으로 환경, 사회, 지배구조의 가치를 간과하는 투자나 경영은 지속가능성이 희박하다. 그래서 대기오염이 투자자의 인지능력과 행동 편향, 그리고 주식시장의 비효율성과 연관이 깊다는 연구 결과가 시사하는 바가 더욱 크다. 환경을 보호하려는 노력과 더불어 환경 오염으로 인한 심리적 상처를 예방하고 치유하기 위한 노력이 동시에 절실하다. 개인, 기업, 시장, 사회, 정부(individual, corporate, market, social, government, ICMSG)가 함께하는 뉴글로벌 운동(new global movement)이 필요한 시점이다.

곰곰이 되짚어 생각해 보기

1. 대기오염으로 인한 폐해와 비용을 기술해 보자. 인명 피해 및 경제적 비용뿐만 아니라 심리적 피해와 비용도 포함한다.

2. 가격오류란?

3. 센티먼트와 주식시장 센티먼트를 각각 정의해 보자.

4. 금융시장 이상 현상에 대해 설명하고, 이를 이용한 비정상수익(초과수익) 전략을 소개해 보자.

5. 연구팀이 롱쇼트 포트폴리오 투자전략을 어떻게 구성했는지 설명해 보자.

6. 연구 결과, 대기오염 정도가 상위 20%에 해당하는 고공해(高公害) 기간 롱쇼트 포트폴리오 수익률은 1.87%, 하위 20%인 저공해(低公害) 기간의 수익률은 0.58%를 기록했다. 이 결과의 의미를 논의해 보자.

7. 대기오염에 대한 단순한 주의와 관심이 환경 보호는 물론 시장의 효율성을 개선하는 일거양득의 넛지가 될 수 있음을 시사하는 결과를 기술해 보자.

8. 대기오염을 개선하기 위한 미국 연방 차원 프로그램의 유효성을 검증한 결과를 기술해 보자.

9. 최근 ESG 투자와 경영이 각광을 받는 이유는 무엇일까?

————— "최상의 상태에서 인간은 모든 동물 중 가장 고귀하다. 그러나 법과 정의를 뺀 인간은 최악의 존재다."

아리스토텔레스(Aristotle)

————— "평등은 모든 사람을 똑같이 대우하는 것이다. 그러나 공평은 서로의 다름을 인정하고 다양한 성공의 기회를 제공한다."

조디 피코(Jodi Picoult)

————— "실리콘밸리가 세계적인 혁신의 중심지인 이유는 다양성을 포용하는 열린 문화 때문이다. 이곳에서 여러분은 전 세계에서 온 서로 다른 모습의 사람들을 보게 된다. 다양한 배경을 가진 많은 사람이 모일 때 혁신이 시작된다."

에릭 유안(Eric Yuan)

————— "혁신은 현상 유지 상태를 거부하고 미지의 개척지에서 새로운 발전을 모색하는 거침없는 에너지요 힘이다."

스티븐 제프스(Steven Jeffes)

공정과 혁신

FAIRNESS AND INNOVATION

61.
평등과 정의로 안내하는
이정표는 '공평'

- 분배의 공정은 평등과 공평 모두 내포
- 양극화와 팬데믹 상황으로 분배의 공정에 관한 관심 더욱 고조
- 제3자 방식의 독립적 의사결정과정 적용해 공평한 분배 담보

하버드대 마이클 샌델 교수의 저서 《정의란 무엇인가》는 2010년 한국에 소개돼 큰 반향을 일으켰다. 정의와는 거리가 먼 현실에 대한 자괴감과 정의에 대한 열망이 뒤섞인 복잡 미묘한 감정의 표현이었으리라. 사람들은 이해관계의 유무를 떠나 종종 자신의 선택을 정당화하기 위한 수단으로 '공정(fairness)'을 요구한다. 공해를 규제하고 감독하는 정부 기구나 국제기구뿐만 아니라 공해를 일으키는 당사자도 공정한 법이나 규정의 적용을 역설한다. 국제무역기구 분쟁조정위원회의 중재나 권고에도 공정은 필수요소다. 법정에서는 원고, 피고, 재판관 모두 공정한 법의 판단과 집행을 외친다.

공정은 동시에 여러 가지 의미를 내포하고 있는 복합적인 개념이다.

분배의 공정을 예로 들어 보자. 누구에게나 차별 없이 똑같은 질과 양으로 나누어 줘야 한다는 '평등(equality)'의 개념일 수도 있고, 기여에 비례하는 분배나 보상을 뜻하는 '공평(equity)'일 수도 있다. 따라서 분배의 공정을 논할 때 평등과 공평은 항상 라이벌 관계다. 기여가 모두 똑같은 경우(평등과 공평에 차이가 없음)를 제외하면 이 둘은 항상 충돌과 갈등을 유발하기 마련이다.

이러한 충돌과 갈등을 최소화하기 위한 수단과 방법을 찾기 위해 많은 학자가 평등과 공평에 대한 사람들의 태도와 선호를 탐구해 왔다. 독일 킬대 코노 교수팀은 미국 로스앤젤레스와 일본의 오사카 근방에 소재한 대학 구성원 432명을 대상으로 평등과 공평에 대한 태도와 선호를 분석하는 실험을 진행했다. 이를 통해 사람들이 주어진 상황에 따라 공정에 대한 평가를 달리함을 밝혀냈다.

실험은 생산과 분배의 두 단계로 이루어졌다. 우선, 생산단계에서 참가자들은 두 개의 방(X그룹과 Y그룹)으로 나뉘어 우편으로 발송할 편지를 쓰는 과업을 수행했다. 각 방에는 12명씩 참여했고 완성한 편지의 수 곱하기 1달러(미국 참가자) 혹은 150엔(일본 참가자)이 보상으로 주어졌다. 이렇게 개인별 보상을 끝낸 후 (1) 제3자(spectator), (2) 이해관계자(stakeholder), (3) 외집단(out-group), (4) 내집단(in-group) 등 네 가지 방식으로 차별화된 분배를 시작했다.

제3자 방식과 이해관계자 방식에서는 X와 Y 각 방의 참가자 중 한 명씩 뽑아 두 명이 한 팀을 이루게 했다. 이렇게 새로 12개 팀을 구성한 다음에는 팀별로 서로의 수익을 공개한 후 합산된 수익을 재분배했다. 이때 이해관계자 방식에서는 각 팀의 X방 멤버가 자신과 Y방 멤버에게 총수익을 나누게 했고, 제3자 방식에서는 제3의 그룹(Z)의 사람들(spectators) 수익을 배분하도록 했다. 특히 제3의 그룹 멤버에게는 배분 과업을 수행해주는 대가로 10달러(미국 참가자) 혹은 1,500엔(일본 참가자)을 줬다.

외집단 방식과 내집단 방식에서는 X와 Y에서 각각 두 명씩 차출해 총 네 명(XA, XB, YA, YB)이 한 팀을 이루게 했다. 그리고 제3자나 이해관계자 방식과 달리 멤버 각각의 개별 수익은 공개하지 않고 팀별 합산 수익만 공개한 후 이를 재분배하도록 했다. 총수익에 대한 개별 멤버의 기여도를 알 수 없게 함으로써 구조적으로 평등에 가까운 선택을 하도록 하기 위한 실험 장치였다. 이때 외집단 방식에서는 X방 출신 두 명(XA, XB)이 함께 의논해서 자신들(XA, XB)과 Y방 멤버들(YA, YB)에게 수익을 나누도록 했고, 내집단 방식에서는 XA가 자신과 XB에게 분배하고 YA가 자신과

YB에게 분배했다.

연구 결과는 분배방식 간의 차이를 여실히 드러냈다. 제3자 방식에서는 X방 멤버에게 실제로 분배한 수익의 평균과 X방 멤버가 기여한 수익의 평균이 같았다. 제3자가 내린 의사결정의 81%가 공평한 분배에 가까웠고 19%가 기여율과 상관없이 똑같이 나누는 평등한 분배에 근접했다. 이는 이해관계가 없는 제3자가 분배할 때 공평 분배가 대세였다는 뜻이다.

내집단 방식의 경우 분배 결정의 49%가 평등 분배, 45%가 공평 분배에 가까웠다. 6%만이 같은 그룹 소속 멤버에게 한 푼도 주지 않고 자신이 모두 착복하는 이기적 행태를 보였다. 이는 소속 멤버와 수익을 나누는 경우, 좀 더 평등한 관점을 견지한다는 걸 보여 준다.

이해관계자 방식은 제3자 방식과 외집단 방식의 중간에 위치했다. 57%가 공평 분배, 30%가 평등 분배, 13%가 이기적 분배 성향을 나타냈다. 내집단 방식보다 공평에 가깝지만 제3자 방식의 공평 수준에는 미치지 못했다. 외집단 방식은 설계대로 절대다수(83%)의 의사결정이 평등 분배에 가까웠지만 이기적 분배도 11%에 달했다.

결과를 종합하면, 이기적 분배 성향은 상대적으로 낮은 비율(평균 10%)을 보였지만 분배자 자신이 분배의 대상이 되는 경우와 비소속 멤버와 수익을 나누는 경우에는 강해졌다. 소속 멤버와 수익을 나눌 때는 이기적 성향이 덜해 소속 멤버를 향한 편파적 우호와 평등 분배 성향(진정한 의미의 평등 분배가 아님)을 확인할 수 있었다. 제3자 방식을 제외한 나머지 방식의 경우, 분배자 자신 또는 동일 집단 소속 멤버에게 실제로 분배한 수익의 평균(총수익의 57%)이 평균 기여액(총수익의 49%)이나 평등한 분배액(총

수익의 50%)보다 높았다. 특히 주목할 점은 정도의 차이는 있지만 외집단 방식을 제외한 세 방식 모두에서 공평에 대한 우호적인 태도와 높은 선호가 표출됐다는 것이다. 이 같은 결과는 미국과 일본 참가자들 사이에서 별 차이 없이 관찰됐다.

전 세계적으로 빈익빈 부익부의 양극화 현상이 심해지는 상황, 전염병으로 인해 생존권이 위협받는 상황에서 분배의 정의는 초미의 관심사다. 누구나 정의로운 분배를 원하지만 해석은 제각각이다. 다행히 우리는 분배에 대한 의사결정을 공평하게 하려는 성향을 가지고 있다. 하지만 상황에 따라 선호가 달라지는 성향도 공존한다. 특히 금전적·집단적 이해관계가 의사결정에 관여하면 공평한 분배와는 거리가 점점 멀어진다. 제3자 방식(각종 이해관계에서 자유로운 인적자원)의 독립적 의사결정과정을 적용해야 공평한 분배를 담보할 수 있다. 공평한 분배는 평등한 분배와 정의로운 사회로 안내하는 실시간 이정표다.

곰곰이 되짚어 생각해 보기

1. 공정은 복합적인 개념이다. 분배의 공정을 예로 들어 공정의 개념을 설명해 보자.
2. 생산과 분배 실험의 과정을 설명해 보자.
3. 생산과 분배 실험의 결과를 네 그룹별로 나누어 설명해 보자.
4. 이기적 분배 성향은 어느 경우에 강해지는가?
5. 네 그룹별 결과를 종합해서 요약해 보자.
6. 공평한 분배를 담보하는 접근 방식은 무엇인가?

6부 공정과 혁신

62.
조세 부정행위 줄여
경제성장 효과 내려면

- 이상적인 경제 시스템은 효율적이고 효과적으로 부가가치 창출해 구성원들에게 공평 분배
- 거시적·미시적 접근 동시 필요
- 유연하면서도 지속 가능한 모듈형 경제 시스템 시급

　　미국에선 매년 보험사기로 인한 손실이 40조 원 규모에 이른다. 2016년 미국 연방국세청(IRS) 보고서에 따르면, 미국의 불성실납세 규모(tax gap, 납세자들이 내야 할 세금과 실제로 낸 세금의 차이)는 2008~2011년 기간에 연평균 4,580억 달러(약 530조 원, 미국 시민 총 납부세액의 18%)로 한국의 1년 예산을 훌쩍 넘어선다. 한국의 불성실납세 규모도 2011년 기준 납부세액의 15% 수준인 27조 원에 달한다는 게 조세연구원 추산이다. 조세회피는 한 나라의 경제, 국방, 복지, 문화, 정치를 지탱하는 조세수입의 근간을 흔드는 치명적 부정행위다. 조세회피만 잘 관리하고 줄여도 상당한 경제성장 효과를 낼 수 있다고 해도 과언이 아니다.

　　부정행위는 사회적 관계라는 연결고리를 통해 빠르게 전염된다. 친구,

가족, 동료 등과 같은 주변 사람들이 부정행위를 자주 하면 알게 모르게 자신의 부정행위도 잦아진다. 사회적 관계와 부정행위 간 상호관계가 자본주의와 사회주의 환경에서는 얼마나 다를까? 듀크대의 애리얼리 교수 연구팀은 통일 전 사회주의 동독지역과 자본주의 서독지역에 살았던 독일 시민들을 대상으로 통일 후 부정행위에 대한 분석을 통해 경제 시스템이 부정행위에 미치는 영향을 탐구했다.

통일된 독일은 사회주의 동독과 자본주의 서독으로 40년 이상 분단된 상태로 존재했던 역사적 사실로 인해 경제 시스템이 부정행위에 미치는 영향을 연구하는 데 적절한 실험환경을 제공한다. 애리얼리 교수 연구팀은 독일 내 세 도시(베를린, 라이프치히, 도르트문트)에 거주하는 총 534명의 시민을 대상으로 부정행위 실험을 실시했다. 통독 전 베를린은 장벽을 사이에 두고 서독과 동독으로 나뉘었던 도시이고 라이프치히는 100% 동독지역, 도르트문트는 100% 서독지역에 있었다.

연구팀은 참가자들에게 주사위를 던지는 게임을 주문했다. 참가자들은 주사위를 던지기 전에 주사위의 윗면과 아랫면 중 하나를 선택하고 주사위를 던진 후 앞서 선택한 주사위 면의 숫자를 종이에 적었다. 이러한 게임을 40회 연속으로 했는데 연구팀은 참가자가 기록한 40개의 숫자 중 하나를 무작위로 뽑아 주사위 숫자만큼 보상했다. 예를 들어, 무작위

6부 공정과 혁신

로 뽑힌 숫자가 6이면 참가자는 6유로를 받았다. 숫자를 기록하는 주체가 피실험자이기 때문에 보상을 높이기 위한 부정행위 인센티브가 존재했다. 부정행위를 적극적으로 하게 되면 40개의 숫자 중 높은 숫자(4, 5, 6)가 차지하는 비중(high-roll percentage, HRP)이 낮은 숫자(1, 2, 3)가 차지하는 비중(low-roll percentage, LRP)보다 높을 가능성이 크다. 부정행위가 없으면 HRP와 LRP는 각각 50%로 같아야 한다.

실험 결과, 통독 전 베를린 서독지역과 도르트문트에 거주했던 그룹의 HRP는 55%, 베를린 동독지역과 라이프치히에 거주했던 그룹의 HRP는 58%를 각각 기록했다. 이는 자본주의 체제하에서든, 사회주의 체제하에서든 상관없이 두 집단 모두 부정행위를 적극적으로 했다는 것을 뜻한다.

좀 더 흥미로운 사실은 서로 다른 경제 시스템이 공존해 있었던 베를린 지역만 따로 떼어 놓고 관찰했을 때 드러났다. 베를린 서독지역의 HRP는 55%였던 반면 베를린 동독지역의 HRP는 60%로 나타났고, 통계적으로도 유의미한 차이였다. 베를린을 제외하고 라이프치히(서독)와 도르트문트(동독)의 거주자들만 비교했을 때는 HRP가 각각 56%, 55%로 그 차이도 미미했을 뿐 아니라 통계적으로도 유의미한 차이가 아니었다. 이는 부정행위 발생확률이 자본주의 경제와 가까웠던 베를린 동독지역 거주자들에게서 특히 더 높게 나타났다는 것을 뜻한다. 상대적 박탈감이 작용했기 때문이 아닐까 추정된다.

연구진은 또한 통독 때까지 옛 동독지역에 최소 10년 이상 거주한 사람들은 동일한 조건의 옛 서독지역 거주자들보다 부정행위를 저지를 확률이 17%p 높다는 사실을 밝혀냈다. 이 확률은 거주 기간이 20년 이상이 되면 더 높아졌다. 즉 옛 동독지역에 최소 20년 이상 거주한 이들의 부정행위 확률은 동일한 조건의 옛 서독지역 거주자 대비 20.7%p가 높았다. 이는 사회주의 경제 시스템에 오래 노출됐던 사람들에게서 더 많은 부정행위가 발생했다는 걸 의미한다.

이 밖에 연구진은 경제 시스템과 더불어 나이, 학력, 결혼 여부도 부정행위에 의미 있는 영향력을 끼친다는 사실을 입증했다. 구체적으로, 나이가 한 살 증가할수록 부정행위 확률은 0.2%p씩 증가했고, 고학력자와 기혼자일수록 부정행위는 감소했다.

특히 주목해야 할 부분은 지역이나 경제 시스템을 막론하고 부정행위가 광범위하게 일어났다는 사실이다. 부정행위는 인간의 본성인가 보다. 경제 시스템과 더불어 나이, 학력, 결혼 여부도 부정행위에 의미 있는 영향력을 보여 주었다. 나이가 한 살 증가할수록 부정행위 확률은 0.2%p씩 증가했고, 고학력자와 기혼자일수록 부정행위는 감소했다.

이상적인 경제 시스템은 효율적이고 효과적으로 부가가치를 창출해 구성원들이 공정하고 공평하게 그 혜택을 누리게 한다. 하지만 안타깝게도 부정행위는 경제 시스템의 유형을 막론하고 광범위하게 발생한다. 당연히 이 같은 부정행위는 이상적인 경제 시스템의 구축과 발전을 저해한다. 사회주의와 자본주의를 차례로 경험하면 부정행위 상승효과도 있는 듯하다. 대부분 국가가 자본주의와 사회주의 경제 시스템의 양면성을 가지고 있고 소득격차에 따른 사회적 계층이 존재하는 상황에서 의미 깊은 연구 결과다. 조세회피는 떨치기 힘든 유혹이다. 하지만 빈부에 따라 그 유혹의 강도는 크게 차이가 날 수 있다. 부정행위를 전반적으로 줄이려는 거시적 접근과 빈부, 남녀, 노소, 교육, 혼인 관계 등의 차이를 고려한 미시적 접근이 동시에 필요하다. 유연하면서도 지속 가능한 모듈(module)형 경제 시스템이 시급하다.

곰곰이 되짚어 생각해 보기

1. 한국과 미국의 불성실납세 규모를 기술해 보자.
2. 경제 시스템이 부정행위에 미치는 영향을 연구하기 위한 실험에서 경제 시스템과 상관없이 부정행위가 적극적으로 행해졌다는 사실을 보여 주는 결과를 기술해 보자.
3. 부정행위 발생확률이 자본주의 경제와 가까웠던 베를린 동독지역 거주자들에게서 특히 더 높게 나타났다는 결과의 원인으로 추정되는 개념은 무엇인가?
4. 사회주의 경제 시스템에 오래 노출됐던 사람들에게서 더 많은 부정행위가 발생했다는 증거를 제시해 보자.
5. 나이, 학력, 결혼 여부가 부정행위에 미치는 영향을 요약해 보자.
6. 부정행위를 최소화하는 이상적인(효율적이고 효과적으로 부가가치를 창출해 구성원들이 공정하고 공평하게 그 혜택을 누리게 하는) 경제 시스템을 확립하려면 어떻게 해야 하는가?

63.
부패가 키운 투자와 성장은 신기루,
중국을 타산지석으로

- 동아시아 패러독스는 투자수익률 감소 추세에도 투자 비율 오히려 증가하는 현상
- 중국에선 부패의 행태가 횡령에서 뇌물로 변화
- 부패 척결의 경제적 이득 상상 초월
- 소 잃고 외양간 고치는 우 범하지 말아야!

　　국제통화기금(IMF)의 한 보고서에 따르면 지구상에서 매년 뇌물로 쓰이는 자금은 전 세계 국내총생산(GDP)의 2%에 해당하는 약 2조 달러(약 2,400조 원)에 달한다고 밝혔다. 부패의 일개 부류에 불과한 뇌물이 주는 경제적 피해가 이 정도인데 부패 전체가 세계 경제와 사회에 미치는 악영향은 얼마나 가공할까? 국민권익위원회의 보고서에 따르면 부패는 자금조달 비용과 투자 비용을 증가시켜 민간투자와 외국인 투자를 위축시키고 진입장벽을 높여 혁신을 가로막는 원흉이다. 유엔이 2003년에 반부패 협약을 제정하고 유럽연합, 중국, 인도, 싱가포르 등 세계 각국의 지도자들이 부패와의 전쟁을 선포하며 이에 적극적으로 부응하는 이유다.

중국은 세계에서 가장 부패한 국가 중 하나다. 그런데 역설적으로 중국의 경제는 과거 30년 동안 연평균 10%p씩 급격히 성장했다. 경제 자유화와 시장경제개혁을 거름 삼아 싹트고 만연한 부패와 공생하며 급성장한 사회기반시설(infrastructure, 인프라)에 대한 막대한 투자가 그 원동력이 됐다.

그러나 부패에 기생한 인프라 투자가 만들어 낸 피상적이고 일시적인 긍정적 외부효과(positive externality, 경제성장)가 부패를 정당화할 수 없다. 오히려 부패를 기반으로 한 투자와 경제성장의 역효과는 치명적이다. 무엇보다도 지속가능성과 수익성이 현저히 낮은 인프라 건설에 너무 많은 자금을 낭비했다. 특히 2008년 금융위기 이후에 이루어진 대규모 인프라 투자의 비효율성은 국가적 손실로 이어졌다.

중국 정부의 2014년 보고서에 따르면 인프라 과잉투자로 인한 손실이 미화로 6조 8,000억 달러(약 8,160조 원)에 달했다. 이는 중국 총투자의 약 37%에 해당하는 어마어마한 액수였다. 여기서 아이러니한 점은 1980~2016년 기간 투자수익률은 고전을 면치 못했지만 GDP 대비 투자액 비율은 고성장을 거듭했다는 점이다. 이른바 '동아시아 패러독스(East Asian paradox)'의 대표적 현상이다. 보통 부패는 저개발 국가에서 만연한 것으로 여겨지지만 중국을 비롯한 동아시아 많은

나라에서는 만연한 부패에도 불구하고 고속 성장을 거듭하는 상황을 가리킨다. 이와 관련, 상하이재경대의 연구팀은 주주-대리인 모형(principal-agent model)을 기반으로 부패와 경제성장 간 역설적 관계(동아시아 패러독스)를 규명하고 그 고리를 끊을 수 있는 방법을 제시했다.

연구팀은 2000년부터 2016년 기간 중 중국 통계국과 고등검찰청 자료를 활용해 부패의 행태가 횡령에서 뇌물로 바뀐 이유를 밝히고 (1) 급여(wages), (2) 감독(monitoring intensity), (3) 투명한 책임(accountability) 등 부패를 줄일 수 있는 세 가지 정책의 상대적 실효성을 동시에 검증했다. 연구 결과, 관료들이 처벌의 위험을 무릅쓰고 비효율적인 인프라 투자를 무작정 추진한 원인이 승진에 대한 욕구(promotion incentive)와 더불어 뇌물을 받아 개인의 물질적 탐욕을 채우려는 자기중심적 인센티브였음을 밝혀냈다. 또한 횡령보다 뇌물수수가 더욱 만연한 이유는 인프라 투자의 허가 과정에서 받는 뇌물액이 횡령으로 챙길 수 있는 경제적 이득을 압도할 뿐만 아니라 뇌물수수 행위로 발각될 확률이 횡령보다 낮기 때문으로 드러났다. 실제로 1999년부터 2013년도까지 인프라 투자사로부터 은밀하게 뒷돈을 받은 뇌물수수는 GDP 대비 투자액과 더불어 가파르게 증가한 반면 직접적인 도둑질에 해당하는 횡령은 같은 기간 급격한 감소 추세를 보였다.

급여 인상 효과와 감독 강화 효과도 여실히 나타났다. 관료들의 급여를 올리면 부패확률은 줄어들었다. 그러나 뇌물액은 오히려 증가하는 역효과가 나타났다. 감독을 강화하자 부패한 관료의 수와 뇌물액을 동시에 줄이는 효과를 거두었다. 문제는 동시에 인프라 투자가 위축됐다는 점이다. 이는 급여 정책과 감독 정책을 적절히 배합하면 뇌물수수 관행을 효과적으로 줄일 수 있지만, 경제성장이 약화하는 것은 막을 수 없다는 딜레마를 의미한다. 또한 연구 결과, 급여 인상과 감독 강화만으로는 만연한 부패를 척결하기 어려운 것으로 드러났다. 책임소재를 명확히 하는 정치적 개혁(political reforms to enhance accountability)이 뒷받침될 때 부패 척결을 위한 정책 실효성도 높아지는 것으로 분석됐다. 이러한 개혁은 부패를 효과적으로 감소시키는 동시에 부패와 연관된 비효율적 투자도 억제해 경제성장을 둔화시키지 않으면서도 부패와의 전쟁을 승리로 이끌 최선의 방법이다.

2012년 말에 시작한 중국 정부의 반부패 캠페인은 책임과 처벌을 명확히 한 대표적인 정치개혁으로 꼽힌다. 지방정부에 대한 중앙정부의 감시 및 감독 강화는 물론 신속한 법 집행으로 2020년까지 장관급 이상의 고위공직자 180명을 포함해 20만 명에 이르는 부패 관료가 적발, 고소됐다. 연구팀은 여기서 멈춰선 안 되며 국가기관의 전방위 개혁을 통해 관료들의 책임소재와 이에 따른 신상필벌을 공정하고 명확히 함은 물론 정책 결정의 투명성을 획기적으로 높여야 한다고 주장한다. 그래야만 부정부패로 인해 치러야 하는 비용이 그 이득을 압도할 수 있어 부정부패 행위를 해서라도 이득을 취하려는 인센티브를 잠재울 수 있기 때문이다.

부패는 국가기관의 인적·물적 구조가 미비하고 국가 지배구조가 낙후된 국가에서 더욱 기승을 부린다. 불공정거래가 판을 치고 정치, 경제, 사회의 불안정은 구성원들을 끝없는 갈등과 투쟁으로 내몬다. 갈등, 투쟁, 불안정이 부패한 세력에겐 탐욕을 채울 자양분이고 원동력이다. 2019년 IMF 보고서는 세계 각국이 부패 척결에 더 힘쓴다면 세금이 1조 달러(약

1,200조 원) 더 걷히고 세계 GDP는 1.25%p 추가 성장이 가능하다고 분석했다. 한국이 국제투명성기구(TI)가 매년 발표하는 부패인식지수(100점 만점)를 10점 증가시키면 1인당 국민소득 4만 달러 시기는 3년, 5만 달러 시기는 5년을 앞당길 수 있다는 국민권익위원회 연구보고서도 있다. 소 잃고 외양간 고치는 우를 다시 수십 년 혹은 수백 년 반복할 것인가? 썩은 건 과감하게 떼어 버리고, 양호한 건 썩기 전에 단단히 하고, 없는 건 과감히 새것으로 채워야 한다. 그래야 백 년이 가고 천 년이 간다. 하루만 살다 갈 것처럼 살지 말자. 그건 다른 경우에 쓰는 말이다.

곰곰이 되짚어 생각해 보기

1. 유엔이 2003년에 반부패 협약을 제정하고 유럽연합, 중국, 인도, 싱가포르 등 세계 각국의 지도자들이 부패와의 전쟁을 선포하며 이에 적극적으로 부응하는 이유는 무엇인가?
2. 부패를 기반으로 한 투자와 경제성장의 역효과는 무엇인가?
3. 동아시아 패러독스란?
4. 중국에서 발생한 동아시아 패러독스 현상을 기술해 보자.
5. 중국 관료들이 처벌의 위험을 무릅쓰고 비효율적인 인프라 투자를 무작정 추진한 두 가지 원인은 무엇이었나?
6. 부정행위 중에서도 횡령보다 뇌물수수가 더욱 만연한 이유는 무엇인가?
7. 급여 인상과 감독 강화의 효과, 역효과, 그리고 그 의의를 서술해 보자.
8. 경제성장을 둔화시키지 않으면서도 부패와의 전쟁을 승리로 이끌 최선의 방법은?
9. 부패 척결의 경제적 부가가치를 통계치로 제시해 보자.

64.
공공의 적,
가난

- 불편함과 고통 이끄는 가난은 '공공의 적'
- 심리적 대역폭은 합리적 사고(시스템 2)를 활성화하고 지탱하는 정신적 에너지
- 가난은 심리적 대역폭의 역할 방해하는 경제적 요인
- 가난은 시스템 1과 시스템 2의 조화를 근본부터 방해해 궁극적으로 행복 저하

성경에는 "마음이 가난한 사람은 행복하다."는 구절이 나온다. 더 나아가 그런 사람은 하늘의 좋은 나라로 간다고 한다. 불교에서도 불필요한 것을 갖지 않는 무소유를 강조한다. 노자는 상덕약곡(上德若谷), 즉 골짜기처럼 텅 비우고 나면 더 많은 것을 담을 수 있다고 했다. 이 모두가 돈이나 물질을 너무 밝히면 행복하기 어렵다는 의미다. 돈, 권력, 명예라는 세속적인 가치가 판을 치는 요즈음 세태에 되새겨 볼 만하다.

하지만 가난을 받아들이기는 쉽지 않다. 가난과 풍요 중 하나를 택하라고 하면 10명 중 9명은 풍요를 택할 것이다. 아니, 10명 모두 풍요를 택할지도 모른다. 대한민국이 국정농단 사태로 혼란스러웠던 적이 있었다. 사태의 주범은 돈이다. 가뜩이나 돈은 시기와 질투, 비난의 대상으로 취

급받아 왔는데 이런 사태로 그 해악성이 더욱 부각된다. 어찌 보면 돈은 참 억울할 수도 있겠다. 근본 원인은 결국 사람인데 왜 자꾸 자신을 탓하느냐고, 가난을 벗어나기 위해서 돈을 찾아 열심히 일하는 행위는 오히려 고귀한 것이라고, 자신은 사람들에게 봉사한 죄밖에는 없다고 신세 한탄을 할 것 같다. 가난과 풍요를 구분 짓는 가장 손쉬운 기준이 돈이니 동네북의 신세를 쉽게 벗어나진 못할 듯하다.

과연 돈 그 자체가 해로운 것일까? 가난은 사람들의 사고와 판단에 어떤 영향을 미칠까? 가난한 사람과 부유한 사람의 의사결정능력은 다를까? 가난은 극복의 대상인가, 이해의 대상인가, 아니면 둘 다인가? 답하

6부 공정과 혁신

기 쉽지 않다. 그러나 우리가 고민하고 풀어야 할 문제임이 틀림없다. 가난의 역할과 경제적·심리적·철학적 의미에 대해 다시금 생각해 볼 필요가 있다.

대니얼 카너먼 교수에 따르면 인간의 의사결정에 관여하는 마음은 직관적·감정적 사고와 반응을 주관하는 '시스템 1'과 이성적·합리적 판단과 의사결정을 주도하는 '시스템 2'로 나눌 수 있다. 두 시스템은 서로 협업하며 인간의 생존에 이바지해 왔다. 둘은 한 몸을 가진 두 개의 머리와 같다. 서로에게 없어서는 안 되는 존재다.

시스템 1은 많은 실수와 오류를 범한다. 실수와 오류는 종종 심각한 후유증을 낳기도 한다. '대박 신화'에 홀려 시작한 주식투자로 전 재산을 날리기도 한다. 독선과 아집으로 기업을 위기에 빠뜨리기도 한다. 국가의 지도자가 사적인 관계와 이익에 몰입하여 나라를 위태롭게 하기도 한다. 그렇다고 시스템 1을 없앤다면 인류는 곧 사라질 것이다. 인류의 역사와 함께 쌓인 생존의 법칙이 시스템 1에 고스란히 담겨 있기 때문이다. 참 골치 아픈 우리의 한 부분이다.

시스템 1의 결점을 보완해 주는 존재가 시스템 2다. 진중하고 냉철하게 상황을 파악하고 편향 없는 선택과 결정을 유도한다. 이러한 시스템 2를 활성화하고 지탱하는 정신적 에너지를 심리적 대역폭(bandwidth)이라고 한다. 시스템 2가 작동하는 데 기여하는 심리적 요소들의 결합체라고 할 수 있다. 따라서 대역폭의 역할이 방해받으면 시스템 2의 작동이 느려지거나 축소돼 이성적·합리적 대응이나 의사결정이 어렵다.

가난은 대역폭의 역할을 방해하는 경제적 요인이다. 가난은 여러 가지 불편함과 고통을 수반한다. 배고픔도 그중 하나다. 배고픔은 경제활동을 위해 필요한 영양분을 충분히 소비하지 못하는 데서 오는 불쾌감이나 신체적 고통에 머무르지 않는다. 올바른 판단과 의사결정을 가능하게 하는 대역폭을 고갈시키는 일에도 한몫한다. 하버드대 쇼필드 교수의 연구에 따르면 영양 섭취를 충분히 하지 못한 사람들의 과업 수행 능력은 영양 섭취가 좋은 사람들의 수행 능력의 89%에 불과했다.

가난과 떼려야 뗄 수 없는 관계를 가진 또 다른 요소가 술이다. 허름한 대폿집에서 빈대떡 하나 놓고 막걸리나 소주잔을 기울이는 모습은 피곤하고 가난한 서민들의 일상을 대표하는 친숙한 장면이다. 술은 가난이라는 물질적·정신적 고통을 잊게 해 주는 손쉽고 값싼 진통제다. 그러나 심각한 부작용이 있다. 술에 취하면 비틀거리게 된다. 술은 몸만 비틀거리게 하지 않는다. 마음도 덩달아 쓰러지고 넘어진다. 대역폭이 제대로 작동할 리가 만무하다. MIT의 스킬바크 교수가 인도의 관광도시인 첸나이에서 일하는 저임금 노동자를 대상으로 한 연구에 의하면 음주량을 줄인 노동자들의 저축액이 그렇지 않은 노동자들의 저축액보다 무려 60%p나 높았다. 저축은 수입이 늘어야만 느는 것은 아닌가 보다.

가난한 사람들은 부유한 사람들이 하지 않는 걱정과 고민을 하며 살아야 한다. 쉽게 말해, 주머니 사정을 항상 고려하며 경제활동을 해야 한다. 물건을 살 때 통장에 남은 돈과 이번 달 수입을 꼼꼼히 계산해야 한다. 친구들과 오랜만에 만날 때도 지갑 사정을 정확히 파악하고 식사 장소를 정해야 한다. 설날에 조카들에게 받는 세배가 즐겁지만은 않다. 연애할 때는 들르는 장소와 식사의 종류가 항상 신경이 쓰인다. 사표를 내고 싶어도, 바른 소리를 하고 싶어도 못 하는 경우가 허다하다. 아이의 학교에서 자원봉사를 하고 싶어도 생업 때문에 할 수가 없다. 무고한 고소를 당해도 변호사를 구할 수가 없어 속수무책일 때 그 억울함과 분노는 평탄한 삶을 불가능하게 만들기도 한다.

우리의 일상은 판단, 선택, 결정의 연속이다. 수많은 문제가 하루 일과의 곳곳에서 우리에게 답을 요구한다. 그래서 우리의 하루하루는 결코 녹록지 않다. 가난에 처한 사람들은 배고픔, 과음, 열악한 주거환경, 불면증, 스트레스 등 가난이 초래하는 추가적인 난제도 풀어야 한다. 가난이 초래하는 난제를 풀려고 골몰하다 보면 육체적·정신적 에너지는 고갈되기 일쑤다. 은퇴 후의 삶을 위한 계획을 꼼꼼히 세울 수가 없다. 지역이나 국가의 일꾼을 뽑을 때 신중하기 힘들다. 가난을 벗어나려 일확천금의 기회를 찾아 헤매는 낭인이 되기도 한다. 자원봉사나 이웃돕기, 기부는 사치에 가깝다. 좋아하는 일, 즐거운 일을 하기보다는 당장 의식주 걱정으로 분주하다.

가난은 현재의 경제적·정신적 고통에 머무르지 않는다. 가난은 미래를 결정하는 판단과 선택의 능력도 갉아먹는다. 가난한 사람들의 합리적 의사결정을 위한 시스템 2는 가난이라는 감옥에 갇혀 햇빛을 보지 못할 수 있다. 가난을 개인의 불성실, 불운, 남의 일로 치부하기에는 그 부작용이 너무 크고 깊다. 사람다운 생각, 판단, 그리고 행동을 하려면 시스템 1과 2의 조화가 필요하다. 가난은 그 조화를 근본부터 방해한다. 행복은 마음먹기에 달려 있다고 한다. 그러나 궁핍은 마음먹기 자체를 어렵게 한다. 육신의 가난과 마음의 가난은 별개가 아닌지도 모른다. 가난과 과욕이 상충하는 혼돈의 시대에 가난에 대한 행동경제학적 이해는 가난이 왜 '공공의 적'인지 실감하게 한다.

곰곰이 되짚어 생각해 보기

1. 돈이나 물질을 너무 밝히면 행복하기 어렵다는 의미의 옛말들을 되새겨 보자.
2. 시스템 1과 시스템 2를 비교해 논의해 보자.
3. 심리적 대역폭이란?
4. 가난이 심리적 대역폭의 역할을 어떻게 방해하는지, 그 결과로 나타나는 부작용에는 어떤 것이 있는지 설명해 보자.
5. 가난과의 관계 속에서 알코올(술)의 의미는 무엇이고 음주량이 저축에 미치는 영향을 실증적으로 서술해 보자.
6. 가난이 초래하는 여러 가지 경제적·정신적 불편함과 고통에 관해 논의해 보자.
7. 가난이 왜 '공공의 적'인지 고민해 보자.

65.
부패의 나라에서 정의와 풍요의 나라로, 윤리가 열쇠

- 부정부패는 시장 효율성, 국민소득, 기업투자에 부정적 영향
- 부정부패 더 잘 이해하고 효과적 대처하려면 윤리적 관점에서의 분석과 논의 필요
- 공정함(비편향)은 덕목의 하나가 아니라 덕목 그 자체
- 부정부패와 권력은 뗄 수 없는 관계
- 시스템화된 직업윤리는 윤리와 비윤리의 경계선을 지키는 파수꾼이요 부정부패 제거하고 사회 정의 회복하는 효과적이고 공정한 수단

　　부정부패가 시장의 효율성, 국민소득, 기업투자에 부정적 영향을 미친다는 것에 이의를 제기하는 사람은 없을 것이다. 실제로 국가 청렴도가 증가하고 부정부패가 줄어들면 1인당 GDP가 상승하고 국내외 투자가 활성화한다는 연구 결과도 다수다. 부정부패의 감소가 자원배분의 효율성과 국가의 대외신뢰도를 상승시켜 투자 유치와 해외 투자를 증대하고 이로 인한 무역 증대는 궁극적으로 국민소득 증가로 연결된다. 따라서 부정부패의 척결은 넉넉하면서도 안정된 삶을 영위하기 위한 필연적 과정이라 해도 과언이 아니다. 부정부패 개선의 여지가 요원해 보이는 우리의 현실을 고려할 때 더욱 관심을 가져야 할 화두다.

　　부정부패에 관한 많은 연구와 대처방안이 경제적, 법적, 정치적, 심리

적, 그리고 사회적 관점으로부터 제시됐지만 윤리적 관점에서 바라본 부정부패의 본질과 해결법은 상대적으로 희소한 편이다. 부정부패를 더 잘 이해하고 효과적으로 대처하기 위해서는 윤리적 관점에서의 분석과 논의가 필요한 이유다. 중국이 2014~2015년 기간 펼친 반부패 캠페인은 부정부패에 대한 정치적·심리적 접근방법을 통하여 부정부패와의 전쟁에 효과적인 이론적 근거와 수단을 제공했다는 데 그 의의가 크다. 그러나 부정부패의 윤리적 측면이 간과되었다는 것은 중대한 문제점으로 지적된다. 이에 중국 남서대 유에천 교수는 윤리적 관점으로부터 부정부패[17]의 근본 원인을 파악하고 집단적·개인적 도덕성 회복을 통한 척결방안에 방점을 두었다.

---

17   부정부패의 의미는 다양하게 정의될 수 있지만 유에천 교수의 연구에서는 중국 공무원들이 공권력을 행사하며 저지르는 사익 추구와 불법적·비합리적 행위로 그 범위를 제한했다.

중국의 오랜 유교적 전통은 대인관계를 매우 중요시한다. 이러한 전통 문화는 사회적 권력을 가진 권력층이 혈연, 지연, 학연으로 맺어진 사람들에게 혜택을 주기 위해 부단히 노력하는 경향에서 잘 나타난다. 족벌과 파벌로 맺어진 사람들에게 혜택을 주려는 이러한 노력은 일종의 의무감으로 발전하게 되고 비윤리적 행위로 이어지는 경우가 비일비재하다. 유교문화의 좋은 덕목을 실행하기보다는 족벌주의나 갑을관계와 같은 폐단이 판을 치는 상황이 되어 버린 것이다. 따라서 개인의 사회적 역할과 직업적 역할을 대인관계로부터 분리하기가 매우 어렵다. 특히 행정 권력이나 기업 권력을 행사하는 위치에 있는 사람들에게는 더욱 그렇다. 개인주의, 이기주의, 쾌락주의로 대표되는 현대 시장 자본주의 체제하에서는 도덕 불감증과 도덕적 해이가 광범위하게 퍼져 있다. 양심보다는 사심을 추구하게 되고 지속 가능한 부정부패의 온상을 제공한다.

직업윤리는 사회적 활동을 통해 형성되는 행동 규칙이나 관습으로 이루어지고 정치, 경제, 사회, 문화 속에 스며들어 일상생활의 핵심 행동규범으로 발전하게 된다. 정치적·행정적 직업윤리는 통치와 국가경영을 강조하여 집단주의(collectivism)가 우선되고 대민봉사, 합법적 이윤추구 행위의 독려 등의 과업을 수행할 때 행동 기준이 된다. 정치적·행정적 과업을 수행하기 위해서는 일정한 정치 및 행정 권력을 주는데 권력의 균형추인 의무를 소홀히 하게 되면 권력형 부정부패로 쉽게 변형된다. 직업윤리는 권력과 의무 사이의 균형을 회복하고 유지하는 보이지 않는 힘이다. 의무에 충실한 권력을 행사할 때 비로소 권력은 봉사가 되고 임무 수행이 된다. 아니면 권력남용이요 부정부패다.

예를 들어 판사는 사회적 합의로 만들어진 헌법을 비롯한 각종 법률을 독립적, 양심적으로 성실하고 공정하게 적용하여 법률 사건을 분석하고 판결해야 할 의무가 있다. 편향된 판결은 의무 불이행이요 직무유기다. 다시 말해서 지켜야 할 직업윤리를 소홀히 한 것이요 더 나아가 부정부패를 저지른 피고인으로 전락하는 것이다. 기업이나 사회적 직업윤리 또는 가정윤리도 이와 같다. 기업 권력, 종교 권력, 또는 가정 권력을 가지고 행사하는 자들도 항상 의무와 균형을 이루는 권력을 공정하게 행사해야 한다. 아리스토텔레스는 공정함[비(非)편향]은 덕목의 하나가 아니라 덕목 그 자체라고 했다.

윤리의식(도덕성)은 개인 간의 편차가 심하다. 극단적으로 이기적인 사람이 있는가 하면 자신보다는 항상 타인을 앞세우는 사람도 있다. 권력을 가진 자들이 극단적 이기주의에 빠지는 것을 방지하기 위해 직업윤리의 함양이 선행돼야 한다. 중국에 부정부패가 만연한 또 다른 이유는 부정부패를 방지하기 위한 윤리적 시스템이 갖추어져 있지 않기 때문이다. 이기적이고 편향적인 인간의 본성을 스스로 극복하는 것은 불가능에 가까워서 자기 노력이나 양심에 기대하여 부정부패를 없애려는 바람은 비현실적이다. 직업윤리의 역할을 극대화하여 부정부패의 발생을 근본적으로 근절하기 위해서는 개인적 윤리의식의 한계를 극복할 수 있도록 도와주는 외적이고 인위적인 장치(시스템)가 필요하다. 시스템화된 직업윤리는 윤리 본연의 덕목을 발현하게 할 뿐만 아니라 우리가 윤리와 비윤리의 경계선을 넘지 않도록 하는 파수꾼 역할을 해 준다. 또한 기존의 부정부패를 제거하고 사회정의를 회복하는 효과적이고 공정한 수단이 될 수 있다.

부정부패와 권력은 뗄 수 없는 관계다. 권력이 없으면 부정부패도 없다. 부정부패는 개인적 욕심과 부 그리고 지위를 추구하는 것을 목적으로 한다. 개인적 욕망이 사회적 공동이익을 앞서는 경우다. 사심과 쾌락 앞에서 인간의 윤리의식은 쉽게 자취를 감춘다. 부정부패의 윤리적 해결 방안의 첫 단추는 윤리의식으로 무장한 사회구성원을 배출하는 것이다. 높은 수준의 도덕성을 소유한 사람은 권력을 이용하여 사회를 고귀함으로 채우고 부패한 사람은 권력을 사용(私用) 또는 남용하여 사회를 부패하게 만든다. 그러나 윤리의식이 투철한 사회구성원을 배출하고 권력을 행사하는 자리에 그러한 사람들을 앉히는 것만으로는 충분하지 않다. 윤리의식이 투철한 사람도 권력의 자리에 앉으면 권력이 주는 각종 편리, 이권, 쾌락으로부터 자유롭지 못하다. 절대 권력은 절대 부패한다는 말이 있듯이 권력은 부패하기 쉽다. 특히 권력의 부정과 부패를 눈감아 주는 시스템 아래에서는 더욱 그러하다. 결국 권력의 부패를 견제하는 타율적 시스템은 필요악이다. 권력과 그에 따른 책임을 명확하고 정확하게 그리고 누구나 이해하기 쉽도록 규범화한 사회적·정치적·경제적 제도와 기구가 필요한 것이다. 시스템에 자율적 정화 및 개선 기능을 주입하는 것도 잊으면 안 된다. 아무리 좋은 시스템도 자정 기능이 없으면 썩을 수밖에 없고 변화하고 발전하는 인간 문명을 담아내지 못하면 구태의연한 올가미로 전락한다.

곰곰이 되짚어 생각해 보기

1. 부정부패 감소의 경제적 효과를 간략히 정리해 보자.

2. 대인관계를 중요시하는 중국의 오랜 유교적 전통의 폐단을 서술해 보자.

3. 시장 자본주의 체제가 부정부패의 온상이 된 이유는 무엇인가?

4. 직업윤리를 정의하고 그 중요성에 관해 논의해 보자.

5. 부정부패를 방지하고 척결하기 위해 꼭 필요한 것이 시스템화된 직업윤리다. 시스템화된 직업윤리란 무엇인지 설명하고 기대되는 역할과 기능에 대해 서술해 보자.

6. 부정부패의 윤리적 해결방안을 구성하는 두 가지 요소는 무엇인가?

66.
권력 지향 문화 없애야
복지국가 가는 길 열려

- 빈부격차 낮은 복지국가 문화 배우고 익혀야!
- 불확실성 회피 성향이 강하고 권력 지향이 낮은 나라가 빈부 간 소득 불평등 해소와 일반적 복지 향상을 위한 정책 적극적으로 추진

　　소득과 부의 불평등 그리고 복지에 관한 인식은 국가나 지역 또는 특정 집단의 문화에 따라 큰 차이를 보인다. 문화란 국가, 민족, 종교집단, 또는 사회집단 속에서 오랜 세대를 걸쳐 이어지고 발전하는 전통적 신념이나 가치관이다. 문화는 다양한 영역에서 표출되고 여러 가지 특성으로 세분화된다. 그중에서도 불확실성 회피 성향과 권력 지향이라는 두 가지 문화적 특성은 국가 간 소득 불평등과 복지제도의 차이를 설명하는 유용한 도구다. 투자로부터 기대되는 미래수익의 불확실성 또는 손실위험은 투자자들이 포트폴리오를 구성할 때 필수적, 우선적으로 고려하는 핵심 요소다. 위험에 대한 참을성이 적은 투자자의 포트폴리오는 위험성이 낮은 자산이 주축을 이루고, 위험에 대한 인내력이 좋은 투자자는 위험성은 높지

만 기대수익률도 높은 자산을 선호한다.

이러한 위험에 대한 태도가 집단적으로 모이고 표출되면 사회나 정부의 공공정책과 문화에도 지대한 영향을 미치게 된다. 개개인의 권력 지향성이 집단화되고 사회적 통념이 되면 위험에 대한 태도와 마찬가지로 집단문화의 한 축으로 발전한다. 일반적으로 불확실성에 대한 회피 성향이 강할수록 소득 평등과 복지 향상에 관한 관심이 높다. 한편으로 권력에 대한 추구나 애착이 국민 사이에서 자연스럽게 받아들여지는 국가에서는 빈부 간 소득 및 부의 격차가 심하고 복지환경이 열악한 편이다.

미국의 옐런 연방준비은행 의장은 소득 불평등은 기회의 불평등을 더욱 심화하고 궁극적으로 불평등한 사회를 영속화할 수 있다고 경고한다. 2014년 퓨 연구센터의 설문조사에 의하면 미국인의 절반 이상이 빈부격차를 심각한 사회문제로 여겼다. 빈부격차를 미미한 현상으로 보는 미국인은 20% 정도에 지나지 않았다. 그러나 문화적·사상적 성향을 고려하여 빈부격차를 바라보면 뚜렷한 분열 현상도 감지된다. 전통적 민주당 지지자들의 60~70%는 빈부 간 소득격차 해소와 복지제도 개선을 중요한 국가과제로 생각하지만 이에 동조하는 공화

6부 공정과 혁신

당 지지자들은 20%에도 미치지 못한다. 국론분열 현상이라고 봐도 무방한 차이다.

　이러한 문화 현상은 미국 내에 국한된 것이 아니다. 유럽이나 아시아에서도 쉽게 관찰되는 현상이고 국가 간 차이도 선명하다. 남아프리카공화국, 홍콩, 브라질은 소득 불평등이 높은 대표적 나라들이다. 이들의 대척점에 스웨덴, 헝가리, 덴마크가 있다. 스웨덴, 헝가리, 덴마크는 앞의 세 나라에 비해 훨씬 낮은(절반 정도) 수준의 빈부 간 소득격차를 자랑한다.

　복지수준의 차이도 국가 간 천차만별이다. 스웨덴과 프랑스는 국민순소득(net national income)의 30% 가까이를 사회복지에 쓰는 반면 멕시코와 한국의 복지지출은 각각 6.9%와 7.6%에 불과하다. 산타클라라대 스테트먼 교수는 이러한 국가 간 소득 불평등과 복지수준의 차이를 유발하는 문화적 특성으로 불확실성 회피 성향과 권력 지향을 지목한다. 세계 31개국을 대상으로 이 두 가지 문화적 특성과 소득 불평등 및 복지제도와의 상호관계를 연구한 결과, 국민의 평균적 불확실성 회피 성향이 강하고 권력 지향이 낮은 나라일수록 빈부 간 소득 불평등 해소와 일반적 복지 향상을 위한 지출에 초점을 맞춘 국가 정책을 적극적으로 펴는 것으로 나타났다. 반대로, 불확실성 회피 성향이 약하고 권력 지향성이 강한 나라일수록 빈부 간 소득격차가 크고 복지제도는 취약했다.

　과거의 문화가 새로운 문화에 미치는 영향은 무시하지 못한다. 과거에 얽매이면 미래도 과거와 비슷할 확률이 높다. 과거와 차별되는 미래가 느리게 도래한다. 이것이 바람직한가 아닌가의 논쟁은 차치하고라도, 기술의 발전, 세대 간 갈등, 소득 불평등, 사람답게 살 최소한의 조건을 반영하지 못하는 현재와 미래에서 희망과 행복을 찾기는 어렵다. 스태트먼 교수가 던지는 메시지에서 해결의 실마리를 찾는 것은 어떨까? 겸손한 두려움(불확실성 회피 성향)을 가지고 권력을 향한 탐욕, 추종, 향수를 지양하는 자세로 다가오는 미래를 대비한다면 인간의 존엄성이 보전되고 부자와 가난한 자가 평화로이 공존하는 복지국가에 가까이 갈 수 있지 않을까? 결국 우리의 미래는 우리가 현재 어떤 생각과 행동을 하는가에 달려 있다. 투자의 미래도 마찬가지다.

곰곰이 되짚어 생각해 보기

1. 문화란?
2. 투자자들이 포트폴리오를 구성할 때 필수적, 우선적으로 고려하는 핵심 요소는 무엇인가?
3. 빈부격차에 대한 민주당과 공화당 지지자들의 관점을 대조해 기술해 보자.
4. 국가 간 소득 불평등과 복지수준의 차이를 설명하는 두 가지 유용한 문화적 특성은 무엇인가?
5. 위 4번의 두 가지 문화적 특성과 소득 불평등 및 복지제도와의 상호관계를 연구한 결과를 설명해 보자.
6. 인간의 존엄성이 보전되고 부자와 가난한 자가 평화로이 공존하는 복지국가를 건설하려면 어떻게 해야 하는가?

67.
가짜뉴스 퇴치는
집단이성-인공지능 협업으로

- 편리한 통신수단이 단순 오보, 역정보 양산, 정상적 소통 저해 요인 될 수도
- 정보분석을 객관적, 과학적, 이성적으로 하는 베이지안 사고 재조명
- 가짜뉴스로 말미암은 불신과 폭력은 집단이성-전문성-인공지능 협업으로 대처

통신기술의 비약적 발전으로 오늘날 우리는 정보에 대한 접근을 그 어느 때보다 쉽고 편리하게 할 수 있다. 스마트폰, 스마트스피커, 휴대용 컴퓨터를 이용해 언제, 어디서든 필요한 정보를 찾아 지식에 대한 갈증을 해소하고 의사결정의 참고 자료나 핵심 자료로 사용한다. 이 과정에서 심각한 부작용도 발생한다. 가짜뉴스가 범람해 우리의 합리적 의사결정을 수시로 방해한다.

가짜뉴스의 심각성은 가짜뉴스가 단순한 오보(misinformation)나 사실이 확인되지 않은 소문에 그치지 않고 의도적, 계산적으로 정보수신자를 기만하려는 역정보(disinformation)를 양산한다는 점이다. 직관과 편향에 익숙한 우리의 사고체계를 더욱 혼란스럽게 하여 정상적 소통을 저해한다.

소통의 부족은 대립과 반목, 갈등, 혐오를 넘어 정신적·물리적 폭력으로 발전할 수 있다. 인지된 정보를 올바르게 분석하고 객관적·과학적·이성적 의사결정을 가능하게 하는 훈련이 절실히 요구된다. 이러한 시대적 상황에 걸맞게 베이지안 사고(bayesian thinking)가 재조명을 받는 것은 어찌 보면 당연하다.

베이지안 사고는 편견이나 선입견, 감정, 가짜뉴스에 휘둘리지 않고 객관적 사실과 과학적 추론에 근거해 문제나 상황을 인지하고 그에 따른 판단과 의사결정을 하는 과정을 일컫는다. 오래전부터 스놉스(Snopes)나

6부 공정과 혁신

팩트체크닷오알지(FactCheck.org)는 온라인 가짜뉴스 판별 서비스에 전문가 평가라는 베이지안 접근법을 적용해 왔다. 그러나 가짜뉴스의 엄청난 양과 전파속도를 수작업과 비슷한 전문가 평가만으로 다루는 것은 적절하지 않다. SNS 이용자가 수십억 명(페이스북만 20억 명 이상)에 이르고 그중 많은 이가 가짜뉴스의 진위를 모른 채 부지불식간에 단순 전달자의 역할을 하는 현실은 가짜뉴스에 대한 대처를 더욱 어렵게 한다.

이런 현실 속에 페이스북은 이용자에게 가짜뉴스로 의심 가는 정보를 판별해서 보고할 수 있는 기능을 추가하여 가짜뉴스에 대처해 왔다. 이용자로부터 판별 및 보고된 정보를 수집 및 분석해 가짜뉴스를 분별하고 전문가 평가를 거쳐 제거하거나 '논쟁의 여지가 있는 뉴스'라는 꼬리표를 달아 재분류해 공유한다. 네티즌 피드백과 전문성의 협업으로 가짜뉴스에 대처하는 대표적 사례다. 이러한 협업에 인공지능(AI)의 초(超)효율적 분석 능력을 더하면 어떨까?

영국 케임브리지에 위치한 마이크로소프트 부설연구소의 트치아크 박사 연구팀은 페이스북 이용자 4,039명의 설문조사에 기반을 둔 데이터베이스를 활용해 머신러닝 알고리즘, 이용자 피드백, 전문가 평가를 결합한 가짜뉴스 탐지 AI 프로그램을 개발했다. 데이터베이스에는 페이스북 이용자의 가짜뉴스 판별 정보가 포함돼 있어서 이용자별 가짜뉴스 분별력을 측정할 수 있었다. 20억 명이 넘는 페이스북 이용자 중 다수가 가짜뉴스의 단순 전파자의 역할을 하는 현실을 고려할 때 가짜뉴스 판별기능은 가짜뉴스의 확대 및 재생산 방지에 크게 기여할 것으로 기대됐다.

연구팀의 AI 프로그램은 페이스북 이용자의 판별 정보를 십분 활용하여 이용자의 가짜뉴스 대응 행태와 분별의 정확성을 학습하며 가짜뉴스 분별력을 지속적으로 개선하도록 디자인됐다. 더불어 전통적 가짜뉴스 판별법인 전문가 평가를 결합하여 현실성과 정확성을 높였다. 집단이성, 전문성, 그리고 AI 알고리즘을 결합한 협업의 결과물이다.

'탐정(Detective)'이라고 명명된 이 협업 AI 프로그램의 가짜뉴스 변별력은 협업 알고리즘이 없는 AI 프로그램의 변별력을 압도했다. '탐정'의 변별력은 완벽한 수준(100%)에 육박할 정도로 우수했지만 비협업 AI 프로그램의 변별력은 30%에도 미치지 못하는 매우 낮은 수준에 머물렀다. 이러한 변별력의 차이는 페이스북 이용자의 가짜뉴스 분별력이나 대응 성향과 상관없이 일관되게 나타났다. 예측한 대로 '탐정'은 가짜뉴스를 적극적으로 판별하여 무분별하게 전파되는 것을 차단하려는 사려 깊은 이용자들과의 협업에서 매우 우수한 가짜뉴스 변별력을 보여 주었다. 더욱 놀라운 결과는 '탐정'이 가짜뉴스의 진위에 무관심한 단순 독자와 수동적 전달자 역할을 하는 부주의한 이용자들과의 협업에서조차 사려 깊은 이용자들과 협업했을 때 드러났던 동일한 수준의 변별력을 보였다는 점이다. 다시 말해서 협업 AI 프로그램은 선의든, 악의든 이용자의 의도에 휘둘리지 않고 가짜를 가짜로 분별하는 능력을 획기적으로 향상했다.

편리한 통신수단과 결합한 인터넷과 SNS는 삶의 방식을 송두리째 바꾸고 있다. 핸드폰으로 주문한 물품을 집이나 사무실에서 쾌속으로 받아볼 수 있고, 편지로 1년에 몇 번 나누던 안부를 메시지, 이메일, 동영상 앱을 통해 실시간으로 전할 수 있다. 밝은 면이 있으면 어두운 면도 있다. 그중 최근 사회·경제·정치 문제를 일으키는 가짜뉴스의 반향은 주목할 만하다. 가짜뉴스 자체가 가진 중독성과 해악성도 문제지만 가짜뉴스의 광범위한 전파속도는 더욱 염려스럽다. 방관한다면 정보의 홍수 시대에 역설적으로 유용한 정보가 희귀해지는 정보의 가뭄을 겪을 수 있다.

가짜뉴스로 말미암은 불신과 폭력도 우려할 만한 수준이다. 기술의 발전이 초래한 문제를 기술(AI)의 힘을 빌려 해결하려는 노력이 일어나고 있다. 인간의 협조가 더해진다면 가짜뉴스에 더욱 효과적으로 대적할 수 있다. AI와 인간이 공존할 수 있는, 아니 공존해야 하는 이유이기도 하다. 문명의 이기(利器)와 흉기(凶器)는 별개의 것이 아니다. 똑같은 문명이라도 삶을 이롭게 하면 '이기'가 되는 것이고 해롭게 하면 '흉기'가 된다. 사용하기 편하다고 함부로 쓸 일이 아니다.

곰곰이 되짚어 생각해 보기

1. 가짜뉴스의 심각성을 논의해 보자.
2. 소통의 부족으로 인한 문제점은 무엇이고 이를 해소하기 위해 어떤 노력을 해야 하는가?
3. 베이지안 사고란?
4. 페이스북의 가짜뉴스 대처법을 설명해 보자.
5. '탐정'이라고 명명된 협업 AI 프로그램을 소개해 보자.
6. '탐정'의 변별력에 관해 논의해 보자.
7. "정보의 홍수 시대에 역설적으로 유용한 정보가 희귀해지는 정보의 가뭄을 겪을 수 있다"는 우려는 무엇을 의미하는가?
8. AI와 인간이 공존해야 하는 이유는 무엇인가?

68.
암호화폐는
신기루인가, 신기술인가

- 새로운 통화 및 투자자산으로 급성장하는 암호화폐
- 암호화폐 일일 거래액 종종 주식시장 거래액 초과
- 암호화폐시장 비효율성, 투기성, 변동성이 무리행동 초래
- 암호화폐는 일확천금의 신기루 아닌 신기술이 선사하는 발전의 기회

　블록체인 기술의 도래와 함께 등장한 암호화폐는 전통적 금융시장과 거래방식에 대한 거대한 도전인 동시에 새로운 통화 및 투자자산으로 급성장하고 있다. 이론상 암호화폐를 이용하면 금융기관의 중개 없이 거래 당사자(매수인과 매도인)끼리 직접, 안전하고 편리한 디지털 결제가 가능하다. 중개 과정과 수수료가 사라지니 그만큼 거래 시간과 비용을 절약할 수 있다. 또한 높은 기대수익과 전혀 없다시피 한 규제로 인해 암호화폐시장의 거래량 및 투자자 기반은 급속도로 확장돼 왔다.

　암호화폐시장의 진화는 최초의 암호화폐인 비트코인이 온라인에 등장한 2008년으로 거슬러 올라간다. 비트코인은 2009년 채굴 과정을 거쳐 2010년에는 약 1만 개의 비트코인과 2개의 피자를 맞교환하는 첫 공식거

래가 이루어졌다. 이후 점차 향상된 암호화 알고리즘을 갖춘 암호화폐가 시장에 진입해 현재는 그 종류만 2,000개가 넘는다. 일일 거래액도 주식시장의 거래액을 종종 넘어선다.

암호화폐에 쏟아진 관심만큼 관련 연구도 활발하다. 특히 암호화폐시장이 단기 차익을 노린 투기꾼과 도박꾼들의 놀이터 또는 검은돈의 돈세탁 창구로 전락할 수 있고 외부의 작은 충격에도 매우 취약한 구조라고 경고한다. 암호화폐시장이 금융당국이나 유명 기업인의 말 한마디에 폭등과 폭락을 거듭하는 모습과 2021년 5월 한 달 동안 시총이 최고 2,860조 원과 최저 1,640조 원을 오르내리는 혼조 현상을 보면 허튼소리가 아니다.

더구나 암호화폐시장의 비효율성과 투기성 그리고 변동성은 무리행동을 초래할 가능성이 높다. 무리행동은 금융시장의 안정적 작동을 해치는 가장 위험한 편향으로, 노이즈 투자자(noise investors, 투기나 비합리적 거래를 주도하며 시장의 불확실성을 조장하는 투자자)를 끌어들여 금융시장을 교란하고 금융자산의 본질적 가치와 거리가 먼 거품가격을 조성하는 데 큰 역할을 한다.

인도 델리대 연구팀은 암호화폐 거래의 비대칭분포 특성을 고려한 분위회귀분석(quantile regression) 기법을 사용해서 암호화폐시장에서 암약하는 무리행동의 특징을 밝혀냈다. 연구팀은 2015년 6월 1일부터 2020년 5월 31일까지 5년간, 83개의 암호화폐와 CCI-30(암호화폐 시장지수)의 시계열 자료를 수집하여 각각의 일일 수익률을 산출했다. 개별 암호화폐 수익률에서 시장수익률인 CCI-30 수익률을 차감한 수치의 절댓값이 무리행동 추정치와 종속변수로 사용됐다. 이 값이 0에 근접할수록 투자자의 무리행동 성향이 강해진다는 의미다.

분위회귀분석 결과, 암호화폐시장의 수익률 증가세나 감소세가 점차 확대될 때, 개별 암호화폐 수익률이 시장수익률에 근접하는 무리행동 성향이 확인됐다. 이러한 성향은 약세장보다는 강세장에서 더 강하게 나타났고, 변동성이 낮은 기간보다 높은 기간에 훨씬 왕성했다.

또한 비트코인의 영향력을 파악하기 위해 비트코인을 제외한 82개 암호화폐만을 분석했다. 투자자들은 강세장, 약세장 모두에서 시장의 큰 흐름에 동조하는 무리행동을 보였지만 비트코인의 움직임에 동조하는 무리행동은 하지 않았다. 비트코인이 암호화폐시장의 무리행동을 주도하는 것 같지는 않다. 2016~2017년 비트코인 버블 기간에는 '반(反)무리행동' 또는 '역(逆)무리행동' 현상이 나타났다. 즉 투자자는 이 기간에 무리행동을 보이는 대신 자신의 투자기술에 의존하여 암호화폐를 거래했다는 의미다.

더욱 흥미로운 건 암호화폐시장이 코로나19가 유발한 어마어마한 시장교란(limitless frictions)에도 크게 동요하지 않았다는 결과다. 암호화폐가 팬데믹이 초래한 불확실성에 대한 헤지수단이 될 수 있다는 뜻이어서 시사하는 바가 크다. 추가로 주식시장과 암호화폐시장 간 무리행동 전염효과(contagion effect)를 살펴봤다. 선진, 신흥, 프런티어 주식시장을 막론하고 주식시장의 무리행동이 암호화폐시장으로 옮겨 가는 현상은 관찰되지 않았다. 적어도 무리행동 측면에서 보면 암호화폐시장은 주식시장에 종속되지 않은 듯하다.

연구 기간 암호화폐시장의 최고 일일 수익률은 16%였고 최저 수익률은 −38.2%로 팬데믹이 시작된 2020년 초반에 발생했다. 평균 일일 수익률은 약 0.1%를 기록해 예상 밖으로 저조했다. 초대박을 꿈꾸는 노이즈 투자자에겐 매우 실망스러운 통계일 듯하다.

디지털 및 기술혁명의 시대에 암호화폐는 안전하고 편리한 결제수단, 추가적인 분산투자 기회, 코로나19와 같은 팬데믹이 불러오는 불확실성에 대한 헤지수단, 기존 증권시장과 경쟁하는 독립적인 투자처로서의 충분한 잠재력이 있다. 그러나 이러한 잠재력의 이면에는 해결해야 할 과제도 산적하다. 무엇보다도 금융당국의 규제와 감시 미비로 노이즈 투자자와 투기, 탈세 및 불법 세력의 출입이 자유롭다. 이로 인해 암호화폐시장은 아주 작은 가격괴리(mispricing)[18]에도 심한 요동을 치는 악순환을 반복

---

18   '가격오류'로도 불림.

한다. 설상가상으로 이러한 환경에서 무리행동과 같은 편향은 더욱 기승을 부려 상황을 악화시킨다. 암호화폐를 일확천금의 신기루로 보는 한 암호화폐의 안정적 정착은 요원하다. 암호화폐시장에서 일어나는 갖가지 스캔들의 배후는 인간의 탐욕이다. 탐욕이 만든 신기루에 매몰될 것이냐, 신기술이 선사하는 실체적 기회를 잡을 것이냐, 그것이 문제다.

곰곰이 되짚어 생각해 보기

1. 암호화폐시장의 과거와 현재를 간략히 요약해 보자.
2. 암호화폐시장의 부정적 단면을 설명해 보자.
3. 무리행동이 금융시장의 안정적 작동을 해치는 가장 위험한 편향으로 취급받는 이유는 무엇인가?
4. 암호화폐시장에서 암약하는 무리행동의 특징을 밝혀낸 분위회귀분석 결과를 기술해 보자.
5. 2016~2017년 비트코인 버블 기간에 암호화폐시장에 나타난 현상과 그 의미는 무엇인가?
6. 암호화폐시장이 코로나19가 유발한 어마어마한 시장교란에도 크게 동요하지 않았다는 결과가 시사하는 바는 무엇인가?
7. 주식시장과 암호화폐시장 사이에 무리행동 전염효과가 관찰되지 않았다는 결과의 의미는 무엇인가?
8. 암호화폐의 잠재력과 해결해야 할 과제를 논의해 보자.

69.
AI에 과잉 의존하면
'인간+AI' 팀워크 망친다

- AI와 인간의 협업으로 정치·경제·사회 시스템 전반 급속 발전
- AI는 최적의 선택을 향한 인간의 끊임없는 도전의 산물
- AI 과잉 의존은 이러한 도전의 걸림돌
- 인간의 분석적 사고 자극하고 AI 의사결정과정에 대한 이해 증진해 AI 과잉 의존 억제하는 넛지 간섭(인지강제기능) 필요
- 인지강제기능의 종류, 강도, 시기 적절히 조절하는 것이 AI 올바른 사용법

대출 승인이나 질병 진단 같은 일상생활에서부터 정치·경제·사회 시스템에 이르기까지 인공지능(AI)과 인간의 협업은 광범위하게, 급속도로 발전하고 있다. AI의 탁월한 정보 처리 및 분석 능력과 인간의 직관적 통찰력으로 무장한 '인간+AI' 팀이 인류가 당면한 각종 위기의 해결사로 나설 것이라는 믿음도 크다. 그러나 최근 일련의 연구에 따르면 인간+AI 팀의 성과가 홀로 일하는 인간은 능가하지만, AI 단독 성과에는 미치지 못했다. 주요 원인으로 편향과 휴리스틱의 영향으로 발생하는 일반적 인지 오류와 더불어 AI의 판단에 과도하게 의존하는 성향이 지목됐다. 특히 AI에 대한 과잉 의존 현상은 AI가 심각한 선택오류를 범할 때도 지속됐다. 이는 과잉 의존이 인간 스스로 AI의 오류를 수정해 더 나은 선택을

할 수 있는 기회를 박탈할 수 있음을 의미한다.

AI가 내린 최종 의사결정뿐만 아니라 그 이유에 관한 설명을 제공하는 AI 접근법 '설명 가능한 인공지능(explainable AI, XAI)'은 이러한 AI 과잉 의존 부작용을 해결하기 위해 고안됐다. XAI는 AI가 어떤 근거로 특정 선택을 했는지 부연 설명을 함으로써 인간이 AI의 선택오류 유무를 판단할 수 있도록 돕는다. 그러나 AI에 대한 인간의 과잉 의존을 줄이고 최적 선택의 가능성을 높이려면 AI 선택에 관한 설명 자체에 초점을 맞추는 XAI만으로는 부족하다. 주어진 설명에 주의를 기울이고 그 의미를 정확히 이해하려는 인지적 노력, 즉 '인지 동기(cognitive motivation)' 또한 필요하다.

인지 동기를 높여 과잉 의존이 의사결정에 미치는 부정적 영향을 줄이는 가장 효과적인 방법 중 하나가 '인지강제기능(cognitive forcing functions)'이다. 인지강제기능은 휴리스틱을 활용한 추론을 의도적으로 줄여 인간의 분석적 사고능력을 함양한다. 하버드대 연구팀은 XAI 설계에 인지강제기능을 추가해 AI에 대한 인간의 과잉 의존을 줄일 수 있는 구체적 방

6부 공정과 혁신

법을 모색하고 그 효과를 검증했다.

연구팀은 아마존의 크라우드소싱 플랫폼(crowd-sourcing platform)[19]인 아마존 미케니컬 터크에서 미국 거주 성인 199명을 대상으로 온라인 실험을 실시했다. 참가자는 요리 사진에 담긴 여러 재료를 보고 탄수화물 함량이 가장 높은 재료를 탄수화물 함량이 낮으면서 맛은 비슷한 재료로 대체하는 과업을 수행했다. 각 요리 사진에는 다른 재료보다 훨씬 많은 탄수화물을 함유한 재료가 의도적으로 포함됐는데, 참가자는 이를 보고 두 가지 선택을 순차적으로 해야 했다. 첫째, 먼저 요리에서 제거할 재료를 풀다운 메뉴에서 선택(1차 선택)한다. 그다음 제거된 재료를 대신할 새로운 재료를 또 다른 풀다운 메뉴에서 선택(2차 선택)한다.

이와 같은 선택 실험의 조건은 크게 세 가지로 나뉘었다. 첫째 조건은 AI의 지원이 없는 조건이다. 참가자는 요리 이미지와 풀다운 메뉴만 보고 제거할 재료와 그 자리에 채워 넣을 새로운 재료를 스스로 선택해야 한다. 두 번째는 XAI 조건으로 인공지능이 대체할 재료와 대체될 재료를 추천하고 이에 대한 부연 설명을 제공한다. 전형적인 인간과 AI의 단순한 협업 설계다. 세 번째는 XAI 조건에 인지강제기능을 추가한 조건이다. 인지강제기능은 참가자의 인지적 노력을 강제로 불러일으켜 AI 의존도를 낮추는 역할을 한다. AI의 추천과 그에 대한 설명이 사전에 자동으로 주어지지 않는다. 참가자가 명시적으로 AI에 도움을 요청하거나 참가자 스

19　인터넷상에서 불특정 다수의 근로자를 참여시켜 미시 과제(micro-task)를 해결하는 노동시장 플랫폼.

스로 의사결정을 먼저 내린 후에 AI의 추천이 추가돼 홀로 내린 의사결정을 업데이트하도록 설계됐다.

각 조건에서 참가자의 과업 수행 성과는 탄수화물 함량이 가장 많은 재료를 탄수화물이 적으면서도 맛의 유사성이 높은 재료로 대체하는 능력(최적 선택), 탄수화물 함량이 가장 많은 재료를 정확히 제거하는 능력(1차 선택 정확성), 총 탄수화물 함량 대비 1차와 2차 선택을 통해 감소한 탄수화물의 비율(탄수화물 감소율), 대체할 재료와 대체된 재료 간 맛의 유사성(풍미 유사성)으로 평가했다.

AI 선택오류 유무를 구분하지 않고 모든 의사결정을 평가했을 때, 인간+AI 팀은 인상적인 성과개선 효과를 보였다. XAI와 인지강제기능 조건 참가자의 최적 선택, 1차 선택 정확성, 탄수화물 감소율, 풍미 유사성은 AI 지원이 없는 인간 단독 조건 참가자에 비해 1.5~2배가량 앞섰다.

그러나 AI가 잘못된 재료를 추천하는 등 선택오류를 범한 경우만을 분석했을 때는 사뭇 다른 결과가 도출됐다. 인지강제기능의 AI 과잉 의존 감소 효과 덕분에 인지강제기능 조건 참가자의 최적 선택과 1차 선택 정확성은 XAI 조건 참가자보다 3배 이상 우수했지만 인간 단독 조건과 비교했을 때는 그 절반에 그쳤다. 이는 인지강제기능이 AI 과잉 의존을 약화하긴 하지만 완전히 제거하지 못했음을 의미한다. 따라서 앞서 관찰된 인간+AI 팀의 인상적인 성과개선 효과는 대부분 AI 선택오류가 없는 경우에 발생했다고 판단된다.

과잉 의존과 함께 눈길을 끈 현상은 참가자들이 AI와 함께 일하는 것을 선호했고 AI와 함께 일할 때 정신적 부담이 적고 과업 수행이 원활했다고 느꼈다는 점이다. AI에 대한 우호적 감정이 과잉 의존을 부추겨 인간+AI 팀의 성과개선을 저해하는 또 다른 요인임을 암시한다.

연구팀은 한 걸음 더 나아가 인지강제기능이 개인의 성격특성에 따른 불평등(intervention-generated inequalities)을 초래할 개연성을 조사했다. 이를 위해 인지적 노력이 많이 요구되는 활동에 대한 선호도를 나타내는 성격특성인 NFC(need for cognition)에 따라 참가자들을 두 그룹(높은 NFC 그룹과 낮은 NFC 그룹)으로 나누어 성과 차이를 비교했다. 높은 NFC 그룹의 최적 선택과 1차 선택 정확성은 낮은 NFC 그룹과 비교해 각각 2배와 1.5배에 달했다. 높은 NFC 그룹의 우월한 성과는 XAI 조건보다 인지강제기능 조건에서 더욱 눈에 띄었다. 높은 NFC 참가자의 AI 의존도도 XAI 조건보다 인지강제기능 조건에서 현저히 낮았다. 다시 말해, 인지강제기능으로 말미암은 성과의 현저한 개선은 NFC가 높은 사람들에게 집중됐다. 이는 인지강제기능이 성격특성에 따른 사람들 간의 성과 차이를 확대하는 불평등을 유발할 수 있음을 시사한다. 성격특성의 차이에 따른 차등적인 개입이 필요한 이유다.

바야흐로 인간과 AI의 협업 시대다. AI와 함께 상품이나 서비스의 시장조사를 하고, 회계정보를 정리·관리·감사하기도 하고, 금융거래와 투자 의사결정을 하기도 한다. 더 나아가, 집 안을 청소하고, 정원을 가꾸고, 운전도 하고, 법률사례를 수집 및 분석하고, 환자를 치료한다. AI는 최적의 선택을 향한 인간의 끊임없는 도전의 산물이다. 그러나 AI에 대한 과잉 의존은 이러한 도전의 걸림돌이다. 인지강제기능은 인간의 분석적 사고를 자극하고 AI의 의사결정과정에 대한 이해를 증진함으로써 AI 과잉 의존을 억제하려는 넛지식 간섭이다. 인지강제기능이 제 기능을 발휘하려면, 인지 동기의 개인차를 고려하여 인지강제기능의 종류, 강도, 시기를 적절히 조절해야 한다. 성격특성 차이에 따른 불평등을 해소할 대책도 절실하다. 아무리 훌륭한 기술이나 기계도 사용법을 모르면 무용지물이다.

곰곰이 되짚어 생각해 보기

1. 인간+AI 팀의 성과가 홀로 일하는 인간은 능가하지만, AI 단독 성과에는 미치지 못하는 주요 원인은 무엇인가?

2. 설명 가능한 인공지능(XAI)은 어떤 AI인가?

3. 인지 동기와 인지강제기능을 설명해 보자.

4. 미케니컬 터크 온라인 실험의 세 가지 조건을 기술해 보자.

5. 각 조건에서 참가자의 과업 수행 성과는 어떻게 평가했는가?

6. AI 선택오류 유무를 구분하지 않고 모든 의사결정을 평가했을 때, 인간+AI 팀의 성과는 어떠했는가?

7. AI가 잘못된 재료를 추천하는 등 선택오류를 범한 경우만을 분석했을 때 각 조건의 상대적 과업 수행 성과를 논의해 보자.

8. 과잉 의존과 함께 눈길을 끈 현상은 AI에 대한 우호적 감정이다. 이것이 암시하는 바는 무엇인가?

9. 높은 NFC 그룹과 낮은 NFC 그룹으로 나누어 성과 차이를 비교·분석한 결과를 논의해 보자.

10. 인지강제기능이 제 기능을 발휘하려면 어떻게 해야 하는가?

6부 공정과 혁신

70.
기업 보고서는
정보지 아닌 혁신의 창구

- 기업 인상관리는 투자자에게 긍정적인 기업 이미지를 인식시키기 위해 사용하는 정보전달 전략과 기법
- 기업 인상관리 도구로서 사진의 잠재성 재조명
- 사진의 세 가지 특성은 명료성, 몰입성, 독창성
- 미래의 기업 보고서는 기업 정보지 아니라 혁신의 창구

기업의 인상관리(impression management)는 투자자들에게 긍정적인 기업 이미지를 인식시키기 위해 사용하는 정보전달 전략과 기법을 통칭한다. 뇌의 정보 처리 과정에 관여하는 각종 편향과 인지 및 기억의 한계를 고려할 때 인상관리를 어떻게 하느냐에 따라 기업에 대한 투자자의 선호, 판단, 선택이 달라질 수 있다. 그래프는 기업의 각종 보고서 내 복잡한 투자·재무·회계 정보를 시각적으로 함축하여 그 본질적 의미를 정확하고 효과적으로 전달하는 중추적 수단으로 활용돼 왔다. 긍정적인 투자 정보를 부각하여 기업 실적과 전망에 대한 투자자의 편향된 인식을 효과적으로 유도 또는 조장하기도 한다. 대다수 인상관리 연구도 그래프가 투자자들의 기업에 대한 인식이나 투자결정에 미치는 영향에 집중됐다. 이

와는 대조적으로 근래 기업 인상관리 도구로 활용 범위를 넓혀 온 사진 (photograph)에 관한 관심과 연구는 상대적으로 미흡했다. 몇 안 되는 사진 관련 연구도 기업의 브랜드 전략을 강화하기 위한 상징적 메시지를 전달하는 데 그쳤다.

호주 매쿼리대 앙 교수팀은 사진의 특성과 정보전달 능력 및 기업 이미지 제고 잠재성을 고찰해 기업 인상관리 도구로서 사진의 위상과 효과를 새롭게 조명했다. 사진은 글이나 그래프보다 주의를 끄는 능력이 탁월하다. 이러한 이유로 기업 보고서에서 사진이 차지하는 비중과 역할은 과거 수십 년간 꾸준히 증가해 왔고, 현재는 기업의 이미지를 창조, 전달, 제고, 확대하는 주요 매체로 자리 잡았다. 인터넷과 온라인 매체에 익숙

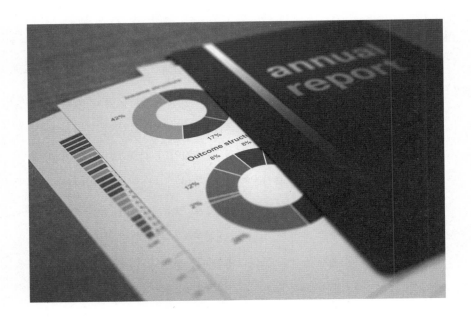

한 사람들이 많아지면서 이러한 추세는 더욱 강화되고 있다. 더불어 사진을 이용해 기업 정보를 전달하고 표현하는 것은 국제회계기준의 규제 밖이어서 그 활용 범위와 가능성은 무궁무진하다.

연구팀은 체계적 문헌 고찰(systematic literature review)을 통해 사진이 가진 명료성, 몰입성, 독창성이라는 세 가지 특성과 역할에 주목했다. 투자자가 방대하고 전문적인 재무정보를 이해하고 해석하려면 주의와 집중은 필수다. 그러나 투자자의 주의력과 집중력은 명확한 한계가 있다. 크기나 색깔, 선명도를 쉽게 조절할 수 있는 사진의 특성, 즉 명료성은 이러한 이율배반적 현실을 극복하고 초기에 투자자의 주의를 사로잡는 결정적 역할을 한다. 몰입성과 독창성도 빼놓을 수 없다. 이 두 특성은 투자자의 감정을 끌어내는 효과가 만점이다. 몰입성은 간결하면서도 임팩트가 강한 사진의 특성을 일컫는데, 감정을 자극하는 인물, 개체 혹은 장소와 요소를 사진에 적절히 활용해 자부심, 열정, 애착과 같은 긍정적 감정뿐만 아니라 두려움, 분노, 수치와 같은 부정적 감정도 쉽게 불러낼 수 있다. 예를 들어, 프랑스 향수의 고급스러움과 우아함은 파리에서 활동하는 유명한 모델이 향수의 매력에 푹 빠진 듯한 사진 한두 장에 고스란히 담을 수 있다. 독창성은 명료성이 강조하는 사진의 크기나 색깔과 같은 기계적·기술적 콘텐츠보다는 사진 속 인물의 표정, 인상, 동작 등의 섬세하고 창의적인 콘텐츠에 초점을 맞춘다. 감정을 통해 인식과 판단에 영향을 미치려면 훨씬 섬세하고 독창적인 설계가 필요하기 때문이다.

감정에 호소하는 인상관리는 인간의 의식적·무의식적 의사결정과정에 더욱 깊숙이 개입해 판단과 선택의 방향을 좌지우지한다. 좋은 예가 햇살이 쨍쨍한 날의 주가가 흐린 날의 주가보다 높다는 행동경제학 연구 결과다. 온화한 날씨가 불러일으키는 행복한 감정은 이와 전혀 상관이 없는 주식에 대한 낙관적 견해를 자극해 주가를 올리는 원동력이 된다. 마찬가지로 명료성으로 주의를 끌고 몰입성과 독창성으로 감정에 호소하는 사진의 인상관리 효과는 감정의 포로인 투자자들과 만날 때 진가를 발휘한다. 정보의 본질적 의미를 변화시키거나 조작하는 행위를 '속성 프레이밍(attribute framing)'이라고 한다. 사진은 속성 프레이밍을 자유자재로 구사할 수 있는 강력한 도구다. 기업이 사진을 활용한 인상관리에 심혈을 기울일수록 속성 프레이밍에 의한 정보 왜곡도 늘어날 가능성이 크기 때문에 투자자 관점에서는 특별한 주의도 요구된다.

투자자의 주의를 환기하고 감정을 우호적으로 유도하는 인상관리는 매우 어렵고 복잡한 작업이다. 사진의 크기, 위치, 구도가 달라지면 이를 보고 정보를 얻으려는 투자자의 관심은 어떻게 변하는지, 사진의 창의적 콘텐츠가 변함에 따라 감정은 어떻게 움직이는지 파악해야 한다. 예를 들어 의료서비스를 제공하는 기업이 '환자 케어에 전념하는 기업'의 이미지를 부각해 투자자를 감동하게 하려면 보고서에 어떤 유형, 색깔, 크기, 위치, 구도의 사진을 넣어야 할까? 콘텐츠는 어떤 스토리와 연출을 필요로 할까? 생체 반응 정보를 활용하는 것이 좋은 출발점이 될 수 있다. 사진의 특성을 바꿔 가며 동공의 변화나 뇌파 전위를 실시간으로 측정하면 그에 따른 감정 변화도 파악할 수 있고, 감정을 자극하는 보고서를 작성하는 일에도 한 걸음 더 가까워질 것이다. 미래의 기업 보고서는 단순히 회계원칙을 적용해 기업 정보를 기술하고 전달하는 정보지가 아니다. 기업이 추구하는 변화나 세상을 투자자와 지속해서 교감하고 공유하는 혁신의 창구다.

곰곰이 되짚어 생각해 보기

1. 기업의 인상관리란?

2. 기업 인상관리에서 그래프의 역할과 비중은 어떠한가?

3. 사진이 기업의 이미지를 창조, 전달, 제고, 확대하는 주요 매체로 자리 잡을 수 있었던 이유를 서술해 보자.

4. 사진의 세 가지 특성과 역할을 설명해 보자.

5. 명료성으로 주의를 끌고 몰입성과 독창성으로 감정에 호소하는 사진의 인상관리가 효과적인 이유를 설명해 보자.

6. 속성 프레이밍이란?

7. 기업이 사진을 활용한 인상관리에 심혈을 기울일수록 투자자 관점에서는 특히 주의해야 하는 이유는 무엇인가?

8. 생체 반응 정보와 사진의 특성을 동시에 활용하는 인상관리가 주목받는 이유는 무엇인가?

———— "행복은 생각과 언행이 조화를 이룰 때 이루어진다."

마하트마 간디(Mahatma Gandhi)

———— "오늘날의 세상에서 돈은 산소와 같다. 너무 적어도 또는 너무 많아도 죽음에 이를 수 있다."

아브히지트 나스카르(Abhijit Naskar)

———— "돈으로 살 수 없는 것을 갖기 전에는 부자라 할 수 없다."

가스 브룩스(Garth Brooks)

———— "나눔은 건강한 삶의 비결이다. 격려, 동정, 이해 등 돈이 아니더라도 나눌 수 있는 것은 많다."

존 록펠러(John Rockefeller)

7부

돈과 행복
MONEY AND HAPPINESS

71.
돈과 행복은
인과 아닌 상생관계

- 돈과 행복은 가깝고도 먼 사이
- 행복 체감의 법칙은 고소득 구간에서 행복도 향상이 소득 증가보다 현저히 뒤처지는 현상
- 백만장자는 노동 소득 증가에도 삶의 만족도 불변
- 유산 또는 배우자 덕으로 인한 백만장자 재산 증식은 삶의 만족도 오히려 감소시켜!
- 돈과 행복은 인과관계 아닌 서로에게 시너지를 주는 상생관계

전통 경제학에 효용체감의 법칙이 있다면 행복경제학에는 행복 체감의 법칙이 존재한다. 저소득 구간에서는 소득이 증가함에 따라 행복도가 급속히 증가하지만, 고소득 구간에서는 행복도의 향상이 소득의 증가에 비해 현저히 뒤처지는 현상을 말한다. 노벨경제학상 수상자인 카너먼 교수에 의하면 소득과 행복 간의 관계가 일정 소득 수준(한화로 연간 약 8,200만 원)까지는 지속적인 양의 관계를 보이다가 이후에는 사라진다. 행복 체감의 법칙이 사실이라면 8,200만 원을 훌쩍 뛰어넘는 백만장자들의 행복은 소득이나 재산이 늘어도 제자리일 것이라는 추측이 가능하다. 미국 하버드 경영대학의 도널리 교수팀은 이에 대한 객관적 답을 찾고자 17개국을 대표하는 4,000여 명의 백만장자를 대상으로 부(축적된 재산)와 소득

이 행복도에 미치는 영향을 조사했다. 더 나아가 부와 소득의 취득경로(예: 유산, 결혼, 노동 등)와 행복과의 연관성도 살펴봤다.

도널리 교수팀의 연구대상에 포함된 백만장자는 말 그대로 최소한 100만 달러 이상의 순자산(총자산에서 총부채를 뺀 금액)을 소유하고 연 소득이 평균 10만 달러 이상인 부자를 일컫는다. 첫 번째 연구에서는 17개국을 대표하는 2,129명의 백만장자가 버는 개인 소득, 축적한 순자산, 소득과 순자산의 취득경로, 삶의 만족도가 주요 조사 대상이었다. 백만장자들의 구성을 살펴보면 미국과 영국을 포함한 선진국 시민(79.2%)과 남성(70.4%)이 절대다수를 차지했고 평균 연령은 약 50세였다.

백만장자들은 순자산의 크기에 따라 크게 네 그룹으로 나뉘었다. 제1그룹은 16억 5,000만~31억 2,000만 원, 제2그룹은 31억 2,000만~87억 원, 제3그룹은 87억~164억 원, 제4그룹은 164억 원 이상의 순자산을 소유한 백만장자들을 각각 포함했다. 연구팀은 네 개의 그룹 중 가장 많은 수의 백만장자가 속한 제1그룹을 비교기준(reference group)으로 삼아 그룹 간 삶의 만족도 차이를 분석했다. 설문조사에 참여한 백만장자들은 레벨 1(최저 만족도)부터 레벨 7(최고 만족도)의 7단계로 나뉜 삶의 만족도 중 하나를 선택했다.

설문조사 결과 비교기준인 제1그룹의 평균 만족도는 5.79였다. 제2그룹의 만족도는 5.81로 제1그룹보다 높았지만 그 차이(0.02)는 통계적으로 유의하지 않았다. 제4그룹의 만족도는 5.84로 통계적으로 유의미한 수치를 나타냈지만 제1그룹과의 만족도 차이(0.05)는 제1, 2그룹과의 차이와 별반 다르지 않았다. 제3그룹의 만족도는 5.97로 네 그룹 중 가장 높았고 제1그룹과 통계적으로 유의미한 차이(0.18)를 보였다. 이 차이는 제1, 2그룹 간 차이의 9배, 제1, 4그룹 간 차이의 3.5배에 이른다. 순자산의 증가는 백만장자들이 평가하는 삶의 만족도에 어느 정도 긍정적 영향을 미친 것으로 보인다. 부자들은 재산이 늘어도 삶에 만족감을 느끼지 못할 것이라는 행복 체감의 법칙 예측과는 거리가 있는 결과다.

하지만 소득의 증가는 개인 소득이든, 가계소득이든 상관없이 만족도의 증가로 이어지지 않았다. 과거의 노동 혹은 투자로 인해 일단 지갑에 들어온 돈이 많을수록 삶의 만족도가 높았지만, 현재의 노동 소득 증가는 삶의 만족도에 큰 영향을 미치지 못했다는 의미다.

특히 대다수 부자는 재산을 유산이나 결혼으로 늘렸을 경우보다 노동이나 투자의 결실로 불렸을 때 삶의 만족도가 더 크다고 답했다. 유산을 받거나 부유한 배우자 덕에 재산을 늘렸을 경우는 오히려 삶의 만족도가 감소하는 것으로 나타났다.

　이와 같은 결과는 '삶의 만족도'에 관한 질문을 '행복'으로 대체한 두 번째 연구에서도 비슷하게 나타났다. 순자산의 증가는 행복의 증가로 이어졌지만, 소득의 증가는 행복의 증가로 연결되지 않았다. 또 재산을 본인의 노력이 아닌 유산이나 결혼으로 증식했을 때는 행복이 감소했다. 행복도를 현재 수준에서 완벽한 수준(100점 만점에 100점)으로 향상하려면 재산이 지금보다 얼마나 더 증가해야 하느냐는 질문에 약 27%의 백만장자가 11배 이상, 25%가 6배 이상, 23%가 2배 이상이라고 응답했다. 이들의 재산이 바라는 대로 늘어났다면 완벽한 행복이 이루어졌을까? 돈으로 행복을 성취하기란 실로 어려울 것 같다.

　헐벗고 굶주린 사람에게 1만 원이 가져다주는 기쁨과 행복은 매우 크다. 똑같은 1만 원이 백만장자에게 주어진다면 어떨까? 그리 크지 않을 것이다. 적어도 가난한 자가 느끼는 기쁨과 행복에 비할 바는 못 된다. 도널리 교수팀의 연구에 비추어 보면, 새로운 소득과 재산이 부자들의 삶에 대한 만족이나 행복을 조금이라도 향상할지언정 파괴하지는 않는 듯싶다. 그러나 부모나 배우자의 배려로 늘린 재산은 오히려 삶의 만족도를 퇴행시킬 수 있다. 행복을 증진하는 확실한 방법의 하나는 노동과 수고를 통해 소득과 재산을 증대시키는 것이다.

　한 가지 명심해야 할 점은 부자가 되는 것이 행복해지기 위한 전제조건은 아니라는 사실이다. 오히려 행복한 자가 부자가 될 수 있는 개연성도 항상 열려 있다. 다시 말해 부와 행복 간의 관계는 인과관계가 아니다. 서로 협력하는 관계, 서로에게 시너지를 주는 상생관계라고나 할까?

세상에는 부자보다 훨씬 행복한 빈자도 많다. 물론 부자 중에도 행복한 빈자만큼 행복한 사람들이 있다. 돈은 행복을 사는 수단이 아니다. 목적은 더욱 아니다. 행복해지려고 노력하다 보니 발견한 수많은 행복 성분 중 하나에 불과하다. 그래서 돈이라는 성분이 없는 행복도 얼마든지 가능하다. 그러나 행복은 저절로 만들어지지 않는다. 돈, 지위, 친구, 성격, 종교, 건강, 환경, 가족, 사랑 등 수많은 삶의 구성요소를 저마다 적절한 비율로 섞어서 생산한 매우 주관적인 무형자산이다. 남의 행복을 바라만 보지 말고, 부러워하지 말고, 두려워하지도 말고 자신만의 독특하고 멋진 행복을 검소하게 창조해 보면 어떨까?

곰곰이 되짚어 생각해 보기

1. 행복 체감의 법칙을 정의하고 카너먼 교수의 실증 분석 결과를 서술해 보자.
2. 순자산의 크기에 따라 나눈 네 개의 백만장자 그룹을 기술해 보자.
3. 그룹 간 삶의 만족도 차이를 논의해 보자.
4. 소득과 삶의 만족도 간 상관관계를 논의해 보자.
5. 유산을 받거나 부유한 배우자 덕에 재산을 늘렸을 경우 삶의 만족도 변화는?
6. 설문조사 항목 중 삶의 만족도를 행복으로 대체했을 때 순자산, 소득, 유산이나 결혼으로 인한 재산 증식이 행복에 미친 영향은 어떠한가?
7. 행복도를 현재 수준에서 완벽한 수준으로 향상하려면 재산이 지금보다 얼마나 더 증가해야 하느냐는 질문에 대한 백만장자들의 답은 무엇이었는가?
8. 행복을 증진하는 확실한 방법 한 가지는 무엇인가?
9. 행복해지려면 어떻게 생각하고 행동해야 할지 고민해 보자.

72.
돈으로 행복을
살 수도 있다?

- 단순한 화폐가치로 삶의 질과 행복 측정하는 시대 지남
- 개인의 성격특성과 어울리는 환경이나 사람들과 가까이 지낼 때 삶에 대한 만족도 증가
- 성격특성과 일치하는 소비활동 할 때 삶에 대한 만족도 상승
- 행복은 전염성 강한 삶의 필수요소, 행복을 전염시키자!

행복이 성적순이 아니듯 돈의 많고 적음으로 행복의 순서를 매기는 것도 그리 설득력이 있지는 않다. 그런 면에서 돈이 국가의 성공과 발전, 국민의 복리를 측정하는 기준으로 오랜 기간 사용되고 있다는 사실은 조금 역설적이다. 한 국가의 경제적 산출량을 미국 달러로 환산한 국민총생산(gross national product, GNP)이나 국내총생산(gross domestic product, GDP)은 한 국가의 경제력과 국력을 평가하는 표준화된 기준이다. GNP와 GDP가 증가한 국가의 국민은 평균적인 부의 증가와 더불어 생활 수준 및 행복감도 함께 향상된다고 여겨진다.

부와 생활 수준 향상은 어느 정도 수긍이 가는데 돈이 많아진다고 행복감도 커진다는 논리는 선뜻 받아들이기 어렵다. 그래서 각국은 GNP나

GDP를 대체하여 사람들이 느끼는 행복을 더 정확하게 측정할 수 있는 새로운 지수를 개발하여 보급하는 노력을 해 오고 있다. 런던에 본부를 둔 민간 경제연구기관 레가툼 연구소(Legatum Institute)에서 2009년부터 매년 발표하고 있는 세계번영지수(Prosperity Index)나 유엔개발계획(UNDP)의 인간개발지수(human development index), 부탄의 국민총행복지수(gross national happiness)는 단순한 경제적 측면의 국가발전과 성장을 넘어서 삶의 질과 만족도를 측정하고자 하는 노력의 대표적 예다. 단순한 화폐가치로 삶의 질과 행복을 측정하는 시대는 저물고 있다.

그렇다면 돈은 진정 행복과 무관한 요소일까? 자본주의를 살아가는 우리에겐 딜레마가 아닐 수 없다. 딜레마로부터 우리를 달래 줄 흥미로운 주장이 있다. 돈의 쓰임새가 우리의 심리적 성격특성과 조화를 이룰 때 행복감이 올라간다는 주장이다. 과연 돈으로 행복을 살 수 있는 길이 있을까?

마음이 통하는 친구와 이야기를 나누고 나면 기분도 좋아지고 다시 만나고픈 감정이 강하게 일어난다. 간담상조(肝膽相照)라는 말이 있다. '간과 쓸개를 서로 내놓고 보일 정도로 마음을 터놓고 허물없이 지내는 벗'

을 일컫는 사자성어다. 예부터 마음이 통한다는 것은 서로에게 행복과 만족을 준다는 의미로 쓰인 것 같다.

옛말이 틀린 것이 없다고 했던가? 성격심리학에서는 개인의 성격특성과 어울리는 환경이나 사람들과 가까이 지낼 때 심적 풍요로움과 삶에 대한 만족도가 커진다고 본다. 자신의 성격특성(예: 내향적 vs. 외향적)에 걸맞은 주변 환경과 사람들에게 끌리는 것은 어쩌면 당연한지도 모른다. 그렇다면 개인의 성격특성과 일치하는 물건이나 서비스를 돈을 주고 살 때도 행복감이 증가할까?

이에 대한 답을 찾기 위해 영국 케임브리지대의 메츠 교수팀은 영국에 본부를 두고 있는 한 다국적 은행의 고객 625명을 대상으로 2014년 하반기 6개월 동안 상품이나 서비스 구매행위와 그에 관한 만족도 연구를 진행했다. 구매행위는 59개의 소비활동으로 분류했다. 연구에 참여한 고객들의 각 소비활동은 5가지 성격특성(개방성, 성실성, 외향성, 친화성, 신경 과민성)에 따라 평가됐다. 예를 들어, 책을 사는 행위는 새로운 경험을 추구하려는 높은 '개방성'과 시간과 노력을 들여서 타인으로부터 무언가를 찾고 배우려는 '성실성'과 '친화성'이 돋보이는 행위다. 동시에 구매자의 '내향적'이고 '소심한' 성향도 나타낸다. 나머지 58개의 활동도 이와 같은 과정을 거쳐 5가지 성격특성으로 수치화했다. 그런 뒤 참가자 개개인이 자신의 성격특성과 일치하는 소비활동을 할 때 지출하는 소비액과 삶의 만족도를 조사했다.

연구 결과 참가자들은 자신의 성격특성과 일치되는 소비활동을 할 때 더 많은 돈을 지출하는 것으로 나타났다. 예를 들어, 외향적인 사람들이 외향적 소비활동인 '저녁에 맥주 즐기기'에 내향적인 사람들보다 연간 평균적으로 77달러를 더 소비했다. 성실성이 뛰어난 사람은 게으른 성향의 사람들보다 성실성이 많이 요구되는 '건강과 신체 관리' 관련 활동에 연간 183달러를 더 썼다. 소비액뿐만 아니라 소비활동을 통한 삶의 만족도도 소비활동이 개인의 성격과 부합될 때 훨씬 높게 나타났다. 내성적이고 꼼꼼하면서도 소심한 성격의 소유자는 그에 어울리는 소비활동인 '정원 가꾸기'에 돈을 더 많이 쓰는 경향이 있고, 그런 활동을 통해 더 큰 삶의 만족도를 느낀다고 했다. 돈을 많이 버는 것으로 행복을 덤으로 얻을 수는 없지만 번 돈을 잘 쓰면 예기치 않은 행복이 찾아오기도 하나 보다.

'유전무죄 무전유죄'와 같은 세상은 정의롭지도 못하고, 상대적 박탈감과 계층 갈등으로 인해 불만족과 분노가 확산하기 쉽다. 그렇다고 돈을 죄악시하는 것도 시장과 자본의 원리에 따라 작동하는 사회의 현실을 고려할 때 바람직하지 않다. 이런 측면에서 돈을 '어떻게' 쓰느냐에 따라 삶에 대한 만족이 변화한다는 메츠 교수팀의 연구 결과는 그 의미가 크다 하겠다. 돈은 버는 것보다 쓰는 것이 더 중요하다는 말이 새삼 뇌리를 스친다. 행복은 행복한 사람에게만 머무는 것이 아니다. 사회학자 크리스태키스와 정치학자인 파울러의 말대로 행복은 전염성이 강하다. 우리 모두 돈을 열심히 벌고 잘 써서 행복을 사자. 그리고 전염되도록 놔두자. 혹시 아나? 자본주의가 수렁에서 건져지는 계기가 될지.

7부 돈과 행복

곰곰이 되짚어 생각해 보기

1. 단순한 경제적 측면의 국가발전과 성장을 넘어서 삶의 질과 만족도를 더 정확히 측정하고자 하는 대표적 지표에는 어떤 것이 있는가?

2. 개인의 성격특성과 어울리는 환경이나 사람들과 가까이 지낼 때 심적 풍요로움과 삶에 대한 만족도 또는 행복감이 커진다는 주장을 평가해 보자.

3. 책을 사는 행위를 5가지 성격특성으로 요약해 보자.

4. 자신의 성격특성과 일치되는 소비활동을 할 때 더 많은 돈을 지출하는 경향을 보여 주는 실증적 증거를 기술해 보자.

5. 자신의 성격특성과 일치되는 소비활동을 할 때 소비액뿐만 아니라 삶의 만족도도 높아진다는 연구 결과를 기술해 보자.

6. 돈은 버는 것보다 쓰는 것이 더 중요하다는 말을 되새겨 보자.

73.
행복을
유산으로 남기려면

- 불행 유전자는 불행을 느끼는 감정과 밀접하게 연관된 유전자
- 행복지수 높은 나라 국민의 불행 유전자 보유율이 행복지수가 낮은 국가에 비해 현저하게 낮아!
- 끊임없이 행복 추구하면 자식과 후손에게 행복 유전자 상속돼

행복의 조건은 무엇일까? 재무관리를 전공하는 학자의 머릿속에 바로 떠오르는 건 소득, 고용, 경제성장이다. 경제가 튼튼한 나라에서 안정된 직장을 가지고 높은 소득을 올리면 삶에 대한 만족도도 높을 것이란 예상은 상식에 속한다. 그러나 행복 관련 연구를 종합해 보면 행복은 경제적 안정과 풍요로만 얻어지지 않는다. 사람들과의 관계도 중요하고 종교의 영향도 무시 못 하고 문화와 교육도 빼놓을 수 없는 행복의 결정요인이다. 육체와 정신의 건강이 행복과 직결되어 있다는 것도 두말하면 잔소리다.

더불어 요즘 주목받고 있는 분야가 행복의 유전적 측면이다. 돈, 인간관계, 종교, 문화, 교육, 심신 건강 등 사회적·경제적·심리적 요인 외에도 조상과 부모로부터 물려받은 유전적 유산도 행복의 조건이라는 시각이

다. 여기서 행복이 타고난 운명에 의해 좌우된다는 논리의 비약은 경계해야 한다. 오히려 행복이 유전될 수 있다는 사실은 우리가 왜 행복해야 하는지, 또는 왜 행복을 추구해야 하는지에 대한 과학적 근거와 철학적 논리를 동시에 제공한다. 자유와 민주주의를 존중하는 나라의 헌법에는 국민의 행복추구권이 적시되어 있다. 우리나라의 헌법도 국민의 행복추구권을 보장한다. 행복을 유전적 측면에서 바라보면 너무나 당연한 권리다. 자손들의 행복을 바라지 않는 부모는 없을 테니 말이다.

덴마크와 네덜란드는 매년 유엔의 행복지수 순위에서 최상위권에 속한다. 반면에 같은 경제공동체에 속해 비슷한 문화를 공유하는 프랑스와 이탈리아의 행복지수는 눈에 띄게 뒤처져 있다. 경제나 문화 측면에서 공유하는 부분이 상당한 나라들의 행복지수가 왜 이렇게 차이를 보이는 것일까? 경제적·문화적 이유 외에 다른 요인이 있는 것은 아닐까?

영국 워릭대 연구팀은 집단 또는 국가마다 평균적인 유전자 특성이 다르기 때문에 행복지수에서도 차이가 생기는 게 아닐까 하는 의문을 가지고 이 문제에 접근했다. 연구팀은 먼저 140여 개국의 유전정보를 이용하여 유전적 특성과 행복과의 상관관계를 분석했다. 그 결과, 최근 몇 년간 갤럽세계여론조사(Gallup World Poll)의 행복지수 순위에서 부동의 1위를 유지하고 있는 덴마크와 유전적으로

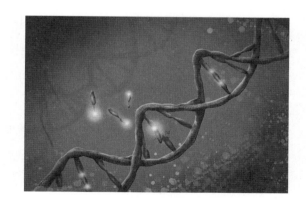

가까운 나라(스위스, 네덜란드, 노르웨이)에 사는 사람들은 유전적 유사성이 희박한 나라(한국, 중국, 일본)에 사는 사람들보다 삶의 만족도는 높고 불만과 고통은 덜한 것으로 드러났다. 이러한 결과는 아시아와 유럽뿐만 아니라 오세아니아와 아프리카 대륙에 걸쳐 광범위하게 나타났다.

연구팀은 한발 더 나아가 국가별 행복 수준의 차이를 설명하기 위해 불행을 느끼는 감정과 밀접하게 연관돼 있는 'S5-HTT'라는 유전자의 국가별 보유율을 비교했다. 소위 '불행 유전자'라 불리는 S5-HTT를 가진 사람들은 동일 유전자가 없는 사람들에 비해 삶에 대한 만족도가 눈에 띄게 떨어진다고 알려져 있다. 예상대로 행복지수가 높은 나라 국민의 불행 유전자 보유율이 행복지수가 낮은 국가에 비해 현저하게 낮았다.

불행 유전자의 존재와 중요성은 다양한 이민 배경을 가진 미국인들을 대상으로 한 연구에서도 여실히 드러났다. 행복지수가 높은 나라로부터 이민 온 부모나 조상을 둔 미국인들이 행복지수가 낮은 나라로부터 이민 온 부모나 조상을 가진 미국인들에 비해 평균적으로 더 행복한 삶을 누렸다.

행복한 삶은 모든 이의 궁극적 소망이라고 해도 과언이 아니다. 그러기에 행복해지기 위한 조건이나 이유를 찾고자 부단히 노력한다. 행복의 유전학적 측면을 연구하는 이유도 이러한 노력의 일환이다. UN과 갤럽세계여론조사의 자료에 의하면 행복의 정도는 비슷한 문화 및 경제 환경을 가진 나라들 사이에서도 큰 차이를 보인다. 그 원인으로 주목받는 요인이 유전적 특성이다. 재산, 문화, 인간관계, 종교, 건강과 더불어 부모나 조상으로부터 물려받은 유전적 특성이 행복을 구성하는 중요한 요인이며 삶 속에서의 비중과 의미도 작지 않다는 사실을 직시할 필요가 있다.

자식이나 후손이 행복하길 원하는가? 그렇다면 끊임없이 행복을 추구하라. 그래야 자식과 후손에게 행복 유전자를 유산으로 남길 수 있다. 자손에게 가난을 유산으로 물려주지 않으려고 대한민국 국민은 누구보다 열심히 일했다. 한강의 기적을 만들었고, 단합된 역량으로 여러 위기를 이겨 냈다. 세계 10대 무역 대국의 반열에도 올랐다. 그러나 세계 10대 행복 대국으로 가는 길은 멀고도 험해 보인다. 우리는 무엇을 위해, 누구를 위해 그리 열심히 일했던가? 우리가 경제성장 못지않게 애지중지 보살피고 키워 온 것이 분노, 폭력, 차별, 무지, 부정부패다. 과연 우리가 남길 유전적 유산은 어떤 모습일까?

곰곰이 되짚어 생각해 보기

1. 행복을 유전적 관점에서 바라보는 것이 중요한 이유를 설명해 보자.
2. 스위스, 네덜란드, 노르웨이 국민이 한국, 중국, 일본 국민보다 삶의 만족도가 월등히 높은 이유 중 하나는 무엇인가?
3. 불행 유전자란?
4. 국가의 불행 유전자 보유율과 행복지수의 상관관계를 서술해 보자.
5. 불행 유전자의 존재와 중요성은 다양한 이민 배경을 가진 미국인들을 대상으로 한 연구에서도 잘 나타났다. 연구 결과를 간략히 기술해 보자.
6. 행복의 정도는 비슷한 문화 및 경제 환경을 가진 나라들 사이에서도 큰 차이를 보인다. 그 원인으로 주목받는 요인은 무엇인가?
7. 행복을 유산으로 남기려면 어떻게 해야 할까?

74.
행복해지려면
생각과 선택을 같게

- 의사결정조화이론에 따르면 생각과 선택의 조화(일치)가 행복과 밀접한 연관
- 생각과 선택의 부조화는 불쾌감 상승효과
- 생각과 선택의 일치로 삶의 만족도 향상

　　대학생 중에 자신이 입학하기 전에 공부하고 싶었던 분야와 선택한 전공이 일치하는 학생의 비율이 얼마나 될까? 일치하는 경우와 불일치하는 경우에 만족감이나 행복감의 차이는 어느 정도일까? 생각과 선택(행동)이 같을 때 더 만족스럽고 더 행복할까, 아니면 아무 상관이 없을까? 재무관리 강의에서 배운 대로 내재가치를 꼼꼼히 살펴 주식투자를 했더니 1년 만에 투자액이 2배가 되었다면 그 기쁨은 말로 표현하기 어려울 것이다. 그렇다면 시간과 노력을 들여 배운 투자기술을 쓰는 대신 '대박' 날 거라는 친구의 말만 듣고 무심히 산 주식이 100%의 수익을 올렸을 때도 비슷한 수준의 기쁨을 느낄까? 최근 연구에 따르면 '아니다', 즉 후자의 체감 기쁨이 훨씬 높다는 데 무게를 둔다.

우리의 생각이 직관과 이성으로 나누어 작동한다는 것은 잘 알려진 사실이다. 따라서 우리의 생각과 선택도 직관과 이성의 다양한 조합으로 만들어진다. 직관적 생각과 이성적 생각이 공존하고 선택에 직면해서도 직관과 이성은 엎치락뒤치락한다. 직관적으로 생각하는 데 익숙한 사람이 이성적 의사결정을 할 수도 있고, 이성적으로 생각하는 성향이 강한 사람이 직관적인 의사결정을 할 수도 있다.

조화이론(fit theory)에 따르면 상호작용하는 두 대상이 조화를 이룰 때 행복감과 만족감은 커진다. 컴퓨터 프로그래머는 영업 부서보다는 소프트웨어 개발팀에서 일할 때 능률, 기여도, 만족도가 높다. 권위적인 분위기를 혐오하는 환자에게는 무뚝뚝하고 차가운 의사보다는 말 많고 배려 깊은 의사가 치료에 훨씬 큰 도움이 된다. 조화이론을 마음의 영역인 두 내적 대상, 즉 생각과 선택에 적용할 수 있을까? 생각과 선택의 조화(일치)가 행복과 밀접한 연관이 있다는 의사결정조화이론(decisional fit theory)의 탄생 배경이다.

사람들은 정보를 처리할 때 직관적 사고와 이성적 사고의 협업에 의존한다. 협업이라 하더라도 사람마다 직관과 이성에 대한 의존의 정도는 다르다. 어떤 이는 직관적 사고에 좀 더 익숙하고 어떤 이는 이성적 사고가 더 편하다. 직관적 사고에 익숙하다고 해서 늘 직관에 치우친 선택을 하는 것은 아니다. 소

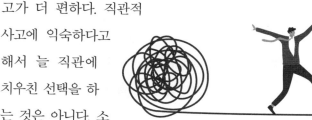

문이나 출처가 불분명한 정보에 의존해 주먹구구식으로 주식투자를 하던 개미투자자도 로봇 어드바이저를 고용하면 보다 이성적인 투자 결정을 할 수 있다. 과학적 분석과 평가에 익숙한 전문가들도 종종 감정이나 분위기에 휩싸인 의사결정을 하곤 한다.

의사결정조화이론을 발전시킨 호주 본드대의 스티븐슨과 힉스 교수팀의 연구에 따르면 직관적 사고와 이성적 사고, 그리고 그들의 조화 또는 부조화가 가져오는 행복감에는 유의미한 차이가 존재한다. 직관적 사고에 익숙한 사람들은 이성적 사고에 익숙한 사람들보다 삶에 대한 행복지수가 평균적으로 더 높았다. 선택에서도 직관이 이성보다 더 큰 행복감을 가져다주었다. 다시 말해, 감정이나 기분에 따라 의사결정을 한 사람들이 치밀한 분석과 평가를 통해 의사결정을 한 사람들보다 삶에 더 만족스럽고 더 행복하다고 말했다. 또한 이성적으로 생각하는 성향이 있는 사람들이 이성적인 선택을 할 확률보다 직관적으로 생각하는 사람들이 직관적인 선택을 할 확률이 높았다.

그러나 생각과 선택 사이에 조화가 이루어지면 행복감이 올라가는 현상은 이성적 사고자와 직관적 사고자에게 모두 나타났다. 특히 직관적으로 생각하는 성향의 사람이 직관적 성향과 일치하는 결정을 내렸을 때 행복지수는 최고에 이르렀다. 행복해지려면 철저히 계획하고 노력하는 것 이상으로 자신의 감정과 본성에 충실해야 하나 보다.

시험공부를 열심히 하고 치른 시험에서 받은 90점보다 공부 안 하고 본 시험에서 운 좋게 얻은 90점이 주는 기쁨이 더 크게 다가온다. 전자는 이성적 선택의 결과이고 후자는 직관적 선택의 결과다. 직관적 사고에 익숙한 사람에게 과학적 분석과 합리적 선택을 강요하는 것은 부작용을 일으키기 쉽다. 생각과 선택의 부조화에서 오는 불쾌감이 크기 때문이다. 이성적 사고를 좋아하는 사람에게 주먹구구식 분석과 선택을 요구하는 것도 비슷한 결과를 초래한다.

조화란 계산된 가중치나 기계적 결합에 의해 생기지 않는다. 직관적으로 생각하는 사람이 직관적인 선택을 하는 것은 자연스럽다. 이성적인 사고가 편한 사람이 이성적 판단과 선택을 하는 것도 자연스럽다. 이를 인지조화라고 한다. 조화로우니 자연스럽고, 그러니 행복감도 올라갈 수밖에. 자연이 주는 조화가 왜 그리 아름답고 기분 좋은지 조금은 알 것 같다.

곰곰이 되짚어 생각해 보기

1. 우리의 생각을 움직이는 두 가지 작동 기제(생각 속의 생각)는?
2. 조화이론을 설명해 보자.
3. 의사결정조화이론이란?
4. 인간이 정보를 처리하는 과정을 간략히 설명해 보자.
5. 생각과 선택, 조화와 부조화, 그리고 행복감의 상호작용을 논의해 보자.
6. 직관적으로 생각하는 성향의 사람이 직관적 성향과 일치하는 의사결정을 내렸을 때 행복지수가 최고에 이르렀다. 이 결과의 시사점은?
7. 직관적 사고에 익숙한 사람에게 과학적 분석과 합리적 선택을 강요하는 것 또는 이성적 사고를 좋아하는 사람에게 주먹구구식 분석과 선택을 요구하는 것은 부작용을 일으키기 쉽다. 그 이유는?
8. 인지조화란?

75.
행복은
비교하기 나름이다

- 순위(계급, 계층)가 높은 사람이 낮은 사람보다 더 행복
- 순위 사이의 격차도 행복도와 밀접한 관계
- 동메달리스트가 종종 은메달리스트보다 더 행복
- 행복은 성적 순위뿐만 아니라 순위 간 격차(맥락)에도 좌우

절대적 소득의 증가에 따라 행복도가 체감적으로 증가하는 현상을 행복 체감의 법칙이라고 한다. 소득 금액이 상승할수록 행복에 대한 주관적 판단도 더욱 긍정적으로 변하지만, 행복의 증가 속도는 점차 감소하는 경향을 일컫는다. 반면, 행복 감소의 법칙은 비교 그룹의 소득이 증가할수록 자신의 행복도는 반비례로 낮아지는 현상을 말한다. 이웃이나 동료의 소득이 불어나는 것을 보면 속이 편하지 않다든지, 평균 또는 중위 소득은 상승하는데 내 소득은 제자리걸음일 때 쓸쓸함을 느끼는 경우가 이에 해당한다. 상향적 비교에서 오는 상대적 박탈감이나 고통이 이러한 부정적 효과의 원인으로 지목된다.

소득만큼 중요한 행복의 결정요인이 순위, 계급, 또는 계층이다. 순위

(계급, 계층)가 높은 사람은 낮은 사람보다 보통 더 행복하다고 생각(순위 효과, rank effect)한다. 순위 사이의 격차도 행복도와 밀접한 관계(한계 순위 효과, marginal rank effect)가 있다. 영국 런던정경대 연구팀은 순위 효과와 한계 순위 효과를 올림픽 참가 선수들이 시상대에서 느끼는 행복도를 평가하여 검증했다. 올림픽 선수들을 연구대상으로 함으로써 얻는 효익은 생각보다 크다. 선수들의 성취는 메달에 따라 상대적, 객관적으로 명확히 정의되기 때문에 평가에 대한 논란의 여지가 적고, 선수들 간 성적 격차(예: 은메달리스트의 성적이 금메달리스트에 가까운지 아니면 동메달리스트에 가까운지 여부)가 행복에 미치는 영향을 밝혀내는 데 최적의 실험환경을 제공한다.

연구팀은 대학 학부생과 대학원생 그리고 지역사회 주민으로 구성된 756명의 참가자를 모집했다. 피험자들은 영국 런던에 있는 한 대학의 행동연구소에서 2012 런던올림픽과 패럴림픽에서 영국 팀 메달리스트들의 시상식 영상을 보고 수상자들이 느끼는 행복도를 평가했다. 영국 팀은 런던올림픽에서 65개, 패럴림픽에서 120개의 메달을 획득했다. 이 중 연구 자료로 사용된 시상식 영상은 런던올림픽 39명(60%)과 패럴림픽 메달리스트 74명(61.7%)을 포함했다. 영상은 피험자의 편향적 평가를 최소화하기 위해 화면의 문자 정보와 음향을 제거하고 5초 동안 선수의 머리와 어깨만 드러나도록 편집됐다. 영상을 본 후 피험자들은 해당 선수의 행복

Salty View/Shutterstock.com

도를 0(전혀 행복하지 않은 상태)부터 10(최고의 행복도)의 척도로 평가했다.

분석 결과, 피험자들은 예외 없이 금메달리스트가 가장 행복하다고 인식했다. 1등은 다른 순위와의 격차에 상관없이 항상 제일 행복한 집단으로 여겨졌다는 뜻으로 분명한 순위 효과를 나타낸다. 반면, 은메달리스트에게선 순위 효과와 한계 순위 효과가 모두 관찰됐다. 은메달리스트의 성적이 금메달리스트보다 동메달리스트에 더 가깝고 2, 3위 간 치열한 경쟁으로 성적 격차가 작은 경우, 피험자들은 은메달리스트가 동메달리스트보다 더 행복해 보인다고 판단했다. 2위와 3위 간 순위 격차가 작아 은메달의 가치가 더욱 돋보였을 것이고, 이는 은메달리스트의 표정과 태도에 그대로 투영되었다(한계 순위 효과)고 볼 수 있다.

반대로, 은메달리스트가 금메달을 아깝게 놓친 경우(은메달리스트와 동메달리스트 간 순위 격차가 큰 경우)는 은메달리스트와 동메달리스트가 느끼는 행복도는 별반 다르지 않았다. 은메달리스트는 상향 비교로 인한 아쉬움, 실망감, 후회가 3위를 제치고 은메달을 획득했다는 기쁨을 압도하는 상황에 직면하고 동메달리스트는 노메달을 면했다는 안도와 환희의 감정이 충만하다면 충분히 가능한 현상이다. 비교 대상이 누구인가에 따라 행복도 천차만별이다.

올림픽 선수들의 행복도 평가 결과는 소득과 행복 간의 관계에도 적용할 수 있다. 소득이 비슷할 때는 더 높은 순위의 소득이 더 큰 행복으로 이어지지만, 순위 간 소득격차가 클 때는 더 높은 순위의 소득이 반드시 더 큰 행복으로 이어지지 않는다. 예를 들어, 회사에서 두 번째로 높은 급여를 받는 직원의 행복도는 최고 연봉자와 세 번째로 높은 급여를 받는 직원과의 급여 격차에 따라 상이하게 나타날 가능성이 크다. 즉 2위 연봉자의 급여가 3위 연봉자보다 최고 연봉자에 더 가까운 경우, 2위와 3위 연봉자 간 연봉 격차가 큼에도 불구하고 두 사람의 행복도는 별 차이가 없을 수 있다.

행복 평가에서 맥락(context, 부분적·단편적 관점에 대비되는 전체적·전반적 관점)은 매우 중요하다. 스포츠 경기에서 1등이 되면 가장 행복할 것이라는 데는 의심의 여지가 없다. 그러나 1등이 어렵다면 차라리 간발의 차로 2위가 되기보다는 격차가 큰 2위가 되는 것이 정신건강에 더 유익할 수 있다. 행복은 성적 순위뿐만 아니라 순위 간 격차(맥락)에도 좌우됨을 명심하자. 행복은 비교하기 나름이다.

곰곰이 되짚어 생각해 보기

1. 행복 체감의 법칙이란?
2. 행복 감소의 법칙이란 무엇이고 그 주요 원인 중 하나는 무엇인가?
3. 소득만큼 중요한 행복의 결정요인에는 어떤 것이 있는가?
4. 순위 효과와 한계 순위 효과를 메달리스트 행복도 평가 실험의 결과를 가지고 설명해 보자.
5. 은메달리스트가 금메달을 아깝게 놓친 경우(은메달리스트와 동메달리스트 간 순위 격차가 큰 경우)는 은메달리스트와 동메달리스트가 느끼는 행복도는 별반 다르지 않았다. 이 결과의 시사점은 무엇인가?
6. 올림픽 선수들의 행복도 평가 결과를 소득과 행복 간의 관계에 적용해 보자.
7. 행복 평가에서 맥락의 중요성을 되새겨 보자.

76.
건강을 위한 재무 다이어트, 기부

- 기부는 시장경제하에서 복지실현과 부의 재분배의 중요한 축
- 기부하면 고혈압, 폐 질환, 관절염, 당뇨, 암, 심장질환, 정서적·심리적 장애, 비만 개선
- 기부하자. 건강하게 살 수 있다. 행복은 덤!

건강에 관한 관심은 투자에 대한 열정 못지않다. 건강하게 오래 살려는 욕구는 인류의 오랜 소망이다. 다이어트 열풍, 줄기세포 연구의 빠른 발전, 인공장기 개발기술의 급속한 진화, 첨단 의약품의 지속적인 개발은 건강한 삶에 대한 욕구라는 원동력이 없으면 불가능하다. 불로장생에 대한 인간의 애착은 건강과 관련된 기술과 문화 발전의 필수적인 에너지요 인센티브다.

건강을 얻기 위해서 하는 행위는 일반적으로 이기적이다. 다이어트를 하든, 심장에 특효라는 건강식품을 구입하든, 고장 난 심장을 대체할 복제 심장이나 인공심장을 찾아 헤매든 궁극적으로 자신이나 가족을 위한 이기적 행동이다. 우리는 창조와 혁신의 시대에 산다. 역발상이 새로운 트

렌드를 만드는 세상이다. 아마존이나 애플이 성공한 원인이기도 하다. 재무적 관점에서 역발상 중의 하나가 남을 위해 내가 가진 재산을 쓰는 이타적 행위가 나의 건강을 증진하는 데 도움이 될 수도 있다는 것이다. 남을 위해 내가 가진 것을 나누는 행위를 기부행위라고 부른다. 과연 기부행위가 우리를 건강한 삶으로 인도할 수 있을까?

기부는 원칙적으로 자발적 나눔이다. 이기적 행위나 이윤추구와 대비되는 개념이고 시장경제하에서 복지실현과 부의 재분배의 중요한 축을 담당한다. 정부의 정책도 이를 독려한다. 미국에서는 기부하면 기부금의 100%를 소득에서 공제하게 되어 있다. 우리나라도 2012년까지는 미국처럼 소득공제를 허용했었는데, 조세 형평성을 고려해서 2013년부터는 세액공제(기부금의 15%, 특별한 경우 25%)로 바뀌었다. 정부의 기부장려 조세정책이 기부 비용을 줄이고 기부액을 증가시키는 데 일조해 왔다는 것은 당연한 결과다. 기부를 장려하는 조세정책이 건강에 미치는 간접적·긍정적 확산효과(spillover effect)에 관한 연구도 매우 활발하다. 기부를 생각만 해도 박테리아나 바이러스를 찾아내 무력화하는 단백질이 증가한다거나 기부가 스트레스를 줄이고 면역체계를 강화하여 기대수명을 증가시킨다든가, 자원봉사(노동 또는 재능기부)가 불안과 우울증 감소에 효과적이고 스트레스와 관련된 호르몬의 분비를 억제한다거나, 기부하면 기쁨과 보상을 담당하는 뇌의 특정 부위(ventral striatum)가 활성화된다는 것은 이미 잘 알려진 연구 결과다.

　미국 뉴욕주립대-올버니 연구진은 미국 자선연구센터(COPPS)의 4년 치(2001, 2003, 2005, 2007) 패널데이터를 사용하여 기부와 건강의 상호관계를 살펴봤다. 패널데이터는 설문 대상인 각 가정의 가장(household head)이 내는 연 기부금액은 물론 건강 인덱스(index), 다양한 경제, 사회, 교육, 개인 변인(가계수입, 결혼, 이혼, 주택 소유, 교육수준, 나이, 인종)을 함께 제공한다. 건강 인덱스는 자신의 건강 척도를 5단계 중 하나로 평가하도록 했는데 최하위 수준인 "좋지 않다(poor)"에서부터 최상위 수준인 "최상이다(excellent)"로 표시된다. 2007년을 기준으로 표본에 속한 가정의 69%가 기부에 참여했고 평균 기부액은 1,527달러(약 170만 원)였다.

　기부금 세금감면 혜택의 정도에 따라 샘플을 5개의 그룹으로 나누고 그룹별 건강에 관한 설문을 분석한 결과, 세금감면 혜택을 가장 많이 받은 그룹(평균 기부액이 가장 큰 그룹)에 속한 가정의 0.8%가 건강이 "좋지 않다"고 대답했지만, 세금감면 혜택이 가장 낮은 그룹에서는 4.9%의 가정이 건강이 "좋지 않다"고 응답했다. 더불어 전자의 경우 '최상'의 건강을 유지하고 있다고 응답한 가정의 비율이 36.6%에 달했지만, 후자는 20.5%에 그쳤다. 회귀분석 결과는 남녀, 인종, 결혼 여부를 불문하고 기부액의 증가는 고혈압, 폐 질환, 관절염, 당뇨, 암, 심장질환, 정서적·심리적 장애, 비만 개선에 도움이 된다는 고무적인 결과를 보여 주었다.

　건강의 중요성이 새삼 주목받는 이유 중 하나는 건강이 경제성장을 촉진하고 실업률을 낮추며 교육열과 저축률도 높인다고 알려져 있기 때문이다. 건강은 개인의 사적인 관심거리일 뿐 아니라 국가 경제의 흥망을 좌우하는 중요한 생산요소가 된 셈이다. 기부금에 대한 세금 우대정책이 기부문화 확산과 기부금 증가로 이어지며, 이는 다시 시민의 건강 증진과 경제성장으로 결실을 보고, 또다시 더 큰 기부로 귀결되는 상생의 사이클이 존재한다면 정치·사회적으로 민감한 이슈인 복지 문제를 해결하는 실마리가 될 수도 있다. 더 나아가 글로벌 화두가 된 공유경제, 나눔경제에 한 걸음 다가서게 될 것이다. 경제에서 창조란 무에서 유를 만드는 것이 아니라 유에서 유 플러스(유+) 또는 유의 제곱(유²)을 만드는 것이 아닐까? 기부하자. 건강하게 살 수 있다. 행복은 덤이다.

77.
올바른 투자는
건강한 정신으로부터

- 정신건강이나 인지능력 면에서 부부가 독신자(독신남, 독신녀)보다 우수
- 정신장애 발생 시 고위험투자 감소확률 독신남이 부부나 독신녀보다 훨씬 높아
- 정신건강 악화는 심각한 재산 감소 초래
- 기본 투자항목에 저위험자산과 고위험자산 적절 배합

　　호르몬과 자율신경계에 부정적 영향을 주는 스트레스가 쌓이면 고혈압, 심장병, 위궤양 등 신체장애뿐만 아니라 각종 정신장애를 유발한다. 스트레스는 이제 의사와 환자 간 대화의 출발점이고 일상의 화두가 된지 오래다. 매년 미국 인구의 30% 정도가 우울증, 불안증, 공포증, 강박신경증 등의 정신장애 진단을 받는다. 더구나 노인인구의 7%가 노화와 연관된 심각한 정신장애로 고통받고 있다. 기대수명의 연장과 베이비 붐 세대의 노령화, 그리고 젊은 층으로의 정신장애 확대는 정신건강에 관한 관심을 한층 고조시켰다.

　　최근에는 정신건강이 개인의 부와 투자 포트폴리오 선택에 미치는 영향이 스포트라이트를 받기 시작했다. 투자 포트폴리오 선택에 영향을 미

치는 경제적·행태적 요인에 관한 연구는 오랫동안 활발히 진행됐다. 그러나 정신건강이 투자 포트폴리오 선택에 미치는 영향에 관한 실증연구는 매우 드문 편이다. 정신건강에 관한 관심이 그 어느 때보다 높은 현실에서 미국 코넬대 연구팀은 정신건강이 투자자의 위험에 대한 태도와 궁극적으로 투자 포트폴리오 선택에 어떤 영향을 미치는지 투자자의 유형을 세분하여 심층적으로 분석했다.

　연구팀의 데이터는 1996년부터 2008년까지 2년에 1회씩 50세 이상의 성인 남녀에게 행해진 설문조사를 토대로 피조사자의 각종 인구통계학 정보, 금융자산, 신체건강, 정신건강, 그리고 많은 심리적 요인의 척도를 제공했다. 연구팀은 먼저 설문 참여자들을 세 집단(독신남, 독신녀, 부부)으

로 나누어, 총 5,859명의 독신남, 1만 8,190명의 독신녀, 그리고 2만 8,261쌍의 부부를 샘플에 포함했다. 세 집단으로 나눈 이유는 부부와 독신자들의 평균 정신건강 상태나 인지능력(예: 기억력) 사이에 상당한 차이가 존재할 것이라는 예상 때문이다. 실제 독신녀나 독신남이 의사로부터 정신분석학적 문제가 있다고 진단받은 경우가 부부보다 훨씬 높았다.

샘플을 분석한 결과 부부의 경우 13.4%, 독신남의 경우 15.2%, 독신녀의 경우 20.2%가 정신병 진단 경력을 가지고 있었다. 기억력 분석에 따르면 독신남의 11.5%, 독신녀의 10.7%가 심각한 기억력 감퇴를 호소했지만 부부의 경우는 독신자의 절반에 해당하는 5.4%에 불과했다. 정신건강이나 인지능력 면에서 부부가 독신자보다 우수한 이유는 분명하지 않다. 아마도 부부의 경우는 협의, 공유, 의존, 대화, 위로 등을 통해 서로의 정신적·인지적 안정을 지탱할 가능성이 크지만, 고독한 독신 남녀는 부부와 비교해 심리적으로 훨씬 불안정한 상황에 처해 있기 때문으로 추정된다.

비슷한 관점에서 부부와 독신자는 투자위험에 대한 회피(risk aversion) 성향이 매우 다를 것이 예상된다. 이 때문에 투자자산의 평가와 포트폴리오 선택에서도 집단별 특성을 보일 가능성이 높다. 이러한 가정은 여러 유형의 정신장애와 투자자산 유형의 상관관계 분석을 통해 사실로 드러났다.

우울증은 고위험자산에 대한 투자 확률을 3%p(부부)에서 19%p(독신남)까지, 전반적 인지능력의 제한은 2%p(부부)에서 18%p(독신남)까지, 그리고 기억력 손상은 1%p(부부)에서 5%p(독신남)까지 감소시켰다. 특히 주목할 부분은 독신남 집단이 다른 두 집단(독신녀, 부부)에 비해 월등히 높은 고위험투자 감소 확률(우울증 발병 시 19%, 인지능력 제한 시 18%, 기억력 손상 시 5%)을 보였다는 것이다. 정신장애를 경험하게 될 때 독신남이 가장 민감하게 반응하여 투자 포트폴리오에서 고위험자산이 차지하는 비중을 가장 급격하게 감소시킨다는 뜻이다. 부부 집단은 세 집단 중 가장 미약한 고위험투자 감소 확률(3%, 2%, 1%)을 보여 주었다. 이는 부부의 경우 정신장애가 발생하더라도 포트폴리오를 형성하는 투자자산의 유형을 급속히 변화시키지 않았음을 의미한다.

정신장애로 말미암은 고위험자산 회피 현상은 결과적으로 샘플 기간 모든 투자자의 평균 재산 가치를 2만 8,593달러만큼 감소시켰다. 또 다른 흥미로운 발견은 독신녀 집단이 예상과는 달리 부부 집단과 비슷한 행태를 보였으며, 부부 집단 내에서는 여성이 남성보다 더 안정적인 모습을 보였다는 것이다. 여성의 정신장애에 대한 대처 능력이 남성보다 뛰어난 것일까?

많은 행동경제학 및 행동재무학 연구는 투자자들이 합리적인 투자 포트폴리오를 선택하도록 금융자산 및 시장, 포트폴리오 구성법(portfolio formation)에 대한 교육을 강화하는 것이 필요하다고 지적해 왔다. 코넬대 연구는 이전 연구와 달리 정신건강이 투자자의 포트폴리오 선택에 영향을 미칠 수 있다는 새로운 가정으로부터 출발해 두 요인 사이에 뚜렷한 상관관계가 존재한다는 증거를 제시한다. 투자자에게 투자종목 선택권이 부여된 확정기여형(defined contribution) 연금은 이러한 연구 결과를 적용할 수 있는 좋은 예다. 연금가입자들이 필수적으로 선택해야 할 기본 투자항

목에 저위험자산과 고위험자산을 적절히 배합함으로써 정신건강의 적신
호에 수반되는 비합리적인 고위험자산 회피를 어느 정도 감소시킬 수 있
기 때문이다. 투자자의 정신건강 증진은 개인의 부를 넘어 사회적 부와
국가 복지로 이어질 수 있다. 노인인구와 독신가정이 급격히 증가하고 일
반적 복지에 대한 요구와 관심이 커지고 있는 우리나라의 현실과 일맥상
통한다.

곰곰이 되짚어 생각해 보기

1. 설문 참여자들을 독신남, 독신녀, 부부의 세 그룹으로 나눈 이유는 무엇인가?

2. 세 그룹을 정신병 진단 경력과 기억력 감퇴 기준으로 비교한 결과와 그 의미는
   무엇인가?

3. 여러 유형의 정신장애와 투자자산 유형의 상관관계를 분석한 결과를 설명해 보자.

4. 정신장애에 대한 대처 능력에 성별 차이가 존재하는가? 그렇다면 그 시사점은
   무엇인가?

5. 코넬대 연구는 정신건강이 투자자의 포트폴리오 선택에 영향을 미칠 수 있다는
   뚜렷한 증거를 제시했다. 이러한 연구 결과를 적용할 수 있는 적절한 예를 들고
   그 이유를 간략히 설명해 보자.

78.
재무적인 곤경에 빠졌나요?
가족과 협의하세요

- 가족 동질성이 강할수록 가족 간 유대관계 더욱 끈끈
- 가족의 격려와 지지(가족 유대감)가 공고하면 행복 증가하고 정신건강 향상
- 건강한 정신은 가족효능감과 재무적 곤경에 비슷한 정도의 긍정적 영향력
- 재무적 곤경에 대한 최선의 대처법은 가족과의 협업

금전적 손실이나 경제적 곤란을 겪을 때 즐거움과 행복을 느끼는 이는 없다. 오히려 정신적 스트레스로 인해 마음뿐만 아니라 몸까지 해치기 일쑤다. 금전 문제에 얽혀 가족관계가 심각하게 훼손된 사건과 뉴스도 비일비재하다. 경제적 스트레스가 가족과 그 구성원에게 부정적 영향을 끼친다는 연구보고서는 넘쳐난다. 부모가 겪는 고용패턴의 변화(실직과 취직의 반복)와 소득 불확실성은 미래에 대한 부모의 불안감을 넘어 건강 악화, 관계 부조화, 관계 단절로 발전하곤 한다. 더 나아가 자녀들의 정신건강, 교육 성취도, 비행 가능성, 커리어 플랜 등에 미치는 악영향도 만만치 않다.

가족 구성원들이 직면하는 다양한 스트레스에 관한 이론인 가족스

트레스 모형(family stress model, FSM)에 따르면 가족 단위의 소득감소, 과도한 부채, 불안정한 고용, 체납상태와 같은 부정적 경제요인이 경제적 스트레스를 일으키고 이는 다시 가족 구성원들의 정신건강을 악화시켜 가족의 행복감을 저하한다. 이와 관련, FSM은 경제적 상실감이 초래하는 부정적 결과에 대한 면역력과 치유력을 향상하는 자기효능감(self-efficacy), 대처전략, 가족 특성(적응력, 결속력, 집단 문제해결 능력) 등과 같은 보호 요인을 밝혀내 경제적 위기를 슬기롭게 넘길 수 있는 수단과 방법을 제시한다.

영국 노팅엄트렌트대의 스티븐슨 교수와 동료들은 FSM을 한층 업그레이드해서 가족 구성원들 간 역동적인 공동경험과 행동(collective experience and behavior), 가족효능감(family efficacy)[20], 가족 동질성(family identification)이 경제적 압박과 곤란을 효율적으로 통제하는 중개자(mediator) 역할을 할 뿐만 아니라 가족 회복력(family resilience)을 증진해 경제적 스트레스로부터의 탈출을 돕는다는 사회 동질성 이론으로 발전시켰다.

연구팀은 영국 노팅엄시에 거주하는 187명의 시민을 대상으로 온라인 설문조사를 실시했다. 참가자들은 (1) 가족 행복도(family well-being, 가족 정신건강 지표), (2) 가족 동질성, (3) 가족 유대감(family support), (4) 가족효능감, (5) 재무적 곤경(financial distress) 등 5가지 문항으로 구성된 설문조사에 응했다.

가족 행복도는 세계보건기구(WHO)의 행복 지수 측정 문항을 사용해 참가자가 느끼는 가족의 행복도를 최저부터 최고까지 6가지 척도로 측정했다. 이 연구에서는 가족의 정신건강을 나타내는 지표로 쓰였다. 두 번째와 세 번째 항목인 가족 동질성과 가족 유대감은 각각 가족과 자신은 일심동체라는 동일시 수준과 가족이 주는 격려와 지지의 정도로 평가했다. 네 번째 항목인 가족효능감은 경제적 위기에 직면했을 때 가족의 결속된 힘과 능력으로 위기를 능동적, 집단적으로 극복할 수 있다는 주관적·감정적 의지를 반영했고, 마지막 항목인 재무적 곤경은 참가자 개인의

---

[20] 자기효능감이 가족으로 확대된 개념으로, 가족이 일치단결해서 단일체처럼 미래의 도전에 공동대처할 수 있다는 자신감과 능력.

월별 부채상환에 대한 스트레스의 크고 작음으로 판단했다.

분석 결과는 가족 동질성, 가족 유대감, 가족 정신건강, 가족효능감, 재무적 곤경 사이의 순차적 관계를 명료하게 드러냈다. 가족 동질성이 강할수록 가족 간 유대관계는 더욱 끈끈해졌다. 가족의 격려와 지지(가족 유대감)가 공고할수록 삶에 대한 만족도와 행복도가 증가했고 이는 긍정적 정서가 지배하는 건강한 정신을 갖게 했다. 건강한 정신은 다시 가족효능감과 재무적 곤경에 비슷한 크기의 긍정적 영향력을 행사했다. 그러나 영향력의 방향은 반대였다. 즉 고양된 정신이 경제적 문제를 함께 해결할 수 있다는 자신감(가족효능감)은 높인 반면 부채상환에 대한 스트레스는 경감시켰다.

가족 동질성이 가족 유대감, 가족 정신건강, 재무적 곤경에 영향을 미치는 경로(route)가 직접적이지 않고 간접적이라는 결과는 흥미롭다. 가족 동질성 강화는 정신건강을 직접적으로 상승시키는 대신 가족 유대감이라는 매개 요소를 통해 간접적인 간섭을 했다. 마찬가지로 재무적 곤경에 대한 직접적 영향력은 미미했지만, 가족 유대감, 가족 정신건강, 가족효능감을 매개로 하여 경제적 스트레스를 효과적으로 감소시켰다. 특히 가족효능감은 가족 동질성과 재무적 곤경 사이에서 매개 역할을 함과 동시에 경제적 스트레스로부터의 회복 능력도 높이는 부수 효과도 보여 주었다.

스트레스는 만병의 근원이다. 재무적 스트레스가 쌓이면 심신이 피폐해지기 마련이다. 사람들은 경제적 스트레스나 궁핍을 예방하려고 분주히 움직이지만 때로는 힘에 부쳐 자포자기에 빠지기도 한다. 예방 못지않게 중요한 것이 경제적 어려움에 직면했을 때 견디고 회복하는 능력이다.

누구나 재무적 곤경으로부터 탈출하기 위한 자신만의 노하우를 가지고 있겠지만 아마도 가장 용이하면서도 효과적이고 경제적인 방법은 가족의 도움을 받는 것이 아닐까 싶다. 높은 동질감, 끊임없는 격려와 지지, 건강한 공동체 정신, 충만한 만족감과 자신감을 사랑하는 가족 안에서 가족과 함께 배양하면 두려울 것이 없고 회복 못할 고난도 없다. 재무적 곤경에 대한 최선의 대처법은 가족과의 협업이다. '가족해체'라는 말을 종종 보고 듣는 현실이 참 씁쓸하다.

곰곰이 되짚어 생각해 보기

1. 경제적 스트레스가 가족과 그 구성원에게 부정적 영향을 끼친다는 연구보고서 내용의 한 예를 기술해 보자.
2. 가족스트레스 모형(FSM)을 설명해 보자.
3. 사회 동질성 이론이란?
4. 온라인 설문조사에 쓰인 5가지 문항은 무엇이고 어떻게 측정했는지 기술해 보자.
5. 가족 동질성, 가족 유대감, 가족 정신건강, 가족효능감, 재무적 곤경 사이의 순차적 관계를 서술해 보자.
6. 가족 동질성이 가족 유대감, 가족 정신건강, 재무적 곤경에 영향을 미치는 경로가 직접적이지 않고 간접적이라는 결과를 구체적으로 설명해 보자.
7. 가족효능감의 매개 역할과 부수 효과는 무엇인가?
8. 재무적 곤경에 대한 최선의 대처법이 가족과의 협업인 이유를 설명해 보자.

79.
부자는 셈을 잘한다

- 뛰어난 수리 능력은 재산축적에 긍정적 영향
- 숫자에 대한 적개심만 없애도 재산 증식의 소중한 첫걸음

개인에게 재산이란 현재까지 축적한 현금 및 현금성 자산 그리고 각종 투자자산을 합한 금액에서 갚아야 할 채무를 차감한 금액을 일컫는다. 보다 살기 좋은 동네로의 이사, 새로운 사업을 시작하기 위한 종잣돈, 자녀의 교육 지원, 퇴직 후 여유롭고 안정된 생활을 위한 준비 등 재산의 용도는 실로 다양하면서도 중요하다. 요즈음 같은 핵가족 시대에는 재산의 유무가 개인의 복지와 행복 및 삶의 질에 더욱 지대한 역할을 한다. 재산은 또한 질병이나 실업으로 인한 생활고를 대비하는 사회적 안전망이기도 하다. 따라서 1인당 평균 재산이 낮다는 것은 개인뿐만 아니라 가족이나 사회의 안녕을 크게 위협하는 상황을 암시하는 지표가 된다.

한 가지 흥미로운 현상은 비슷한 수준의 급여(수입)와 사회인구학적

특성을 가진 개인들 사이에서도 현저한 재산의 차이가 있다는 것이다. 그렇다면 무엇이 이러한 차이를 만들어 내는 것일까? 사회인구학적 변인, 경제적 선호, 개인의 특성 등이 주요 원인으로 지목돼 왔다. 재산이 인간다운 존엄한 삶과 사회경제적 안정에 미치는 중대한 영향을 고려할 때 재산의 축적에 대한 보다 넓고 깊은 이해가 필요한 시점이다. 그 시작점으로 매우 개인적인 특성 중 하나인 수리 능력이 재산 형성에 미치는 영향을 살펴보자.

뛰어난 수리 능력이 개인의 재산 축적에 긍정적 영향을 미치는 이유

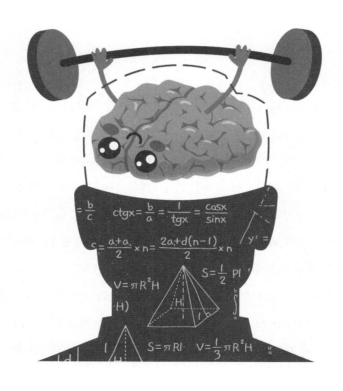

는 크게 세 가지로 나뉜다. 첫째, 수리 능력이 좋으면 우리의 판단, 분석, 의사결정을 좌우하는 갖가지 심리적 편향과 오류에 빠질 확률이 현저히 낮아진다. 보이는 것이 전부인 양 문제의 본질보다는 겉으로 보이는 패턴과 그럴듯한 소문, 그리고 자신의 능력에 대한 과신으로 말미암아 우리는 얼마나 많은 투자오류를 범하는가? 이로 인한 재산의 상실은 이미 수많은 행동경제학 연구를 통해 여실히 드러났다.

둘째, 수리 능력은 위험과 시간에 대한 선호도에 강한 영향력을 발휘한다. 수리 능력이 우수한 사람은 적절한 위험을 감수하는 것을 주저하지 않고 그에 따른 추가 이익을 취하는 성향이 수리 능력이 저조한 사람보다 강하다. 이러한 성향은 결과적으로 수리 능력이 뛰어난 사람이 그렇지 못한 사람에 비해 더 많은 재산을 축적하는 데 긍정적 영향을 미친다. 수리 능력이 탁월한 사람은 또한 여유를 가지고 기다릴 줄 아는 인내심이 남달라서 단기적 낮은 수익보다는 장기적 높은 수익을 올릴 가능성도 크다. 100세 시대에 가장 큰 관심을 끌고 있는 노후 자금의 확보는 강인한 인내심을 요구하는 목표다.

셋째, 수리에 밝은 사람은 정보 처리 능력도 뛰어나서 재산 형성에 도움이 되는 정보와 도움이 되지 않는 정보에 대한 식별과 판단을 잘한다. 각종 수리적 정보의 홍수에 휩싸인 현실에서 수리 능력은 더욱 큰 효력을 발휘할 수밖에 없다.

네덜란드 틸버그대 연구진은 네덜란드 성인 1,019명을 대상으로 수리 능력과 재산축적 간의 관계를 조사했다. 연구진은 참가자들의 수리 능력을 테스트하기 위해 11개의 수리 문제를 풀도록 했다. 11문제를 모두 맞히면 11점, 한 개의 문제도 못 맞히면 0점을 받게 된다. 점수가 높을수록 수리 능력도 높다는 뜻이다. 개인의 재산은 은행저축, 증권 등과 같은 금융투자액과 부동산 투자액을 합한 총액에서 담보대출을 포함한 각종 부채의 합을 뺀 금액으로 계산했다. 그리고 수리 테스트에서 높은 점수를 받은 사람들이 낮은 점수를 받은 사람들보다 재산이 더 많은가, 혹은 적은가, 아니면 차이가 없는가를 살펴봤다. 그 결과 수리 능력 점수가 1점 올라갈 때마다 재산은 5.2%p가 증가한다는 것을 발견했다. 다시 말해서 수리 능력 점수가 1점인 그룹과 11점인 그룹의 재산 차이는 기초재산이 1억 원이라고 가정할 때 약 5,200만 원에 달한다. 무시할 수 없는 차이가 존재한다는 증거다.

금융시장과 기업, 증권, 그 밖의 다양한 자산의 가치와 관련된 수많은 정보가 숫자나 통계의 형태로 무차별 제공된다. 각종 매스컴은 주식과 부동산 시세, 이자율, 위험, 저축률, 수익 등의 수리적 정보를 무한히 쏟아낸다. 숫자가 싫든 좋든, 우리는 숫자로 표현된 정보를 수집하고 분석해서 투자 결정을 해야 한다. 그러므로 셈을 잘하는 사람이 더 많은 이익을 챙기고 더 많은 재산을 불리는 것은 당연지사일지도 모른다.

다수의 사람은 수학을 싫어한다. 수학이 싫어 전공을 바꾸는 경우도 허다하다. 학생들을 가르치다 보면 과거보다 젊은이들의 수리 능력이 매우 떨어져 있다는 것을 실감한다. 그러나 수학을 전공하지 않아도, 월등한 수리 능력을 갖추고 있지 않아도, 투자에 필요한 수리 능력을 배양하는 것은 그리 어려운 일이 아니다. 수리 정보를 이해하고 분석하기 위해서 우주공학과 미적분 함수가 필요한 것도 아니다. 숫자에 대한 적개심만 없애도 재산 증식의 소중한 첫걸음을 내디뎠다고 할 수 있다. 독자들이여, 숫자와 '일촌' 맺는 것을 두려워하지 마라.

곰곰이 되짚어 생각해 보기

1. 개인에게 재산이란?

2. 뛰어난 수리 능력이 개인의 재산축적에 긍정적 영향을 미치는 세 가지 이유를 서술해 보자.

3. 수리 능력과 재산축적 간 관계를 조사한 결과를 요약하고 그 의미를 숙고해 보자.

4. 셈을 잘하는 사람이 더 많은 이익을 챙기고 더 많은 재산을 불리는 것이 타당한 이유는 무엇인가?

5. 재산 증식을 위한 소중한 첫걸음은 무엇일까?

맺음말

**직관의 세 축인 편향, 휴리스틱, 감정이 우리의 의사결정과정에
어떻게 개입하고 서로 어떤 관계를 형성하는지는
아직도 진행형 과제다.**

우리는 친숙하고 편안한 상태를 좋아한다. 각종 휴리스틱과 편향은 싫든 좋든, 바람직하든 그렇지 않든 인류의 역사와 생존과 함께 숨 쉬어 온 우리의 정신적 동반자다. 따라서 우리의 의사결정이 이러한 감정, 휴리스틱, 편향과 같은 삶의 오랜 경험에 의존하는 것은 매우 상식적이고 당연하다. 이들로 인한 직관적 분석, 판단, 선택을 부정적 의미와 결부시키는 것은 무리이고 그 자체가 또한 합리적인 행동은 아니다. 오히려 이들을 활용하여 좋은 성과와 더 만족한 삶을 영위할 수도 있다.

감정, 휴리스틱 그리고 편향이 상존(常存)하는 현실에서 당면한 정치·경제·사회 문제를 해결하는 합리적 접근법은 감정이나 편향의 부정적 영향력을 최소화하며 적절한 휴리스틱을 적절한 시간에 적용하여 제한된 자원, 주어진 환경과 조건을 십분 활용하며 의사결정을 하는 것이다. 더불어 직관이 오랜 시간에 걸쳐 학습, 진화되어 다듬어진 문제해결 및 생존 법칙의 결정체이며 인간 본성의 한 부분이고 오류의 주범이 아니라 인간이 가진 한계를 가지고 최적의 선택을 하려는 최선의 노력임을 직시해

야 한다. 실현 불가능한 절대적 합리성을 추구하기보다는 제한된 합리성(bounded rationality)에 만족하는 인간의 모습으로 살아가는 것이 더 인간적이고 자연스럽지 않을까?

직관이 비록 불완전한 정보 수집 및 처리 그리고 성급한 분석으로 경제학적 의미에서 최적의 결과를 낳기는 쉽지 않지만, 정보의 홍수와 인간의 인지적, 유전적, 사회적, 그리고 감정적 제한을 고려할 때 매우 유익한 도구임이 틀림없다. 직관이 배제된 의사결정을 상상해 보라. 불확실성에 압도되어 정보분석이나 의사결정 자체를 못 하는 경우가 파다할 것이다. 또는 분석과 의사결정에 걸리는 시간이 현저히 늘어남으로부터 오는 비효율성이 합리적 결과의 효율성을 상쇄하고도 남을 가능성도 다분하다. 소위 합리적 판단이나 선택의 결과가 부정적일 때 오는 충격은 새로운 의사결정의 큰 걸림돌이 될 수도 있다.

직관은 불완전한 인간의 한 단면이기도 하지만 불완전한 인간이 불완전성을 보완하고자 만들어 낸 불가결하고 자기방어적 도구이기도 한 것이다. 심리학자 길로비치에 따르면 직관은 비합리성이나 부주의한 성향만을 나타내는 도구가 아니다. 오히려 어떤 경우는 신중하고 정상적인 인지과정을 거친다. 직관의 부정적 이미지는 많은 연구나 주변 사례들이 직관과 비합리적 의사결정의 상관관계에 치중해 있기 때문이다. 특히 직관적 결정이 체계적 오류를 일으키는 예들의 적지 않은 수가 직관의 자연스러운 적용 범위를 벗어난 경우다. 따라서 "탈 직관이 항상 필요한가?"라는 질문은 신중하게 접근해야 한다.

예를 들어, 자기과신으로부터 오는 낙관주의가 일의 성과를 높이고,

성과가 높지 않을 때도 다양한 자기방어 기제가 작동하여 실망으로부터 의사결정자를 보호한다는 것은 개인적 경험을 통해서도 쉽게 확인할 수 있다. 직관의 세 축인 편향, 휴리스틱, 감정이 우리의 의사결정과정에 어떻게 개입하고 서로 어떤 관계를 형성하는지는 아직도 진행형 과제다. 특히 최근 뇌과학의 발달은 이들 직관의 세 요소가 행동에 미치는 영향을 가시화하는 괄목할 만한 성과를 이루고 있다. 직관이 이성 없이도 최적의 의사결정을 유도한다는 결론은 현실과 괴리가 있을 수 있지만 적어도 이들의 양면성은 인지해야만 한다.

행동경제학의 태동, 발전, 그리고 확산을 견인한 카너먼과 티버스키의 전망이론은 위험에 대한 태도로 손실회피성향과 처분 효과, 현상유지편향, 그리고 확률 오류를 정확히 예측했다. 또한 전망이론이 제시한 준거점의 개념은 기저율 무시, 도박사 오류, 뜨거운 손 오류, 가용성 휴리스틱, 닻내림 휴리스틱 등의 대표성 휴리스틱을 발견하고 대처하는 데 지대한 공헌을 했다. 통제착각과 과도한 낙관주의는 자기과신을 유발하는 대표적인 감정적 편향들이고 자기과신은 확증편향, 자기귀인편향, 사후판단편향으로 말미암아 더욱 심해지기도 하고, 반대로 이들 편향을 유도하거나 강화하기도 한다. 그야말로 우리의 생각은 편향과 휴리스틱이 쳐 놓은 거미줄처럼 얽히고설켜 있다고 해도 과언이 아니다.

더불어 감정은 다양한 자극에 대한 자동적 반응으로 알려졌지만 수많은 휴리스틱과 편향의 원천이기도 하다. 감정이 상황에 어떻게 반응하는가, 행동과 생각이 어떤 역학관계에 있는가는 아직도 논쟁이 진행 중이지만, 우리가 매일 마주하는 각종 경제상황과 경제정책, 기업 및 개인 투자활동을 포함한 각양각색의 경제행위는 감정의 6가지 특성(인지적 믿음, 대상, 생리적 반응, 생리적 표현, 측정 가능성, 행동)을 고루 갖추고 있어서 편향과 휴리스틱의 충돌과 융합은 피할 수 없는 현실이다. 여러 번 언급했듯이 편향, 휴리스틱, 감정은 의사결정에 독립적으로 영향을 미치는 특성이 아니다. 의식적이든 무의식적이든, 진화로 형성되었든 학습과 사회적 관계 속에서 만들어졌든 역동적인 상호관계 속에서 인간의 의사결정과정에 통합적으로 개입한다.

또한 대부분의 심리적 오류는 고정된 것이 아니라 내·외부 조건이나 환경에 따라 수시로 변한다. 의사결정의 결과가 긍정과 부정의 양면성을 가질 수밖에 없는 구조다. 편향, 휴리스틱, 감정으로 대표되는 직관이라는 생각과 직관의 실수와 부족함을 바로잡고 채울 수 있는 또 하나의 생각인 이성 간 유기적이고 상호보완적인 역학관계의 관점에서 우리의 판단과 선택을 바라볼 때 과학적이고 논리적인 분석만으로 이해하고 해결하기 어려운 복잡한 정치·경제·사회 문제를 다루는 새로운 안목이 생길 것이다.

참고문헌

머리말 Thaler, R. 2016. "Behavioral Economics: Past, Present, and Future." *American Economic Review*, 106(7):1577–1600.

1장 Giurge, L., and V. Bohns. 2021. "You Don't Need to Answer Right Away! Receivers Overestimate How Quickly Senders Expect Responses to Non-Urgent Work Emails." *Organizational Behavior and Human Decision Processes*, 167:114–128.

2장 Shefrin, S. 2019. "Valuation Bias and Limits to Nudges." *The Journal of Portfolio Management*, 45(5):112–124.

4장 Kinari, Y. 2016. "Properties of Expectation Biases: Optimism and Overconfidence." *Journal of Behavioral and Experimental Finance*, 10:32–49.

5장 Alti, A., and P. C. Tetlock. 2014. "Biased Beliefs, Asset Prices, and Investment: A Structural Approach." *The Journal of Finance*, 69(1):325–361.

6장 Blanchard, T., A. Wilke, and B. Hayden. 2014. "Hot-Hand Bias in Rhesus Monkeys." *Journal of Experimental Psychology: Animal Learning and Cognition*, 40(3):280–286.
Wilke, A., and H. C. Barrett. 2009. "The Hot Hand Phenomenon as a Cognitive Adaptation to Clumped Resources." *Evolution and Human Behavior*, 30(3):161–169.

7장 Hirshleifer, D., A. Low, and S. Teoh. 2012. "Are Overconfident CEOs Better Innovators?" *The Journal of Finance*, 67(4):1457–1498.

8장 Phua, K., T. Tham, and C. Wei. 2018. "Are Overconfident CEOs Better Leaders? Evidence from Stakeholder Commitments." *Journal of Financial Economics*, 127(3):519–545.

9장 Parrett, M. 2015. "Beauty and the Feast: Examining the Effect of Beauty on Earnings Using Restaurant Tipping Data." *Journal of Economic Psychology*, 49(C):34–46.

10장 Hribar, P., and H. Yang. 2015. "CEO Overconfidence and Management Forecasting." *Contemporary Accounting Research*, 33(1):204–227.

11장 Goetzmann, W., D. Kim, and R. J. Shiller. 2016. "Crash Beliefs from Investor Surveys." NBER.

12장 Itzkowitz, J., and J. Itzkowitz. 2017. "Name-Based Behavioral Biases: Are Expert

Investors Immune?" *Journal of Behavioral Finance*, 18(2):180-188.

13장 Taleb, N., and C. Sandis. 2014. "The Skin in the Game Heuristic for Protection against Tail Events." *Review of Behavioral Economics*, 1(1-2):115-135.

14장 Hirshleifer, D., B. Lourie, T. Ruchti, and P. Truong. 2021. "First Impressions and Analyst Forecast Bias." *Review of Finance*, 25(2):325-364.

15장 Helion, C., and T. Gilovich. 2014. "Gift Cards and Mental Accounting: Green-lighting Hedonic Spending." *Journal of Behavioral Decision Making*, 27(4):386-393.

16장 Dimson, E., and C. Spaenjers. 2014. "Investing in Emotional Assets." *Financial Analysts Journal*, 70(2):20-25.

17장 Cheng, P. 2014. "Decision Utility and Anticipated Discrete Emotions: An Investment Decision Model" *Journal of Behavioral Finance*, 15(2):99-108.

18장 Uhl, M. 2014. "Reuters Sentiment and Stock Returns." *Journal of Behavioral Finance*, 15(4):287-298.

19장 Griffith, J., M. Najand, and J. Shen. 2020. "Emotions in the Stock Market." *Journal of Behavioral Finance*, 21(1):42-56.

20장 Florack, A., J. Keller, and J. Palcu. 2013. "Regulatory focus in economic contexts." *Journal of Economic Psychology*, 38(C):127-137.

21장 Gino, F., S. Ayal, and D. Ariely. 2013. "Self-Serving Altruism? The Lure of Unethical Actions That Benefit Others." *Journal of Economic Behavior & Organization*, 93:285-292.

22장 Hirshleifer, D., D. Jiang, and Y. DiGiovanni. 2020. "Mood Beta and Seasonalities in Stock Returns." *Journal of Financial Economics*, 137(1):272-295.

23장 Tan, S., and O. Tas. 2021. "Social Media Sentiment in International Stock Returns and Trading Activity." *Journal of Behavioral Finance*, 22(2):221-234.

24장 Jiang, D., D. Norris, and L. Sun. 2021. "Weather, Institutional Investors, and Earnings News" *Journal of Corporate Finance*, 69(C):1-20.

25장 Nofsinger, J., F. Patterson, and C. Shank. 2021. "On the Psychology of Investment Biases: The Role of Cortisol and Testosterone." *Journal of Behavioral Finance*, 22(3):338-349.

26장 Delfino, A., L. Marengo, and M. Ploner. 2016. "I Did It Your Way. An Experimental Investigation of Peer Effects in Investment Choices." *Journal of Economic Psychology*, 54:113-123.

27장 Halasubramnian, B., and C. Sargent. 2020. "Impact of Inflated Perceptions of Financial Literacy on Financial Decision Making." *Journal of Economic Psychology*, 80:1–16.

28장 Chiah, M., and A. Zhong. 2020. "Trading from Home: The Impact of COVID-19 on Trading Volume around the World." *Finance Research Letters*, 37:1–7.

29장 Occhipinti, J., A. Skinner, P. Doraiswamy, C. Fox, H. Herrman, S. Saxena, E. London, Y. Song, and I. Hickie. 2021. "Mental Health: Build Predictive Models to Steer Policy." *Nature*, 597(7878):633–636.

30장 Hasso, T., M. Pelster, and B. Breitmayer. 2020. "Terror Attacks and Individual Investor Behavior: Evidence from the 2015–2017 European Terror Attacks." *Journal of Behavioral and Experimental Finance*, 28(C):1–10.

32장 Garnick, D. 2017. "Mental Accounting in Retirement." *SSRN*.

33장 Pak, T., and S. Chatterjee. 2016. "Aging, Overconfidence, and Portfolio Choice." *Journal of Behavioral and Experimental Finance*, 12(C):112–122.

34장 Powdthavee, N. 2014. "What Childhood Characteristics Predict Psychological Resilience to Economic Shocks in Adulthood?" *Journal of Economic Psychology*, 45(C):84–101.

35장 Kahneman, D., D. Lovallo, and O. Sibony. 2019. "A Structured Approach to Strategic Decisions: Reducing Errors in Judgment Requires a Disciplined Process." *MIT Sloan Management Review*, 60(3):66–74.

36장 Dolan, P., A. Elliott, R. Metcalfe, and I. Vlaev. 2012. "Influencing financial behavior: From changing minds to changing contexts." *Journal of Behavioral Finance*, 13(2):126–142.

37장 Thaler, R. 2013. "Geek Squad: How Behavioral Scientists Could Make Obama's Second Term a Success." *Foreign Policy*, 198:18–20.

38장 Ishaque, M., R. Attah-Boakye, and F. Yusuf. 2022. "Behavioral Framework for Managing Conflicts of Interest in Professional Accounting Firms." *British Journal of Management*, 33:1071–1086.

39장 Meyers-Levy, J., and B. Loken. 2015. "Revisiting Gender Differences: What We Know and What Lies Ahead." *Journal of Consumer Psychology*, 25(1):129–149.

40장 Stromback, C., T. Lind, K. Skagerlund, D. Vastfjall, and G. Tinghog. 2017. "Does Self-Control Predict Financial Behavior and Financial Well-Being?" *Journal of Behavioral and Experimental Finance*, 14(C):30–38.

41장 Seiler, M. 2014. "Understanding the Prevalence and Implication of Homeowner Money Illusion." *Journal of Behavioral and Experimental Finance*, 1:74-84.

42장 Suetens, S., and J. Tyran. 2012. "The Gambler's Fallacy and Gender." *Journal of Economic Behavior & Organization*, 83(1):118-124.

43장 Asebedo, S., M. Seay, K. Archuleta, and G. Brase. 2019. "The Psychological Predictors of Older Preretirees' Financial Self-Efficacy." *Journal of Behavioral Finance*, 20(2):127-138.

44장 Levi, M., K. Li, and F. Zhang. 2014. "Director Gender and Mergers and Acquisitions." *Journal of Corporate Finance*, 28(C):185-200.

45장 Yang, X., and L. Zhu. 2016. "Ambiguity vs Risk: An Experimental Study of Overconfidence, Gender and Trading Activity." *Journal of Behavioral and Experimental Finance*, 9(3):125-131.

46장 Karelse, J. 2021. "Mitigating Unconscious Bias in Forecasting." *Foresight: The International Journal of Applied Forecasting*, 61:5-14.

47장 Agerstrom, J., R. Carlsson, L. Nicklasson, and L. Guntell. 2016. "Using Descriptive Social Norms to Increase Charitable Giving: The Power of Local Norms." *Journal of Economic Psychology*, 52(C):147-153.

48장 Cosmo, V., and D. O'Hora. 2017. "Nudging Electricity Consumption Using TOU Pricing and Feedback: Evidence from Irish Households." *Journal of Economic Psychology*, 61(C):1-14.

49장 Benartzi, S., J. Beshears, K. Milkman, C. Sunstein, R. Thaler, M. Shankar, W. Tucker-Ray, W. Congdon, and S. Galing. 2017. "Should Governments Invest More in Nudging?" *Psychological Science*, 28(8):1041-1055.

50장 Marks, J., E. Copland, E. Loh, C. Sunstein, and T. Sharot. 2019. "Epistemic Spillovers: Learning Others' Political Views Reduces the Ability to Assess and Use Their Expertise in Nonpolitical Domains." *Cognition*, 188:74-84.

51장 Otuteye, E., and M. Siddiquee. 2020. "Underperformance of Actively Managed Portfolios: Some Behavioral Insights." *Journal of Behavioral Finance*, 21(3):284-300.

52장 Sharma, E., N. Mazar, A. Alter, and D. Ariely. 2014. "Financial Deprivation Selectively Shifts Moral Standards and Compromises Moral Decisions." *Organizational Behavior and Human Decision Processes*, 123(2):90-100.

53장 Andersson, M., M. Hedesstrom, and T. Garling. 2014. "A Social-Psychological

Perspective on Herding in Stock Markets." *Journal of Behavioral Finance*, 15(3):226-234.

54장 Barkan, R., S. Ayal, and D. Ariely. 2015. "Ethical Dissonance, Justifications, and Moral Behavior." *Current Opinion in Psychology*, 6:157-161.

55장 Amar, M., D. Ariely, Z. Carmon, and H. Yang. 2018. "How Counterfeits Infect Genuine Products: The Role of Moral Disgust." *Journal of Consumer Psychology*, 28(2):329-343.

56장 Bhanot, S., and C. Williamson. 2020. "Financial Incentives and Herding: Evidence from Two Online Experiments." *Southern Economic Journal*, 86(4):1559-1575.

57장 Bucchianeri, G., and J. A. Minson. 2013. "A Homeowner's Dilemma: Anchoring in Residential Real Estate Transactions." *Journal of Economic Behavior & Organization*, 89(6):76-92.

58장 Momsen, K., and M. Ohndorf. 2022. "Information Avoidance, Selective Exposure, and Fake (?) News: Theory and Experimental Evidence on Green Consumption." *Journal of Economic Psychology*, 88(C):1-21.

59장 Birz, G. 2017. "Stale Economic News, Media and the Stock Market." *Journal of Economic Psychology*, 61(C):87-102.

60장 Nguyen, H., and M. Pham. 2021. "Air Pollution and Behavioral Biases: Evidence from Stock Market Anomalies." *Journal of Behavioral and Experimental Finance*, 29(C):1-15.

61장 Konow, J., T. Saijo, and K. Akai. 2020. "Equity versus Equality: Spectators, Stakeholders and Groups." *Journal of Economic Psychology*, 77:1-14.

62장 Ariely, D., X. Garcia-Rada, K. Godker, L. Hornuf, and H. Mann. 2019. "The Impact of Two Different Economic Systems on Dishonesty." *European Journal of Political Economy*, 59(C):179-195.

63장 Zheng, C., and J. Xiao. 2020. "Corruption and Investment: Theory and Evidence from China." *Journal of Economic Behavior and Organization*, 175(C):40-54.

64장 Schilbach, F., H. Schofield, and S. Mullainathan. 2016. "The Psychological Lives of the Poor." *American Economic Review*, 106(5):435-440.

65장 Yuechun, D. 2015. "Ethical Analysis of Corruption." *Canadian Social Science*, 11(5):146-149.

66장 Statman, M. 2016. "Culture in Preferences for Income Equality and Safety Nets." *Journal of Behavioral Finance*, 17(4):382-388.

67장 Tschiatschek, S., A. Singla, M. Rodriguez, A. Merchant, and A. Krause. 2018. "Fake

News Detection in Social Network via Crowd Signals." *Companion Proceedings of the The Web Conference 2018*, 517–524.

68장 Shrotryia, V., and H. Kalra. 2021. "Herding in the Crypto Market: A Diagnosis of Heavy Distribution Tails." *Review of Behavioral Finance*, DOI 10.1108/RBF-02-2021-0021.

69장 Bucinca, Z., M. Malaya, and K. Gajos. 2021. "To Trust or to Think: Cognitive Forcing Functions Can Reduce Overreliance on AI in AI-assisted Decision-making." *Proceedings of the ACM on Human-Computer Interaction*.

70장 Ang, L., A. Hellmann, M. Kanbaty, and S. Sood. 2020. "Emotional and Attentional Influences of Photographs on Impression Management and Financial Decision Making." *Journal of Behavioral and Experimental Finance*, 27:1–3.

71장 Donnelly, G., T. Zheng, E. Haisley, and M. Norton. 2018. "The Amount and Source of Millionaires' Wealth (Moderately) Predict Their Happiness." *Personality and Social Psychology Bulletin*, 44(5):684–699.

72장 Matz, S., J. Gladstone, and D. Stillwell. 2016. "Money Buys Happiness When Spending Fits Our Personality." *Psychological Science*, DOI: 10.1177/0956797616635200.

73장 Proto, E., and A. Oswald. 2017. "National Happiness and Genetic Distance: A Cautious Exploration." *The Economic Journal*, 127(604):2127-2152.

74장 Stevenson, S., and R. Hicks. 2016. "Trust Your Instincts: The Relationship between Intuitive Decision Making and Happiness." *European Scientific Journal*, 12(11):463–483.

75장 Dolan, P., C. Foy, G. Kavetsos, and L. Kudrna. 2021. "Faster, Higher, Stronger... and Happier Relative Achievement and Marginal Rank Effects." *Journal of Behavioral and Experimental Economics*, 95:1–9.

76장 Yoruk, B. 2014. "Does Giving to Charity Lead to Better Health? Evidence from Tax Subsidies for Charitable Giving." *Journal of Economic Psychology*, 45(1):71–83.

77장 Bogan, V., and A. Fertig. 2013. "Portfolio Choice and Mental Health." *Review of Finance*, 17(3):955–992.

78장 Stevenson, C., S. Costa, J. Wakefield, B. Kellezi, and R. Stack. 2020. "Family Identification Facilitates Coping with Financial Stress : A Social Identity Approach to Family Financial Resilience." *Journal of Economic Psychology*, 78(5):1–11.

79장 Estrada-Mejia, C., M. de Vries, and M. Zeelenberg. 2016. "Numeracy and Wealth." *Journal of Economic Psychology*, 54(C):53–63.